陈　潭　主编

南方治理评论

第7辑

South China Governance Review (No.7)

社会科学文献出版社
SOCIAL SCIENCES ACADEMIC PRESS (CHINA)

《南方治理评论》编辑委员会

编辑联络

地址：广州市大学城外环西路 230 号文逸楼 512 室

邮编：510006

公号：wanmuxuetang

邮箱：gdgzpar@163. com

电话：（020）39366776

传真：（020）39366783

目 录

【学术前沿】

【政务中国】

【公共政策】

【学术前沿】

老年人培训空白：欧盟劳动力的年龄与培训差距*

〔英〕菲欧娜·卡迈克尔　〔英〕马可·厄科拉尼**
杨小聪***/译　彭铭刚/校

摘　要： 本文考察了2004年欧盟扩大前，15个欧盟成员国（EU－15）中劳动力年龄与培训间的关系。该分析使用的是欧盟劳动力调查数据。对经历培训的老年人（50～64岁）与年轻人（20～49岁）进行跨国比较并做出报告。通过分析非工作者与工作者的培训情况来拓展以往的研究内容。在研究中我们还考虑了培训是否与工作相关、培训是否在正常工作时间进行以及培训花费时间等因素。研究结果显示：在调查的EU－15中，老年人不仅不太可能参加一般的培训，而且他们甚至不太可能参加工作类的培训。证据表明，在提高老年人特别是失业老年人的培训率方面还存在相当大的空间。

关键词： 年龄　退休　培训　工作

---

* 原文为 Carmichael，Fiona，and Marco G. Ercolani. 2014. "Age-training Gaps in the European Union." *Ageing & Society* 34（1）：129－156. 本研究是SERVICEGAP项目的一部分，由欧盟第七框架项目注资。所表达的观点仅代表作者个人，不代表欧盟委员会的官方立场。

** 菲欧娜·卡迈克尔，英国伯明翰大学伯明翰商学院教授；马可·厄科拉尼，英国伯明翰大学伯明翰商学院高级讲师。

*** 杨小聪，广州大学公共管理学院讲师。

引言

受欧洲人口老龄化和最近金融危机的影响，各国政府改革的紧迫性逐渐加强，如出台提高法定退休年龄和提前削减退休福利开支等相关政策。这些政策旨在提高欧盟国家人民退出长期劳动力市场的平均年龄，目前这一平均年龄为61.4岁（Eurostat，2011）。如果他们通过提高生产力的方式提高就业能力，那么这些改革更可能提高老年人的低就业率（Blossfeld，Buchholz and Kurz，2011；Duncan，2003；Hotopp，2005；Roberts，2006）。其中一项措施是投资老年人培训，这对老年人的就业前景有益（De Grip and Van Loo，2002；Thomson et al.，2005；Wooden et al.，2001；Zeytinoglu，Cooke and Harry，2007）。在技术飞速发展的背景下，老年人更需要进行重新培训。研究不同国家老年人培训率和参与程度很有必要。

此前的研究表明，随着年龄的增长，老年人培训参与率有提升的空间（Bassanini et al.，2005；Cheung and McKay，2010；Felstead，2010，2011；O' Mahony and Peng，2008；McNair and Flynn，2005；Taylor and Urwin，2001；Urwin，2006）。如教育、技能、工作时间、产业和职业等混杂因素不受年龄—培训概况控制，因此年龄对这种现象的影响程度尚不清楚。这一点很重要，因为培训发生率较低的情况，比较容易发生在老年工作者特别是已经被取代的老年工作者，以及没有正式学历、承担兼职工作、学历较低的群体和行业中（Bassanini et al.，2005；Cully et al.，2000；Felstead，2011；Wooden et al.，2001）。国家教育和福利体系的差异也可能会影响老年人的培训情况（Blossfeld，Buchholz and Kurz，2011），但对年龄—培训差距的跨国分析却很少，对老年非工作者培训的证据也有限，但这一群体可能最需要（重新）培训。此外，并不是所有的培训都能提高生产力和技能（Felstead，2010，2011；Urwin，2006）。因此，还需要从工作持续时间、强度、工作关系、雇主支持这些与年龄—培训相关的角度加以研究（Zeytinoglu，Cooke and Harry，2007）。

这项研究涉及非工作者、多重混淆因素、2004年欧盟扩大前全部15个欧盟成员国（EU－15），弥补了上述提及的几个突出缺点。我们还通过考察培训不同维度的方式来扩展当前分析，特别是对培训与工作的相关性、培训是否在工作时间发生以及培训时间进行考察。分析使用欧盟劳动力调查

（EU-LFS）数据进行，该调查的受访者由百万名非工作者和工作者组成，涵盖四年（2004～2007）的内容。

我们的研究结果表明，EU－15 中老年人不仅不太可能参与任何培训，而且他们也不太可能参加和工作相关或在工作时间内进行的培训。他们接受培训的时间也可能会更短。这些基于年龄的培训差距在非工作者中发生的比例更大，这对那些失去工作的老年工作者来说尤其可能成为问题。

在接下来的部分中，我们将讨论以往关于年龄—培训差距决定因素研究中产生的主要问题，描述数据收集、实证模型和结果。最后一部分总结主要发现，并对一些政策启示进行概述。

一　年龄—培训差距决定因素的以往研究

老年人的低培训率通常用人力资本理论来解释（Becker，1964）。理论预测：对老年工作者来说，人力资本的投资回报率较低。由于临近退休，生产力和工资很难在短期内经历增长。所以老年工作者进行培训的动力较少且雇主也没有动力去对他们的培训进行投资。因此，老年人的培训率较低，与人力资本理论的预测一致。一种解释是，对老年工作者开展培训的接受率较低反映的完全是一种理性行为（O' Mahony and Peng，2008；McNair and Flynn，2005；Urwin，2006）。而 Taylor 和 Urwin（2001）则认为，老年工作者的培训率较低，主要是由于雇主降低了提供培训的意愿，而并非员工的拒绝。

然而，理论预测培训的回报随着年龄的增长而下降需要一些条件。特别是对雇主来说，在培训时，最关键的因素是预期的工作时长而不是年龄。在年龄相对较大的雇员中，员工流动率和缺勤率反而更低（Taylor and Urwin，2001）。退休年龄因制度安排、职业、雇主对退休金计划的慷慨程度不同而有所差别（Montizaan，Cörvers and De Grip，2010）。就业政策、养老金安排和终身学习的范围也存在显著差异（Blossfeld，Buchholz and Kurz，2011）。例如，人们的预期可能是：北欧社会民主国家老年人的培训率更高，因为在那里工作者将有更多的机会接受培训以及受到劳动力市场强有力的政策指导（Hofäcker and Pollnerová，2006）。与此相反，在德国和荷兰这样保守的福利国家，老年人的培训率可能较低，因为这些国家通过提前退休计划给予老年人的退休金更高、覆盖范围更为广泛（Blossfeld，Buchholz and Kurz，2011：17）。

从工作者角度来看，根据工作场所的特点，工资回报将有所不同。例如，最后的薪资职业养老金可以提高培训的货币回报，但如果年龄是晋升的障碍，则货币回报更少。对于那些已经处于较高工资水平的人来说，他们的工资水平可能也会降低（Vignoles，Galindo-Rueda and Feinstein，2004）。培训成本肯定会影响做出培训的决定，而这些会随着时机和持续时间等因素的变化而变化。时间和地点的不便已被证明是影响老年工作者做出培训决定的一个重要因素（Sussman，2002），而工作时间内带薪培训可能是一个首选。费用是老年非工作者尤为关心的问题（Chapman，Crossley and Kim，2003）。老年人还会因为害怕产生心理成本，或担心自己没有取得成功的能力而缺乏信心，以至于对培训却步（Cully et al.，2000）。

从雇主角度来说，选择对某些员工进行培训是合理的。这种选择似乎反映了雇主和雇员都希望通过培训获得潜在收益这种先入为主的观念（Vignoles，Galindo-Rueda and Feinstein，2004）。正如我们所讨论的，员工接近退休是一个影响因素，但也有证据表明，雇主认为年纪较大的员工对培训不太热情，更不愿意去适应新技术（McNair and Flynn，2005；Taylor and Walker，1994；Van Dalen，Henkens and Schippers，2009）。如果雇主们还相信，学习和保留信息的能力会随着年龄的增长而下降，他们就会认为培训年长员工的潜在收益更低。然而，支撑这一假设的证据是混杂的（Waldman and Avolio，1986；Wood，Wilkinson and Harcourt，2008；Wooden et al.，2001）。

这些研究表明，提出培训老年人净收益较低假设的人，可能一部分是基于固有的年龄歧视态度。有关对老年工作者培训障碍的研究已经涉及这些问题，并且，这些研究认为缺乏培训是一个很重要的问题（Maltby，2007；McKay and Middleton，1998；Porcellato et al.，2010；Sussman，2002）。这不仅是因为培训年龄较大的工作者成本较高，还和雇主的特殊规定以及对老年人潜在的态度有关（Cully et al.，2000；Wooden et al.，2001）。同样地，Lundberg、Marshallsay（2007）和 Chapman 等人（2003）认为缺乏雇主支持以及对老年工作者培训的消极态度抑制了培训发生。

此前研究还表明，老年人缺乏培训的动机并不仅仅是因为他们临近退休，还因为他们培训的需求更少（Cully et al.，2000；Felstead，2010；Guthrie and Schwoerer，1996；Lundberg and Marshallsay，2007）。这可能是因为老年工作者相信自己已经积累了足够的技能和经验。而在人们认为需要进行培训的方面，培训质量差也会影响人们参与。Lundberg 和 Marshallsay（2007）指出了培训质量的重要性，他们发现老年工作者重视能够提高生产力的培训。将老年工作者视为同质的群体也是一个错误。正如 Rix（2002）所强调的那样，他们对培训的需求和期望反映了他们在社会、职业和教育背景方面的“多样性”。

总之，老年人不太可能参加培训的原因有很多。临近退休显然是重要的影响因素，但不是唯一的决定因素。近期的研究强调了工作场所特征、体制安排、培训成本和质量以及年龄障碍（如雇主对年龄的态度）这些影响因素的重要性。

二 数据

本文对 EU-LFS 从 2004 年至 2007 年的个人级别数据进行分析。EU-LFS 在对欧盟标准化时部分变量数据会被保留在国家特定 LFS 数据集中，以此来进行国家间的比较，2004～2007 年包含了 EU－15 中我们选定的大部分变量。使用四年的数据是为了确保能够获得反映出超过年度波动的连贯模式。受访者的年龄在 20～64 岁。该样本受到某些国家一些变量不可用的限制。尤其是一些国家无法使用某些培训变量，因此样本的大小不同，这些都在回归表中有所说明。考虑到这些限制因素，全部数据包括 2999674 名工作者（仅雇员）和 1856550 名非工作（失业和待业）人员。大样本量为参数估计提供了更高的可信度，有助于统计推断。

我们的工作者样本仅限于雇员（EU-LFS 变量 *STAPRO*＝3），不包括自营职业者和家庭工作者，因为他们的工作模式与雇员的工作模式非常不同。这些人员的加入很可能致使培训与工作时间的总体反应失真，因为他们的正常工作时间比雇员规定的要短。我们的非工作者样本包括失业人员和待业人员（*WSTATOR*＝3，5）。我们通过将国际劳工组织（ILO）所定义的失业状况作为解释性变量的方式来解释这两类差异。我们没有排除“待业”的原因，是因为对失业和待业之间的划分存疑。排除那些待业的人可能会有分析偏误，因为一些希望工作的老年人在技术上可能被归类为“提前退休”。德国（DE）和英国（UK）缺少识别残疾人的变量 *MAINSTAT*，因此我们无法限制样本。

我们的主要被解释变量 *TRAINED* 记录了在正规教育体系之外的培训。我们对三项额外的培训措施进行定义。*TRAINED_ WorkRel* 记录培训的目的是否与工作有关；*TRAINED_ InWrkHrs* 代表培训是否发生在正常工作时间内；*TRAINED_ Time* 是培训时间所占的比例。所有这些变量在调查前四周使用 EU-LFS 的变量 *COURATT*，*COURPURP*，*COUTWOHR* 和 *COURLEN* 进行区分。自 2004 年以来，这些变量始终在 EU-LFS 中可用，没有其他培训时间域可用。表 1 给出这些被解释变量和解释变量的统计数据和定义。

表 1　描述性统计

变量	非工作者样本的均值	工作者样本的均值 †	操作化说明
培训变量			
培训 *TRAINED_ Yes*	0. 044	0. 096	过去四周内参加过培训
OLDER =1（年龄在 50 ~ 64）	0. 025	0. 090	
OLDER =0（年龄在 20 ~ 49）	0. 059	0. 098	
职业培训 *TRAINED_ WorkRel*	0. 013	0. 053	培训是否与职业相关
OLDER =1	0. 004	0. 044	
OLDER =0	0. 021	0. 056	
工作时间内培训 *TRAINED_ InWrkHrs*		0. 028	培训是否主要/仅在工作时间进行
OLDER =1		0. 025	
OLDER =0		0. 029	
培训时间比例 *TRAINED_ Time*	0. 016	0. 023	过去四周培训的时间比例，分母为 160 小时，分子为培训小时数
OLDER =1	0. 006	0. 018	
OLDER =0	0. 025	0. 024	
人口学变量			
年龄 *OLDER*	0. 468	0. 239	年龄在 50 ~ 64 岁
YOUNGER_40_49	0. 162	0. 293	年龄在 40 ~ 49 岁
YOUNGER_30_39	0. 150	0. 278	年龄在 30 ~ 39 岁
YOUNGER_20_29	0. 220	0. 190	年龄在 20 ~ 29 岁
女性 *FEMALE*	0. 656	0. 469	女性职业者
MARITAL_ MARRIED	0. 605	0. 587	已婚
MARITAL_ W_ S_ D	0. 101	0. 086	丧偶、离异与分居
MARITAL_ SINGLE	0. 293	0. 328	单身
EDUCATION_ L	0. 499	0. 266	低教育水平
EDUCATION_ M	0. 384	0. 471	中等教育水平
EDUCATION_ H	0. 117	0. 263	高教育水平
URBAN_ DENSE	0. 437	0. 427	人口高度密集区域居住
URBAN_ INTERM	0. 295	0. 295	人口中等密集区域居住（不包括爱尔兰）
URBAN_ THIN	0. 268	0. 278	人口低度密集区域居住

续表

变量	非工作者样本的均值	工作者样本的均值 †	操作化说明
NATIONAL_HOME	0.938	0.942	国籍为工作地本国
NATIONAL_OTHER_EU	0.021	0.026	国籍为欧盟国家，但非工作地本国
NATIONAL_NON_EU	0.041	0.032	国籍为非欧盟国家，但非工作地本国
UNEMPLOYED	0.162		失业
*COUNTRY_*			居住地（国家，参照组为意大利）
工作变量			
HRSW_USUAL		36.446	每周工作时长
TENURE		11.647	当前工作年限（单位：年）
LOOK_OTHR_JOB		0.047	正在寻找其他工作状态
HOMEWK_USUALLY		0.024	经常在家工作
HOMEWK_SOMETIMES		0.052	有时在家工作
HOMEWK_NEVER		0.924	从来不在家工作
*FIRMSIZE_*1to10		0.244	工作单位只有十名（含十名）以下雇员
*FIRMSIZE_*11to19		0.186	工作单位有十一名到十九名雇员
*FIRMSIZE_*20to49		0.154	工作单位有二十名到四十九名雇员
*FIRMSIZE_*50plus		0.416	工作单位有五十名或更多雇员（控制组除外）
*ISCO_*0		0.008	纪律部队类工作
*ISCO_*1		0.048	议员、高级官员与经理
*ISCO_*2		0.149	专业人士
*ISCO_*3		0.187	工程师与助理类专业人士
*ISCO_*4		0.138	会计类工作
*ISCO_*5		0.142	服务类人士、市场销售
*ISCO_*6		0.010	农业或者渔业类工作
*ISCO_*7		0.129	工艺类及相关工作
*ISCO_*8		0.090	工厂/机器操作员和装配类工作
*ISCO_*9		0.098	初级类工作（控制组）
NACE_MANUF		0.187	NACE 1.1 code D：生产型
NACE_DISTRIB		0.224	NACE 1.1 codes G，H and I：流动分配型
NACE_FINANCE		0.122	NACE 1.1 codes J and K：金融商业型
NACE_PUBLIC		0.313	NACE 1.1 codes L（公共管理型），M（教育型）and N（健康与社工类）：公共部门

注：（1）NACE 欧洲共同体经济活动的统计分类；（2）†“就业”的样本仅包括有雇佣关系的员工；（3）非就业的最大样本量为1856550，就业的样本量为2999674，由于特定国家/地区缺失变量，某些估算的样本量略小。

（一）培训发生率

在 EU－15 中，约 9.6% 的雇员和 4.4% 的非工作者在调查前四周接受了一些培训（见表 1）。年龄较大受访者中，工作者和非工作者的平均培训率（9.0% 和 2.5%）都比较低，与年龄较轻受访者（9.8% 和 5.9%）相比也较低。图 1 的上半部分显示，各国两个年龄组（20～49 岁和 50～64 岁）的工作者与非工作者之间培训比例差异很大。在英国和丹麦，培训的发生率最高；但在希腊、葡萄牙、意大利和爱尔兰则要低得多。在芬兰，工作者的培训率很高，但非工作者的培训率却很低。

图 1 的下半部分显示了在大多数国家中，老年人接受培训的比例较低。意大利是唯一的例外，该国年轻与老年工作者的培训差距可以忽略不计。在英国、西班牙和法国的非工作者中培训差距较大。希腊、葡萄牙、意大利的培训差距较小，因为这些国家开办的培训相对较少，芬兰和丹麦培训差距也小但其培训率较高。

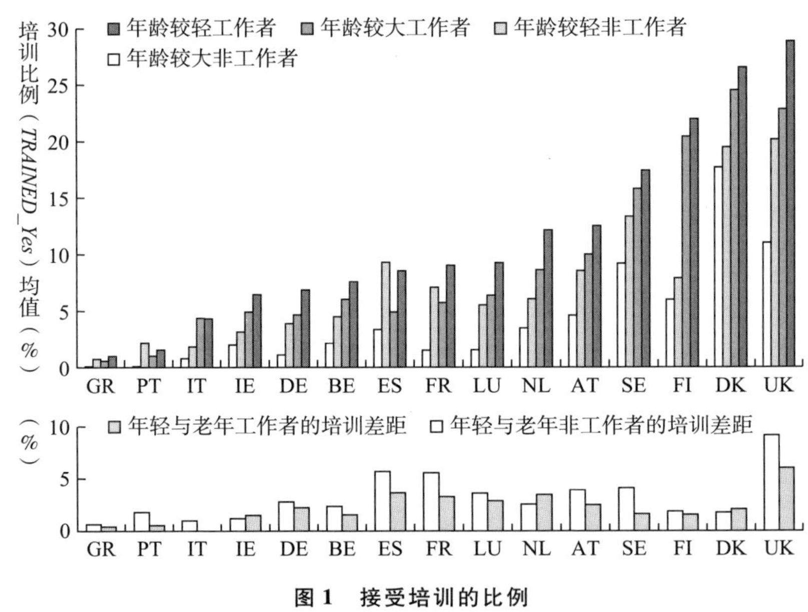

图 1　接受培训的比例

注：GR 为希腊、PT 为葡萄牙、IT 为意大利、IE 为爱尔兰、DE 为德国、BE 为比利时、ES 为西班牙、FR 为法国、LU 为卢森堡、NL 为荷兰、AT 为奥地利、SE 为瑞典、FI 为芬兰、DK 为丹麦、UK 为英国（图 2、图 3、图 4 同）。

（二）培训与工作的相关性

对 EU-LFS 调查对象（不包括瑞典）的培训目的进行询问，调查其培训是与工作相关还是出于个人或社会目的。从表 1 可以看出，5.3% 的工作者主要参加与工作相关的培训。在所有接受培训的工作者（9.6%）中，超过一半（55%）的培训是与工作相关的（5.3%）。在非工作者中，只有1.3%的人员表示自己参加与工作有关的培训，尽管非工作者对“大部分工作相关”的解读可能会因个人情况而有所不同。上述内容表明在对非工作者的培训中，有29.5%是与工作相关的。对于老年工作者和老年非工作者来说，4.4%和0.4%的培训比例仍然较低，这表明对老年工作者的培训不到50%，对老年非工作者的培训仅有16%与工作相关。图2的上半部分可以说明除了意大利以外，年龄较大的人群不太可能参加职业培训。下半部分的调查显示，在法国和丹麦，非工作者的年龄—培训差距较大。在法国和荷兰，工作者的年龄—培训差距较大。

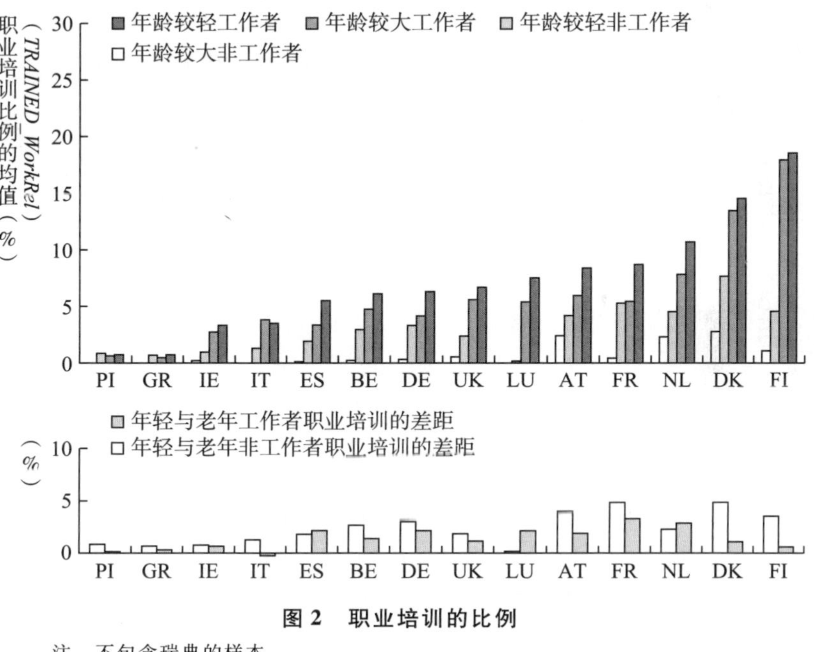

图2　职业培训的比例

注：不包含瑞典的样本。

（三）工作时间内进行培训

虽然我们不知道谁为培训付费，但我们确实掌握了在工作时间内进行培训的信息。这个变量有可能与雇主对培训的承诺最相关。这是因为人员在工作时间内接受培训的机会成本高于在正常工作时间外接受培训的机会成本。雇主对投资于专业培训更感兴趣，所以这种培训最有可能在工作时间内进行。而采取如提高工资（可能是通过换工作）的方式提升工作者效率的情况则更可能发生在正常工作时间之外。根据这一预测，Bassanini 等人（2005：56）发现，在经合组织（OECD）的16个国家中，80%的职业课程都是由雇主支付的。

在11个数据可用的欧盟国家中，表1显示有2.8%的工作者在正常工作时间内参加了培训。这相当于工作者在工作时间参加培训约占工作者参加培训的30%。这表明，雇主认为对工作者进行培训是为了提高他们的职业技能。然而，仅有2.5%的老年工作者在工作时间内参加培训，而年轻工作者的比例为2.9%。图3的上半部分显示了各个国家之间的巨大差异。对比图1和图3，我们发现在芬兰、丹麦和法国，大部分培训都是在正常工作时间内进行的。在其他国家，如荷兰，在工作时间内进行的培训很少。图3下半部分显示，除法国和卢森堡外的大多数国家，年轻工作者和老年工作者在工作时间内进行培训的比例只有很小差异。

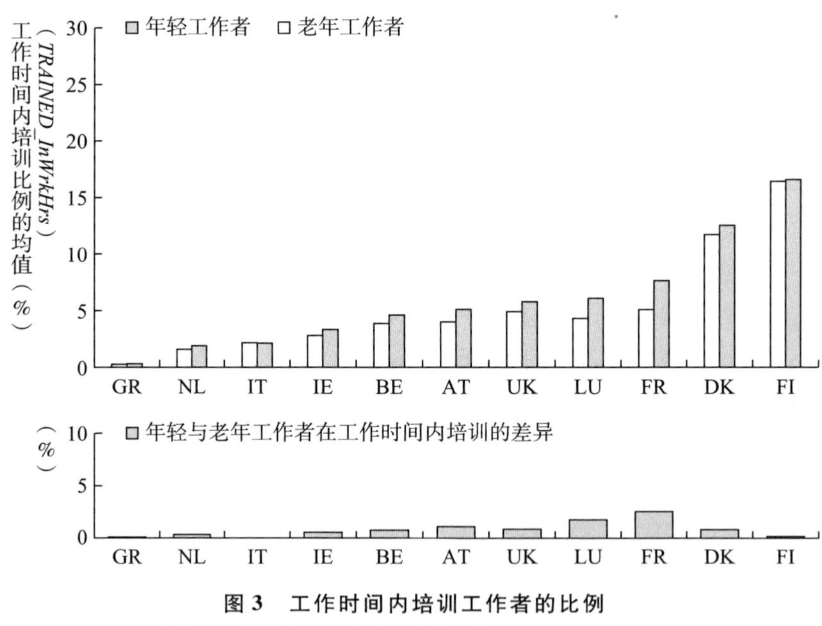

图3 工作时间内培训工作者的比例

注：不包含德国、葡萄牙、西班牙、瑞典的样本。

（四）培训时间

Felstead（2010：1298）表明，培训时间是揭示质量的一个维度，因为它显示了在工作要求下的能力和知识水平。我们对四周时间 0～160 小时范围内培训的时间比例进行定义。表 1 显示，平均而言，EU－15 的工作者花费自己时间的 2.3%（相当于约 4 小时）接受培训。无工作者在培训中花费的时间要少得多，仅占他们时间的 1.6%。有趣的是，年轻工作者和年轻非工作者之间花费在培训上的时间差异很小，分别为 2.4% 和 2.5%。总体上的差异由老年工作者和老年非工作者之间的差异造成。在前四周的培训中，老年工作者平均花费 1.8% 的时间，但对于老年非工作者来说，这段时间仅仅占据总时间的 0.6%。

图 4 的上半部分显示了英国培训时间最长。在每个国家，较年长的受访者比较年轻的受访者接受培训的时间要少。图 4 下半部分显示大多数国家年龄—培训差距很小，因为用于培训的时间只占据一小部分。英国是唯一的例外，在英国较大的年龄—培训差距与培训时间占据比例较高有关。

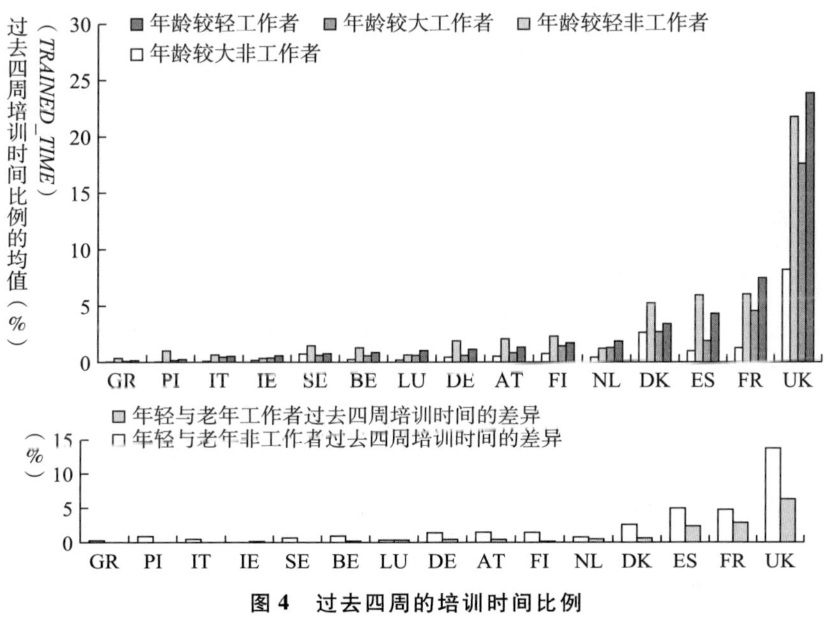

图 4　过去四周的培训时间比例

三　实证规范

我们分别对就业状况和性别进行了单独分析。同时对就业影响与培训进行分离，否则可能会使年龄的影响变得模糊。例如，老年工作者有更多的培训机会（Bassanini et al.，2005）。培训参与的四项指标是模型估计中的被解释变量。此分析纯粹是关于简化方程的，因为 EU-LFS 不包括供给侧变量，如在 Taylor 和 Urwin（2001）的评估中，需要进行结构性评估。

对于二元被解释变量的多元分析，我们基于 Probit 值报告估计的边际效应：

$$\ln Lik. = \sum_{t=0} \ln \Phi\left(\frac{t_i - X_i\beta}{\sigma}\right) + \sum_{t=1} \ln\left[1 - \Phi\left(\frac{t_i - X_i\beta}{\sigma}\right)\right] \tag{1}$$

t_i 是被观察到的潜在连续变量 $\tilde{t}_i$ 的二进制结果。这些记录包括参加培训（*TRAINED* = 1）、参加与工作相关的培训（*TRAINED_WorkRel* = 1）或参加正常工作时间内的培训（*TRAINED_InWrkHrs* = 1）。X_i 是个体特征的向量，β 是相应参数的向量加上常数，$\Phi(\cdot)$ 是标准累积正态分布，σ 是回归的标准误。公式（1）最大化利用了参数向量的估计 $\hat{\beta}$，以及与估计参数所观察到数据结果最高相关可能性的标准误 $\hat{\sigma}$。

培训变量中的时间比例 *TRAINED_Time* 在 0 到 1 之间是连续的，但是对于那些没有接受培训的人来说，培训时间被视为 0；而将那些在过去四个星期里花费所有工作时间培训的人赋值为 1。Nakamura 和 Nakamura（1983）的双重 Tobit 审查是合适的，因为它将未经约束的观察值作为线性模型的一部分，而经过约束的观察值（*TRAINED_Time* = 0，1），作为非线性模型的一部分，从而充分利用了被解释变量的观察值。使用 Ordered Probit 在这个设置里是不合适的，这是因为 *TRAINED_Time* 是以间隔比例进行测量的。Tobit 考虑了观察值比例，并且不将任意的截止点应用到被解释变量的连续部分。①

对于 *TRAINED_Time* 的多元分析审查，我们报告的是有条件、未经约束、使用 Tobit 估计的边际效应：

$$\ln Lik. = \sum_{t=0} \ln \Phi\left(\frac{t_i - X_i\beta}{\sigma}\right) - \frac{1}{2}\sum_{0<t<1}\left[\ln 2\pi\sigma^2 + \left(\frac{t_i - X_i\beta}{\sigma}\right)^2\right] + \sum_{t=1} \ln\left[1 - \Phi\left(\frac{t_i - X_i\beta}{\sigma}\right)\right] \tag{2}$$

① 作为一个稳健性测试，Logit 和线性概率边际效应被估计（未报告），并且发现与另一个非常相似。鉴于我们没有报告优势比，并且不使用有序的 Logit 或有序的 Probit，比例优势假设和并行回归假设都不是隐含的。因此不需要刻板的逻辑回归。选择 Probit 估计是因为它与 t 分布和 Tobit 估计的显著性值（与 *TRAINED_Time* 变量一起使用的 Linear 和 Probit 估计的综合）相一致。

其中公式（2）与公式（1）类似，在公式（1）的基础上加上中间求和项，得到的是对观察到的被解释变量 $0 < t < 1$ 的未经约束的观察值。公式（2）中第一个求和项得到的是所有未接受培训的人员数。第二个是那些在培训中花费中等时间比例的个人案例数。第三个是在为期四周的培训中，所有花费 160 小时以上的人数。公式（2）的最大化得到参数估计向量 $\hat{\beta}$ 和标准误 $\hat{\sigma}$ 。

我们将年龄指标 *OLDER* 定义为二等分变量，如果个体年龄至少为 50 岁则赋值为 1，其他则赋值为 0。对反映 50 岁及以上老年工作者情况现存的文献进行分类（Khan，2009；OECD，2004，2005）。因为以前的研究（Taylor and Urwin，2001）已经表明，其他年龄组也有不同的培训参与率，为了提供更详细的年龄分析，我们还获取了年轻年龄组的二进制变量（*YOUNGER*_40_49，*YOUNGER*_30_39 和控制组 *YOUNGER*_20_29）。

其他解释变量控制了许多混杂因素，这些因素与以前的研究相关，并且在数据集中可用。这些变量包括：婚姻状况、国籍、受教育程度、城市居住密度以及就业人员工作场所的一系列特征。后者包括时间或工作任期、企业规模、工业部门和职业地位等。职业地位可以被看作收入数据的替代，而这些数据在 EU-LFS 中是不存在的。国家虚拟变量也包括在内，因为我们对国家差异以及制度结构的变化对劳动力市场的影响感兴趣。本文还包括以前研究中未调查过的变量，即记录一个工人是否在家工作或正在寻找另一份工作。我们对在家办公很感兴趣，因为这可能会影响到培训的机会。寻找另一份工作也会影响个人对培训的需求。在对非工作者的分析中，我们将一个基于国际劳工组织的失业指数包括在内。这确定了正在积极寻找工作的非工作者，它与寻找另一份工作的工作者的指标相类似。

四　回归结果

二进制被解释变量（*TRAINED*、*TRAINED*_ *WorkRel*、*TRAINED*_ *InWrkHrs*）通过 Probit 估计的边际效应报告在表 2、3、4、5 中。表 6 展示的是使用 Tobit 估计的培训时间比例（*TRAINED*_ *Time*）的边际影响。边际效应表示被解释变量变化产生的被解释变量概率的变化。对于二元回归变量，边际效应表示对相关变量正面结果的概率变化。对于连续的回归变量，边际效应提供了通常的斜率效应。

（一）参与培训

在表2所示的Probit中，在所有四种情况下 *OLDER* 的边际影响都是负向并显著的。这意味着在控制个人特征之后，无论是在工作中还是在非工作中，老年男女的培训概率都较低。对于女性而言，效果在 -0.013 至 -0.015范围内减少，而对于男性而言，其范围更大更广，为 -0.036 至 -0.030。当我们考虑到培训的平均概率时，这个范围的减少实际上是相当大的。对于非工作者是0.044，而工作者是0.096。

有趣的是，对于不同性别的人来说，无论就业状况如何，年龄的影响都是非常相似的。年龄相关的培训概率下降也被其他年龄变量（*YOUNGER*_40_49 和 *YOUNGER*_30_39）所证实。随着年龄增长，培训对40~49岁女性的负面影响比30~39岁的女性要小。

表2　是否进行培训的概率回归边际效应

Probit on：*TRAINED_yes*	非工作女性样本	非工作男性样本	工作女性样本 †	工作男性样本 †
	(2a)	(2b)	(2c)	(2d)
OLDER	-0.013**	-0.036**	-0.015**	-0.030**
YOUNGER_40_49	-0.008**	-0.014**	-0.003**	-0.017**
YOUNGER_30_39	-0.005**	-0.006**	-0.009**	-0.010**
MARITAL_W_S_D	0.005**	-0.001	0.006**	0.003**
MARITAL_SINGLE	0.011**	-0.001*	0.007**	-0.001*
EDUCATION_H	0.057**	0.044**	0.056**	0.038**
EDUCATION_M	0.022**	0.015**	0.030**	0.022**
URBAN_INTERM	-0.002**	-0.001*	0.001	0.001**
URBAN_THIN	-0.003**	-0.003**	-0.002**	0.000
NATIONAL_OTHER_EU	0.001	-0.001	-0.001	-0.005**
NATIONAL_NON_EU	0.008**	0.009**	-0.013**	-0.012**
UNEMPLOYED	0.016**	0.005**		
COUNTRY_AT	0.077**	0.057**	0.102**	0.067**
COUNTRY_BE	0.024**	0.018**	0.007**	0.024**
COUNTRY_DE	0.009**	0.010**	0.005**	0.009**
COUNTRY_DK	0.241**	0.166**	0.241**	0.186**
COUNTRY_ES	0.076**	0.069**	0.051**	0.032**
COUNTRY_FI	0.071**	0.060**	0.176**	0.143**

续表

Probit on：*TRAINED_yes*	非工作女性样本	非工作男性样本	工作女性样本 †	工作男性样本 †
	(2a)	(2b)	(2c)	(2d)
COUNTRY_FR	0.029**	0.023**	0.030**	0.040**
COUNTRY_GR	-0.013**	-0.010**	-0.067**	-0.046**
COUNTRY_IE	0.020**	-0.004**	0.004*	-0.001
COUNTRY_LU	0.034**	-0.003*	0.037**	0.042**
COUNTRY_NL	0.046**	0.036**	0.058**	0.068**
COUNTRY_PT	0.006**	0.001	-0.047**	-0.025**
COUNTRY_SE	0.128**	0.104**	0.150**	0.090**
COUNTRY_UK	0.226**	0.189**	0.255**	0.161**
HRSW_USUAL			0.000**	0.000**
TENURE			0.000**	0.000**
LOOK_OTHR_JOB			0.020**	0.013**
HOMEWK_USUALLY			0.027**	0.024**
HOMEWK_SOMETIMES			0.035**	0.027**
FIRMSIZE_1to10			-0.013**	-0.015**
FIRMSIZE_11to19			-0.011**	-0.014**
FIRMSIZE_20to49			-0.004**	-0.006**
卡方联合检验				
YEARs 联合检验	71.30**	36.10**	251.02**	297.71**
QUARTERs 联合检验	1755.76**	492.97**	6676.56**	3958.58**
ISCOs 联合检验			5706.38**	5203.82**
NACEs 联合检验			3000.38**	2313.22**
观察值	1218865	637685	1408116	1591558

注：(1)** $p<0.01$,* $p<0.05$；(2) † 工作者样本仅限于雇员。

通过分析国家虚拟变量（参考国家是意大利，观察最多的国家）来分析国家之间的差异。结果表明，对个体特征进行调整后，在丹麦和英国，女性和男性工作内及工作外增加培训的概率最高，如图 1 所示。只有希腊有条件地减少对非工作者和工作者的培训概率。葡萄牙只减少对工作者进行培训的可能性。爱尔兰和卢森堡只对非劳动人口进行小幅削减。

以前未经研究检验过的新解释变量中，家庭工作（*HOMEWK_USUALLY* = 1 或 *HOMEWK_SOMETIMES* = 1）对于培训性别具有很大的积极影响。这表明在家工作的灵活性增加了培训机会。寻找另一份工作（*LOOK_OTHR_JOB*）

对培训可能性产生的影响在两性中都很重要。在两性中，非劳动者进行培训对其失业的可能性影响均值得关注；与之相似，对失业状态非劳动者进行培训的可能性对两性而言都很重要，对妇女而言更为重要。这符合积极寻找工作的失业人员的传统观念，并表明培训是追求再就业的一种方式。作为一项额外的探究，本文对失业者和待业者（未报告）的单独回归进行了评估，对于待业的人来说，对年长者的影响比失业者更大。

对于过去研究中已经看过的解释变量，大部分结果与以前的证据相一致。例如，接受培训的可能性较高与较高的受教育程度、较高的职业地位、更大的公司规模、更长的工作时间、终身职位和在公共部门工作有关。对工作者和非工作者进行比较的结果很有趣，因为非工作者在之前的研究中没有作为一个单独的小组进行分析。例如，非欧盟国家（*NATIONAL_ NON_EU*）的工作者在工作中接受培训的可能性有明显降低，但非工作者接受培训的可能性较高。与参考类别（*URBAN_DENSE*）相比，非城市环境（*URBAN_THIN*）与进行培训可能性相关程度较低，对男性工作者进行培训的可能性没有显著影响。然而，城市的郊区环境（*URBAN_INTERM*）与在非工作者中进行培训的可能性相关程度较低，但男性工作者培训的可能性高。这与Brunello和Gambarotto（2004）以及Brunello和De Paulo（2004）一致，他们发现在意大利和英国培训发生率在人口较少聚集地区较高。他们用人员更替与挖墙脚效应来解释这些结果。

（二）参与国家特定培训

为了进一步研究欧盟的年龄—培训差距，我们分别为不同性别、国家和就业状况提供了不同数据，总共进行60次回归。在表3中，我们只报告每种情况下旧变量的边际效应以及每个回归中的个体数量。结果与图2下半部分展示的结果相似，同时提供了更多关于性别差异的信息。

表3　仅针对OLDER变量下国家特定项目的边际效应

Probit on: *TRAINED_yes*	非工作女性样本	非工作男性样本	工作女性样本 †	工作男性样本 †
OLDER_AT	-0.014**	-0.060**	-0.017**	-0.055**
观察值	68838	37341	115174	128402
OLDER_BE	-0.008**	-0.025**	0.001	-0.021**

续表

Probit on： *TRAINED_yes*	非工作女性样本	非工作男性样本	工作女性样本 †	工作男性样本 †
观察值	48091	29308	53536	60811
OLDER_DE	-0.022**	-0.052**	-0.025**	-0.040**
观察值	97199	65486	148159	162042
OLDER_DK	0.036**	-0.086**	-0.017*	-0.106**
观察值	17844	11352	52108	46827
OLDER_ES	-0.026**	-0.086**	-0.026**	-0.034**
观察值	148629	64556	47890	61109
OLDER_FI	0.017*	-0.029**	0.025*	-0.035**
观察值	12753	10479	28416	26725
OLDER_FR	-0.031**	-0.058**	-0.036**	-0.050**
观察值	65364	42470	95894	100464
OLDER_GR	-0.005**	-0.023**	-0.004**	-0.001**
观察值	148833	56028	92537	132765
OLDER_IE	0.014**	-0.008**	0.008	-0.005
观察值	29276	13214	30610	32295
OLDER_IT	-0.001**	-0.008**	-0.010**	-0.008**
观察值	324770	156329	228922	293002
OLDER_LU	-0.005	0.003	-0.013*	-0.041**
观察值	29159	14822	34271	44454
OLDER_NL	0.005	0.006	-0.003	-0.040**
观察值	81504	38568	130461	159950
OLDER_PT	-0.021**	-0.027**	-0.003**	-0.005**
观察值	66550	37197	91249	99162
OLDER_SE	-0.047**	-0.080**	-0.035**	-0.068**
观察值	54974	41930	191827	182037
OLDER_UK	-0.083**	-0.217**	-0.036**	-0.093**
观察值	25081	16532	64641	60034

注：（1）** $p < 0.01$，* $p < 0.05$；（2）† 工作者样本仅包括雇员。

通过比较表 2 和表 3 中的边际效应，我们注意到各国之间较为相似。但也有显著差异。对于一些国家来说，附加条件下的老年年龄—培训差距非常小，其中一些情况下，在统计学上无明显差异，说明老年人群体的培训差异很小或没有差异。例如，在希腊和意大利，不论性别和工作状况如何，附加条件下的年龄—培训差距很小。在卢森堡和荷兰，非工作者的年龄—培训差距是没有意义的。在爱尔兰和葡萄牙，工作者的年龄—培训差距非常小，比利时和荷兰的女性工作者情况也是如此。

对一些国家的女性来说，附加条件的年龄—培训差距是正向的，这表明年长的女性更有可能接受培训。丹麦、芬兰和爱尔兰的女性非工作者也是如此。芬兰的女工也是如此。在其他一些国家，附加条件下的年龄—培训差距明显较大。最极端的情况可以在英国找到，特别是对非工作者附加条件下的年龄—培训差距非常大。其他英国受访者、瑞典受访者、丹麦男子和未处于工作状态的西班牙男子的年龄—培训差距也非常大。这些突出的案例为政策制定者提供了最大的机会，他们可以通过积极的劳动力市场政策来缩小年龄—培训差距。

（三）与工作相关的培训

表4的结果表明，我们考虑与工作相关的培训时，年龄—培训差距仍然是明显的。有趣的是，性别—年龄差距仍然存在，男性 *OLDER* 边际效应是女性的两倍多。这意味着老年妇女培训的可能性要比年轻女性低0.8%，而老年男子培训的可能性比年轻男子低1.6%。这与平均工作相关的培训率有关，其数值在1.3%到5.3%（见表1）。在表2中，年龄相关的培训概率下降在年龄较轻者身上也有所体现，而在这里，它通常也会随着年龄的增长而下降。如表2所示，与年龄相关的培训概率下降也从年龄较小的变量中体现，而且通常在年龄上单调递减。同样，女性工作者是一个例外，40～49岁的边际效应实际上是正向的，这种影响对30～39岁和20～29岁的女性而言没有差异。

表4　是否进行工作相关培训的概率回归边际效应

Probit on: *TRAINED_WorkRel*	非工作女性样本	非工作男性样本	工作女性样本 †	工作男性样本 †
	(4a)	(4b)	(4c)	(4d)
OLDER	-0.008**	-0.017**	-0.008**	-0.018**
YOUNGER_40_49	-0.002**	-0.003**	0.002**	-0.008**
YOUNGER_30_39	-0.001**	0.000	-0.001	-0.004**
MARITAL_W_S_D	0.004**	0.000	0.004**	0.002**
MARITAL_SINGLE	0.004**	-0.000	0.002**	-0.003**

续表

Probit on: *TRAINED_WorkRel*	非工作女性样本 (4a)	非工作男性样本 (4b)	工作女性样本 † (4c)	工作男性样本 † (4d)
EDUCATION_H	0.013**	0.014**	0.031**	0.026**
EDUCATION_M	0.004**	0.004**	0.015**	0.015**
URBAN_INTERM	-0.000	-0.000	0.002**	0.001**
URBAN_THIN	-0.000**	-0.001**	0.002**	0.001
NATIONAL_OTHER_EU	0.001	0.000	-0.002	-0.005**
NATIONAL_NON_EU	0.003**	0.002**	-0.008**	-0.013**
UNEMPLOYED	0.008**	0.004**		
COUNTRY_AT	0.016**	0.021**	0.034**	0.036**
COUNTRY_BE	0.006**	0.006**	0.002	0.017**
COUNTRY_DE	0.007**	0.011**	0.012**	0.015**
COUNTRY_DK	0.033**	0.040**	0.066**	0.083**
COUNTRY_ES	0.003**	0.005**	0.018**	0.017**
COUNTRY_FI	0.013**	0.019**	0.122**	0.123**
COUNTRY_FR	0.015**	0.017**	0.029**	0.039**
COUNTRY_GR	-0.003**	-0.004**	-0.039**	-0.031**
COUNTRY_IE	0.001	-0.004**	-0.013**	-0.012**
COUNTRY_LU	-0.005**	-0.006**	0.019**	0.031**
COUNTRY_NL	0.032**	0.028**	0.046**	0.058**
COUNTRY_PT	-0.002**	-0.002**	-0.036**	-0.024**
COUNTRY_UK	0.006**	0.005**	0.010**	0.005**
HRSW_USUAL			0.001**	0.000**
TENURE			0.000	0.000**
LOOK_OTHR_JOB			0.010**	0.008**
HOMEWK_USUALLY			0.014**	0.015**
HOMEWK_SOMETIMES			0.027**	0.021**
*FIRMSIZE_*1to10			-0.009**	-0.011**
*FIRMSIZE_*11to19			-0.006**	-0.011**
*FIRMSIZE_*20to49			-0.002**	-0.005**
卡方联合检验				
YEARs 联合检验	377.67**	190.65**	110.27**	218.66**
QUARTERs 联合检验	297.17**	131.00**	2970.23**	2551.29**
ISCOs 联合检验			4560.26**	4213.90**

续表

Probit on: *TRAINED_WorkRel*	非工作女性样本	非工作男性样本	工作女性样本 †	工作男性样本 †
	(4a)	(4b)	(4c)	(4d)
NACEs 联合检验			3377.21**	2033.45**
观察值	1149876	588845	1197181	1396667

注：(1)** $p<0.01$，* $p<0.05$；(2) † 工作者样本仅包括雇员。

附加条件下的国家差异表明，对于那些没有工作的人而言，丹麦和荷兰进行的培训与工作相关性可能性最高。对于那些正在工作的人来说，芬兰的培训概率是最高的。希腊和葡萄牙的非工作者和工作者培训的可能性与最大附加条件的削减有关。

关于其他解释变量，结果大多数没有太大差异。值得注意的例外情况是，对于女工如果她们生活在非城市地区（*URBAN_INTERM*，*URBAN_THIN*），那么她们参加与工作相关的培训可能性较高。这表明，营业额和偷猎效应对工作女性进行工作相关的培训更为相关。

（四）工作时间内的培训

表 5 中对 *OLDER* 边际效应的负面影响表明，正常工作时间内培训的相关概率较低。*OLDER* 边际效应在男女之间差异明显，男性几乎是女性的五倍，分别为 -0.96% 和 -0.2%。这一结果无论是在统计学上还是在重要程度上都有意义。如上所述，培训是否在工作时间内进行是衡量雇主对培训承诺的一个重要指标，也是衡量培训机构净收益的重要指标。如表 2 和表 4 所示，男性工作者培训的概率随着年龄的增长而下降。然而，对于女性工作者来说，附加条件下培训的概率随着年龄的增长而升高，但只能达到 49 岁，此后年龄在 50 岁及以上的老年人培训概率会下降。

表 5　关于培训是否在工作时间内进行的概率回归边际效应

Probit on: *TRAINED_InWrkHrs*	工作女性样本 †	工作男性样本 †
	(5a)	(5b)
OLDER	-0.002**	-0.010**
YOUNGER_40_49	0.004**	-0.003**
YOUNGER_30_39	0.002**	-0.001
MARITAL_W_S_D	0.000	0.001

续表

Probit on：*TRAINED_InWrkHrs*	工作女性样本 †	工作男性样本 †
	(5a)	(5b)
MARITAL_SINGLE	-0.002**	-0.003**
EDUCATION_H	0.017**	0.018**
EDUCATION_M	0.009**	0.011**
URBAN_INTERM	0.001	0.001*
URBAN_THIN	0.001	-0.000
NATIONAL_OTHER_EU	0.001	-0.003**
NATIONAL_NON_EU	-0.008**	-0.012**
HRSW_USUAL	0.001**	0.001**
TENURE	0.000**	0.000**
LOOK_OTHR_JOB	-0.002**	-0.001
HOMEWK_USUALLY	-0.003**	0.003**
HOMEWK_SOMETIMES	0.010**	0.011**
*FIRMSIZE_*1to10	-0.010**	-0.010**
*FIRMSIZE_*11to19	-0.007**	-0.008**
*FIRMSIZE_*20to49	-0.004**	-0.005**
COUNTRY_AT	0.020**	0.023**
COUNTRY_BE	0.015**	0.015**
COUNTRY_DK	0.078**	0.076**
COUNTRY_FI	0.134**	0.118**
COUNTRY_FR	0.048**	0.045**
COUNTRY_GR	-0.024**	-0.024**
COUNTRY_IE	0.007**	0.007**
COUNTRY_LU	0.028**	0.030**
COUNTRY_NL	-0.004**	-0.004**
COUNTRY_UK	0.024**	0.010**
卡方联合检验		
YEARs 联合检验	344.10**	756.44**
QUARTERs 联合检验	1421.30**	1602.44**
ISCOs 联合检验	2409.19**	2723.38**
NACEs 联合检验	1718.84**	897.62**
观察值	900542	1063038

注：(1)** $p<0.01$，* $p<0.05$；(2) † 工作者样本仅包括雇员。

表 5 中有四个国家的数据缺失，因此很难比较表 2、表 4 和表 5 中国家之间的差距。然而，芬兰和丹麦，与意大利相比，在工作时间的培训概率大大提高。只有希腊和荷兰在工作时间开展培训的条件概率比意大利低。

相对于其他的解释变量，表 2 和表 5 的结果之间主要的区别在于，在工作时间内城市密度似乎对培训没有任何影响。在家工作的影响很大程度上也是一样的，但对于女性来说，这是负向和显著的。我们认为，对于这些女性来说，对工作时间的定义可能是模糊不清的。

（五）培训时间

表 6 的结果显示，50 岁及以上的受访者比年轻人接受的培训时间更少。这适用于男性和女性、工作者和非工作者。性别差异与表 2 相似，*OLDER* 的边际效应是男性是女性（工作者和非工作者）的两倍以上。与表 2 的相似之处仍然是：年轻的年龄变量随着年龄的增长，接受培训的概率会随之下降。对 40～49 岁的人造成的负面影响小于 30～39 岁的年轻人。如表 4 所示，就工作培训而言，任职期限在影响女性花费培训时间方面并不重要。关于其他解释变量，一般模式与之前所看到的类似。

表 6　Tobit 回归对过去四周培训时间比例的边际效应

Tobit on：*TRAINED_Time*	非就业女性样本	非就业男性样本	就业女性样本 †	就业男性样本 †
	（6a）	（6b）	（6c）	（6d）
OLDER	－0.0156**	－0.0360**	－0.0089**	－0.0228**
YOUNGER_40_49	－0.0098**	－0.0181**	－0.0028**	－0.0125**
YOUNGER_30_39	－0.0060**	－0.0059**	－0.0051**	－0.0078**
MARITAL_W_S_D	0.0063**	－0.0004	0.0032**	0.0018**
MARITAL_SINGLE	0.0122**	－0.0004	0.0041**	－0.0004
EDUCATION_H	0.0400**	0.0308**	0.0260**	0.0224**
EDUCATION_M	0.0211**	0.0140**	0.0161**	0.0143**
URBAN_INTERM	－0.0014**	－0.0007	0.0005	0.0009**
URBAN_THIN	－0.0029**	－0.0025**	－0.0008**	0.0003
NATIONAL_OTHER_EU	0.0012	－0.0002	－0.0007	－0.0039**
NATIONAL_NON_EU	0.0089**	0.0086**	－0.0046**	－0.0069**
UNEMPLOYED	0.0147**	0.0040**		

续表

Tobit on：*TRAINED_Time*	非就业女性样本	非就业男性样本	就业女性样本 †	就业男性样本 †
	(6a)	(6b)	(6c)	(6d)
COUNTRY_AT	0.0435**	0.0332**	0.0355**	0.0315**
COUNTRY_BE	0.0182**	0.0139**	0.0026**	0.0130**
COUNTRY_DE	0.0096**	0.0097**	0.0006	0.0046**
COUNTRY_DK	0.0844**	0.0628**	0.0709**	0.0668**
COUNTRY_ES	0.0516**	0.0442**	0.0379**	0.0298**
COUNTRY_FI	0.0389**	0.0332**	0.0518**	0.0520**
COUNTRY_FR	0.0346**	0.0259**	0.0423**	0.0455**
COUNTRY_GR	-0.0173**	-0.0135**	-0.0449**	-0.0426**
COUNTRY_IE	0.0132**	-0.0071**	-0.0006	-0.0023*
COUNTRY_LU	0.0232**	-0.0051**	0.0142**	0.0207**
COUNTRY_NL	0.0303**	0.0235**	0.0232**	0.0330**
COUNTRY_PT	0.0069**	0.0013	-0.0273**	-0.0188**
COUNTRY_SE	0.0553**	0.0461**	0.0462**	0.0376**
COUNTRY_UK	0.1109**	0.0865**	0.1498**	0.1089**
HRSW_USUAL			0.0002**	0.0002**
TENURE			0.0000	0.0001**
LOOK_OTHR_JOB			0.0106**	0.0082**
HOMEWK_USUALLY			0.0105**	0.0120**
HOMEWK_SOMETIMES			0.0153**	0.0144**
*FIRMSIZE_*1to10			-0.0064**	-0.0103**
*FIRMSIZE_*11to19			-0.0050**	-0.0090**
*FIRMSIZE_*20to49			-0.0019**	-0.0047**
卡方联合检验				
YEARs 联合检验	11.52**	22.79**	252.53**	204.37**
QUARTERs 联合检验	467.48**	130.69**	1629.70**	1057.04**
ISCOs 联合检验			551.38**	513.96**
NACEs 联合检验			689.06**	537.56**
观察值	1218865	637685	1408116	1591558

注：(1)** $p<0.01$，* $p<0.05$；(2) † 工作者样本仅包括雇员。

五 总结与启示

本文分析表明，EU－15 的整体培训率在英国和北欧国家（丹麦、芬兰和瑞典）较高。在爱尔兰、德国和南欧大部分地区（希腊、意大利和葡萄牙）较低。其他国家的培训率在这两者之间。“资本主义多样性”（Esping-Andersen，1999；Hall and Soskice，2001）为这些发现提供了一些解释。例如，英国自由市场经济较高的培训率是由劳务市场较低的工作稳定性驱使的，在该劳务市场中，那些无一技之长和受教育程度比较低的人往往面临着很高的失业率风险。北欧培训率较高可归因于社会民主对就业的充分承诺，以及强有力的培训政策和对终身学习的支持。相比之下，在德国这样保守协调的经济体中，终身学习的机会越来越少。在德国，教育体系高度分化，对学徒制的支持很强烈。南欧混合市场经济体（Hall and Gingerich，2009）的培训率较低，这与较弱的社会政策和有限的公众支持相一致。爱尔兰通常被归为英国自由市场经济体系，因此爱尔兰较低的培训率更难以解释（Hall and Gingerich，2009）。

表 2 到表 6 中的结果表明，EU－15 的共同特征是：即使在混杂因素受到控制的情况下，50～64 岁的老年人也不太可能参加培训。此外，结果表明，老年人不太可能参加与工作有关、在工作时间内进行、持续较长时间的培训。这些年龄培训差距在非工作者中更为显著。此外，在年龄—培训差距的水平和意义上也有显著的跨国差异（见图 1 到图 4、表 3）。在瑞典和英国等整体培训率较高的国家，一般培训中附加条件下的年龄—培训差距（见表 3）最大。这一指标在丹麦男性和未处于工作状态的西班牙男性中也同样高。相反，在像意大利和希腊这样培训率普遍低下的国家中，这些附加条件下的年龄—培训差距是最小的。

虽然英国和北欧国家的年龄—培训差距较大，但在这些国家，特别是丹麦，老年人的培训率其实更高，这反映出年轻人和老年人的培训率都很高的事实。如 Bostfeld、Buchholz 和 Kurz（2011）所强调的，丹麦和瑞典提出扩大再培训规模的措施。Van Dalen、Henkens 和 Schippers（2009）也发现，雇主更愿意在英国为其他欧盟国家的老年工人实施培训计划。然而，英国附加条件下的培训率对年轻群体而言仍是相当高的。荷兰是一个例外，尽管荷兰培训率高于 EU－15 的平均水平，但附加条件下的年龄—培训差距

（见表3）是很小的。这与 Montizaan、Cörvers 和 De Grip（2010）所描述的一致，他们认为荷兰公共部门员工培训率的提高与养老金福利的减少有关。

年龄和培训之间的关系在性别方面存在显著差异。尽管对男性（工作状态和非工作状态）培训存在系统性的年龄相关性下降，但这种模式对职业女性来说并不是系统性的。在“普通培训”（见表2）和“培训时间”（见表6）中，40～49岁与30～39岁的工作女性相比，她们的培训情况略有恢复。这种模式对于与工作相关的培训（见表4）和在工作时间内进行的培训（见表5）更加明显，40～49岁的职场女性与最年轻的职场女性相比，在经历经济衰退之前，她们的培训增加了。表3强调了男性与女性在培训参与方面的差异。例如，在丹麦和爱尔兰，老年的非工作女性比最年轻的非工作女性培训率更高。在芬兰，对于工作和不工作的年长女性来说，情况确实如此。

对这个结果的一个解释是，老年人因为临近退休而不太可能接受培训。因此，EU－15法定退休年龄的提高可能会减轻这种影响。然而，年龄—培训差异的统计数据也与其他说明一致，包括：培训成本较高，年龄歧视的态度，学习能力差异，缺乏认知需求和制度因素。宏观经济变化也很重要。这项研究的结果是指2004～2007年的经济繁荣时期，当时的失业率很低，养老金问题还没有成为养老金危机。在经济低迷时期，老年工作者面临退出劳动力市场的风险（Blossfeld，Buchholz and Kurz，2011），而2008年引发的危机，更加凸显了终身培训的必要性。

这些结果对旨在通过鼓励老年人进行更多培训来提高就业能力的政策措施产生影响。首先，他们需要提供更多的培训机会，这可能需要改变人们对年龄的歧视态度。诸如提高或废除强制退休年龄等政策，可能会鼓励老年工作者接受培训，但如果失业老年人的再就业机会有限，就不会对他们起到帮助作用。其次，培训本身并不是目的，培训的性质是很重要的。为确保培训能够通过增加工作者就业机会的方式延长工作者的就业生涯，应该谨慎地设计政策，以提升培训与工作的相互关联性。这些政策必须是可信的，这种培训的价值需要具体化，培训需要跨越整个工作生活持续进行。

参考文献

Bassanini, A., A. Booth, G. Brunello, M. de Paola, and E. Leuven. 2005. “Workplace Training in Europe." Forschungsinstitut zur Zukunft der Arbeit (IZA), Discussion Paper, 1640, Bonn.

Becker, G. 1964. *Human Capital: A Theoretical and Empirical Analysis.* New York: Columbia University Press.

Blossfeld, H., S. Buchholz, and K. Kurz. 2011. *Aging Populations, Globalization and the Labor Market: Comparing Late Working Life and Retirement in Modern Societies.* Cheltenham: Edward Elgar.

Brunello, G., and F. Gambarotto. 2004. "Agglomeration Effects of Employer Provided Training: Evidence from the UK." Forschungsinstitut zur Zukunft der Arbeit (IZA), Discussion Paper, 1055, Bonn.

Brunello, G., and M. De Paulo. 2004. "Training and the Density of Economic Activity: Evidence from Italy." Forschungsinstitut zur Zukunft der Arbeit (IZA), Discussion Paper, 1073, Bonn.

Chapman, B., T. F. Crossley, and T. Kim. 2003. "Credit Constraints and Training after Job Loss." Discussion Paper 466, Centre for Economic Policy Research, Australian National University, Canberra.

Cheung, S. Y., and S. McKay. 2010. "Training and Progression in the Labour Market." Department for Work and Pensions, Research Report, 680, London.

Cully, M., A. Vanden-Heuvel, M. Wooden, and R. Curtain. 2000. "Participation in, and Barrier to, Training: The Experience of Older Adults." *Australasian Journal of Ageing* 19 (4): 172 – 179.

De Grip, A., and J. Van Loo. 2002. "The Economics of Skills Obsolescence." *Research in Labor Economics* 21: 1 – 26.

Duncan, C. 2003. "Assessing Anti-ageism Routes to Older Worker Re-engagement." *Work, Employment and Society* 17(1): 101 – 120.

Esping-Anderson, G. 1999. *Social Foundations of Postindustrial Economies.* Oxford: Oxford University Press.

Eurostat. 2011. "Average Exit Age from the Labour Force by Gender." https://epp.eurostat.ec.europa.eu/tgm/refreshTableAction.do? tab = table&plugin = 1&pcode = tsiem030 &langu-age = en.

Felstead, A. 2010. "Closing the Age Gap? Age, Skills and Experience of Work in Great Britain." *Ageing and Society* 30(8): 1293 – 1314.

Felstead, A. 2011. "The Importance of 'Teaching Old Dogs New Tricks': Training and Learning Opportunities for Older Workers." In *Managing an Age Diverse Workforce*, edited by Parry E., and Tyson S, pp. 89 – 205. London: Palgrave-Macmillan.

Guthrie, J. P., and C. E. Schwoerer. 1996. "Older Dogs and New Tricks: Career Stage and Self-assessed need for Training." *Public Personnel Management* 25(1):59 – 72.

Hall, P. A., and D. Soskice, eds. 2001. *Varieties of Capitalism: The Institutional Foundations of Comparative Advantage*. Oxford: Oxford University Press.

Hall, P. A. and D. W. Gingerich. 2009. "Varieties of Capitalism and Institutional Complementarities in the Political Economy: An Empirical Analysis." *British Journal of Political Science* 39(3): 449 – 482.

Hofäcker, D., and S. Pollnerová. 2006. "Late Careers and Career Exits. An International Comparison of Tends and Institutional Background Patterns." In *Globalization, Uncertainty and Late Careers in Society*, edited by Hans-Peter Blossfeld, S. Buchholz, and D. Hofäcker, pp. 25 – 53. London/New York: Routledge.

Hotopp, U. 2005. "The Employment Rate of Older Workers, Labour Market Trends." Office for National Statistics.

Khan, K. 2009. "Employment of the Older Generation." *Economic and Labour Market Review* 3(4): 30 – 36.

Lundberg, D., and Z. Marshallsay. 2007. "Older Workers' Perspectives on Training and Retention of Older Workers." National Centre for Vocational Education Research, Adelaide.

Maltby, T. 2007. "The Employability of Older Workers: What Works?" In *The Future for Older Workers: New Perspectives* Loretto, edited by W. Loretto, S. Vickerstaff, and P. White Bristol: Polity Press.

McKay, S., and S. Middleton. 1998. "Characteristics of Older Workers: Secondary Analysis of the Family and Working Lives Survey." Department for Education and Employment, 45, London.

McNair, S., and M. Flynn. 2005. "The Age Dimension of Employment Practices: Employer Case Studies." Employment Relations Research Series, 42, DTI.

Montizaan, R., F. Cörvers, and A. De Grip. 2010. "The Effects of Pension Rights and Retirement Age on Training Participation: Evidence from a Natural Experiment." *Labour Economics* 17(1): 240 – 247.

Nakamura, A., and M. Nakamura. 1983. "Part-time and Full-time Work Behaviour of Married Women: A Model with a Doubly Truncated Dependent Variable." *Canadian Journal of Economics* 16(2): 201 – 218.

OECD. 2004. "Ageing and Employment Practices—UK." Organisation for Economic Cooperation and Development, Paris.

OECD. 2005. "Promoting Adult Learning." Organisation for Economic Cooperation and Development, Paris.

O' Mahony, M. , and F. Peng. 2008. "Skill Bias, Age and Organisational Change." EU KLEMS Working Paper, 36. http://www. euklems. net.

Porcellato, L. , F. Carmichael, C. Hulme. , B. Ingham. , and A. Prashar. 2010. "Giving Older Workers A Voice; Constraints on Employment." *Work Employment and Society* 24(1): 85 - 103.

Rix, S. 2002. "The Labor Market for Older Workers." *Generations* 26(2): 25 - 31.

Roberts, I. 2006. "Taking Age out of the Workplace: Putting Older Workers Back in?" *Work, Employment and Society* 20(1): 67 - 86.

Sussman, D. 2002. "Barriers to Job-related Training." *Perspectives on Labour and Income* 3 (3):25 - 32.

Taylor, P. E. , and A. Walker. 1994. "The Ageing Workforce: Employers' Attitudes Towards Older People." *Work, Employment and Society* 8(4):569 - 591.

Taylor, P. E. , and P. Urwin. 2001. "Age and Participation in Vocational Education and Training." *Work Employment and Society* 15(4):763 - 779.

Thomson, P. , S. Dawe, A. Anlezark, and K. Bowman. 2005. "The Mature-aged and Skill Development Activities: A Systematic Review of Research." National Training Authority, Adelaide.

Urwin, P. 2006. "Age Discrimination: Legislation and Human Capital Accumulation." *Employee Relations* 28(1): 87 - 97.

Van Dalen, H. P. , K. Henkens, and J. Schippers. 2009. "Dealing with Older Workers in Europe: A Comparative Survey of Employers' Attitudes and Actions." *Journal of European Social Policy* 19(1): 47 - 60.

Vignoles, A. , F. Galindo-Rueda, and L. Feinstein. 2004. "The Labour Market Impact of Adult Education and Training: A Cohort Analysis." *Scottish Journal of Political Economy* 51(2): 266 - 280.

Waldman, D. A. , and B. J. Avolio. 1986. "A Meta-analysis of Age Differences in Job Performance." *Journal of Psychology* 71(1): 33 - 38.

Wood, G. , A. Wilkinson, and M. Harcourt. 2008. "Age Discrimination and Working Life: Perspectives and Contestations: A Review of the Contemporary Literature." *International Journal of Management Reviews* 10:425 - 442.

Wooden, M. , A. Vanden Heuvel, M. Cully, and R. Curtain. 2001. "Barriers to Training for Older Workers and Possible Policy Solutions." Flinders National Institute of Labour Studies, University of South Australia.

Zeytinoglu, I. U. , G. B. Cooke, and K. Harry. 2007. "Older Workers and on-the-job Training in Canada: Evidence from the WES Data." Social and Economic Dimensions of an Aging Population Research Papers, 179, McMaster University, Hamilton, Ontario.

终生无酬照护与有酬工作：不同路径与不同结果*

〔英〕菲欧娜·卡迈克尔　〔英〕马可·厄科拉尼**
杨小聪***/译　彭铭刚/校

摘　要：我们研究了人们早期的环境和经历在多大程度上影响了其后来的人生历程。我们利用 UK 纵向数据对 1991 年至 2010 年 15～20 年 4339 人的就业和护理历史进行了动态分析。我们使用最佳匹配和集群分析将这些历史作为序列进行分析，以确定五种不同的就业—护理道路。回归分析显示，在走上这些道路之前，生命阶段、性别以及对家庭和性别角色的态度已经对人们进行了区分。差分估计显示，收入、主观健康和幸福感的一些初始差异会随着时间的推移而变大，而另一些差异则变小。特别是，那些遵循最密集型护理路径的人，他们最终不仅变得越来越穷，主观健康和幸福水平也相对下降。这些结果证实，早期的环境对后期的生命历程有很大的影响，这与预决定（pre-determination）、持续性（persistence）及路径依赖理论是一致的。

关键词：护理　无酬工作　劳动力参与　社会态度　生命历程

---

* 原文为 Carmichael，Fiona，and Marco G. Ercolani. 2016. “Unpaid Caregiving and Paid Work over Life-course：Different Pathways，Diverging Outcomes.” *Social Science & Medicine* 156：1－11。感谢英国国家统计局提供的英国家庭小组调查与英国理解社会调查的数据（批准编号：92725）。英国伯明翰大学（ERN_15－1073）通过本研究的伦理审查。文责自负。

** 菲欧娜·卡迈克尔，英国伯明翰大学伯明翰商学院教授；马可·厄科拉尼，英国伯明翰大学伯明翰商学院高级讲师。

*** 杨小聪，广州大学公共管理学院讲师。

导　言

本文调查了就业和无酬照护是如何随着年龄的增长而变化的，并考虑了性别和社会态度的影响。政策背景是人口老龄化使延长劳动年限变得势在必行，预计这将导致对保健和护理服务的额外需求（HSCIC，2014）。与此同时，政府越来越重视病人选择和家庭护理。这种结合可能会增加家庭对正规和非正规护理的需求（Pickard et al.，2007；Wittenberg et al.，2011）。人们很难知道对非正规护理需求的预期增长是否会得到满足。本文的计算表明，在英国成年人口中有 38.74% 的人在其人生的某个时候会需要无偿护理。随着劳动年限的延长，可以用来提供护理的时间就受到限制，同时兼顾护理和工作的压力可能会增加。在这方面，了解无酬照护和有酬工作是如何相互关联的至关重要。

然而，许多关于护理和有偿工作之间的冲突和权衡的证据只考虑了某个时刻或非常短期的个人情况（Lilly et al.，2007）。这是一个遗漏，因为关于护理的个人决定不太可能在历史真空的条件中做出，而且可能需要在需求出现之前就做出决定。所以概括来说，有必要探讨生命历程中就业和家庭环境之间关系的动态性质（Moen and Sweet，2004）。Moen 等人（1994）利用了 293 名妇女的回顾性数据，是少数几个调查了护理是如何被纳入个人生活史的研究之一。考虑了护理历史的大规模经验研究主要用护理、就业或家庭环境的滞后或领先来解释某个时间点的关联（Michaud et al.，2010；Carmichael et al.，2010；Heitmueller，2007；Stern，1995）。这并没有完全捕捉到在整个人生过程中护理和就业历史是如何一起演变并相互交织的。总的来说，护理文献缺乏严格的纵向研究，纵向研究将使我们能够理解护理轨迹和权衡是如何随时间演变的。

本文利用家庭成员追踪调查和后续社会学（BHPS-US）的 20 年纵向数据来考察这些差距。该方法包括四个综合阶段。在第一阶段，我们使用序列分析来绘制受访者在 15 ~ 20 年观察到的历史。在第二阶段，我们使用最佳匹配和集群分析对具有相似历史的个体进行分组。这使我们能够创建一个就业和护理历史预表（typology），而不会将其简化为单一事件（Brzinsky-Fay et al.，2006）。与其他方法相比，使用序列分析的优势在于，此方法使我们能够捕捉到生命历史作为实体的顺序性和多面性。据我们所知，这是首次以这种方式分析护理和就业历史。在第三阶段，我们使用回归分析来探索性别、生活阶段和社会态度如何铺设人们的就业—护理道路。在第四阶段，我们使用差分估计来检验收入、健康和幸福的任何初始差异是否会随着人们的护理和就业历史的发展而扩大。研究结果支持护理的预决定和持续性理论，并表明那些遵循最密集护理路径的人，他们最终不仅变得越来越穷，主观健康水平和幸福水平也相对下降。

下一部分通过总结以往关于社会态度在提供护理中的作用以及护理的潜在成本和可能的长期累积效应的研究，为本文提供了框架。随后描述了数据、经验方法和结果。最后一部分总结了本文的主要结果和局限性。

一　研究背景

在人生的不同阶段，人们可能会承担看护的角色，因为他们觉得有义务照顾生病的家庭成员（Badgett and Folbre，1999）。这种责任感或义务感与社会态度、规范和期望（Folbre，1995）或具有约束力的互惠制度（Daatland and Lowenstein，2005）相关联。从这个角度来看，主观规范，如提供护理带来的感知性社会压力，是行为的预测因素（Ajzen，2011）。将社会规范和态度与女性就业和家庭分工联系起来的研究支持这些论点（Farre and Vella，2013；Michaud et al.，2010；Crompton et al.，2005）。

与正统新古典经济学一致的另一种观点是，护理决策取决于个人和家庭层面的成本效益计算和效率。这些考虑了护理带来的任何满意度（过程效用）（Brouwer et al.，1999），以及由于收入损失、健康不良和压力增加而产生的预期成本（Adelman et al.，2014）。家庭一级的效率还得益于市场工作和无酬家务劳动（包括护理）的相对优势，从专门化（specialisation）中获益（Mincer and Polachek，1974）。

与护理需求相关的收入损失主要是工作—家庭界面的冲突（Erickson et al.，2010），导致护理服务和劳动力供应之间的替代，主要是对更密集的护理人员。许多证据证明了相关的替代效应，尤其在欧洲、美国和加拿大的国别研究中（Jacobs et al.，2014）。由于人力资本的退化和恶化，这种权衡将对家庭决策产生动态影响。照顾者在市场工作中的相对优势可能会减少，这反映在市场工资与边际家庭生产力的比例上。工资较低也会降低护理人员的威胁点，降低其在家庭内部的议价能力（Doss，2011）。正如 Stern

（1995）所讨论的，当个别家庭成员做出长期护理决定时，这一点很重要。研究还发现护理人员这一群体的健康状态不佳比例过高（Vitlic et al.，2015；ONS，2013），幸福水平较低（Hirst，2005；Marks et al.，2002）。可能是失去自主性（Dolan et al.，2008；Brouwer et al.，1999）导致更大的情绪压力、身体压力和负面的健康影响，因而幸福感降低（Schulz et al.，2012）。

从生命历程的角度来看，这些影响表明，照料角色的预决定性和可能的持续性，可能是"家庭生活和全职职业之间的不相容"（Crompton and Birkelund，2000：350）的基础。市场工作的相对优（劣）势也可能是就业和护理之间关系估计中缺失的变量，从而导致选择偏差。文献已经用工具变量、联立方程方法和面板数据来解决这种内生性，或者是用来模拟时间不变的个体异质性，或者是时间序列。在这里，我们扩展了后一种方法，使用 4339 人的序列数据，将就业和护理路径明确建模成相互依赖的实体，并使用双重差分来探索结果。

二　数据和样本

从 1991 年到 2008 年，英国家庭研究调查（British Household Panel Survey，BHPS）进行了 18 轮年度调查，此后，在更大的英国理解社会（Understanding Society，US）调查中，BHPS 的受访者成为第二轮的一部分。BHPS 和 US 调查都由英国埃塞克斯大学的社会和经济研究所管理，这两项是针对英国人口的具有全国代表性的调查。虽然比其他有代表性的纵向调查（如人口普查或劳动力调查）要小，但它们的不同之处在于它们是每年一次的，并且重复出现，让同一个人组成一个小组。1991 年，BHPS 对 5511 户家庭中的 10264 名受访者进行了调查。到 2008 年，BHPS 已扩展到 8144 户家庭的 14418 人。每年都采取措施尽量减少受访者流失，18 年平衡小组有 4098 人。2009 年，BHPS 被纳入了 US 调查。三年后，US 调查的平衡小组囊括了 31184 人。

在 BHPS-US 调查中，无报酬的非正式照顾者是指在家内外照顾、帮助生病、残疾或年老的人，或为其提供常规服务的人。调查还就提供护理的时间提出问题。关于劳动力状态和工作时间的数据确定了护理人员是全职还是兼职的人。因为关于儿童保育的决定可能会对未来关于照顾和就业的决定产生影响，所以我们也确定每个个体的家庭中是否有年幼子女。

我们针对 4339 名 BHPS-US 受访者（1909 名男性和 2430 名女性）的子样本进行了分析，这些受访者在 1991 年至 2010 年至少有连续 15 年的数据。这一限制减少了样本量，但确保了有时间足够长的数据可用，这一时间构成了个人成年生活的一个重要部分。此外，这项限制意味着每个人的初步观察都是在相对较短的时间范围内进行的（1991 年至 1996 年，即 BHPS 的前五轮）。年龄范围广泛，表明子样本中有不同的年龄组，也允许我们模拟各生命阶段。在第一次观察时，最年轻的被调查者是 16 岁，最年长的是 85 岁，平均年龄是 39.13 岁。

三　经验性分析

这些数据首先被汇编成序列，以便创建一个集群式就业—护理路径的“可解释预表”。然后，这些集群被用于多元回归，以探索个人特征如何寻求人们遵循的路径，以及收入、幸福和健康如何随着时间的推移沿着不同的路径分化。这已经经过伯明翰大学的道德规范批准（ERN_15－1073）。

（一）序列分析：就业和无酬护理途径

1. 方法

为了组装序列，首先对数据进行编码，具体如下。受雇的受访者被归类为全职或兼职（每周不到 35 小时）。我们使用每周 20 小时的门槛对非正式护理承诺的强度进行了分类。这与文献一致，在文献中，就业和护理之间的权衡对于时间密集型照顾者来说更加明显，尽管一些研究确定的门槛较低。我们还确定了生活在有年幼子女（8 岁以下）的家庭中的个人，并将这些数据作为负责照顾年幼子女的个人的一个代理（proxy）。选择 8 岁以下这个阈值使我们的样本比例足够大（15.1%）。可能更好地反映幼儿责任的其他指标，如 BHPS 变量记录“谁照顾生病的孩子”或美国变量记录“谁负责照顾孩子”，这些指标并不是所有年份中都有，在 BHPS 和 US 调查之间也可能各不相同。这导致我们用三个主要指标记录了九种非相互排斥的状态：

（1）就业状态：（a）全职就业；（b）兼职工作；（c）未就业；（d）学生。

（2）非正式照料状态：（e）不护理（IC＝0hrs）；（f）每周护理不到 20 小时（IC＜20hrs）；（g）每周至少给予 20 小时的护理（IC≥20hrs）。

（3）负责年幼子女：（h）家中有 7 岁或 7 岁以下的子女（Has Child < 8）；（I）家中没有 7 岁或 7 岁以下的子女（No Child < 8）。

这九个状态相互作用，构建了一个新的变量，记录每个人每年的联合状态。其中有 23 种潜在的相互作用的状态。然而，既是护理者，特别是密集照顾者，家中又有幼儿的状态，以及既是学生又是非正式护理者的状态，或者既是学生，家中又有幼儿的状态非常罕见。这些状态被合并到更广泛的学生和照顾者类别中，以避免组别的观察结果较少（Mojena，1977）。这样便产生了 13 个编码类别。Brzinsky-Fay 等人（2006）使用 SQ-Ados 脚本将 81564 个编码活动状态分析为 4339 个就业和护理序列。

2. 结果

图 1 表示非正式照料状态、不同就业状态与家庭负责年幼子女在不同类别中的分布比例。从下往上看，这些状态可以反映出人们越来越脱离有偿劳动力市场，在三个主要就业类别中，人们对无偿护理的承诺越来越大。被观察状态的 16.19% 需要提供护理，其中 20.54% 是时间密集型护理（IC ≥ 20hrs）。护理状态的 52.21% 还将带薪就业时间结合在一起。从个体水平上看，护理的发生率更高：样本中 38.74% 的人至少（28.13% 的男性和 47.08% 的女性）在一年内提供了护理；16.29% 的人（16.08% 的男性和 16.46% 的女性）提供了时间密集型护理。护理发生率的这种情况与 BHPS-US 完整样本的情况相当，该样本包括观察了不足 15 年的受访者，这表明时间密集型护理者或者其他护理者，都不会比其他受访者更有可能退出样本。

在图 1 中，不同状态的发生率随着时间的推移保持相对恒定，但学生状态的发生率和就业状态的发生率下降。然而，图 1 中的生命周期表示是有限的，因为样本包括不同的年龄组。图 2 通过按年龄组划分状态时间分布更清楚地说明了这些影响。这五个年龄组是：（1）出生于 1964 年后的 X 和 Y 婴儿潮后一代（$n = 1132$）；（2）出生于 1955 年至 1964 年的后边缘婴儿潮一代（$n = 1025$）；（3）出生于 1946 年至 1954 年的前缘婴儿潮一代（$n = 743$）；（4）大萧条后出生的婴儿潮前一代（$n = 739$）；（5）大萧条之前/期间出生的婴儿潮前一代（$n = 700$）。

图 2 显示了就业和护理状态的分布如何随着生命阶段和群体的变化而变化。婴儿潮后一代和婴儿潮前一代的就业参与率开始上升，而较年长组的就业参与率则明显下降。婴儿潮后一代越来越可能要负责年幼的孩子，而婴儿潮一代则越来越不可能要负责年幼的孩子。相反，婴儿潮一代越来越

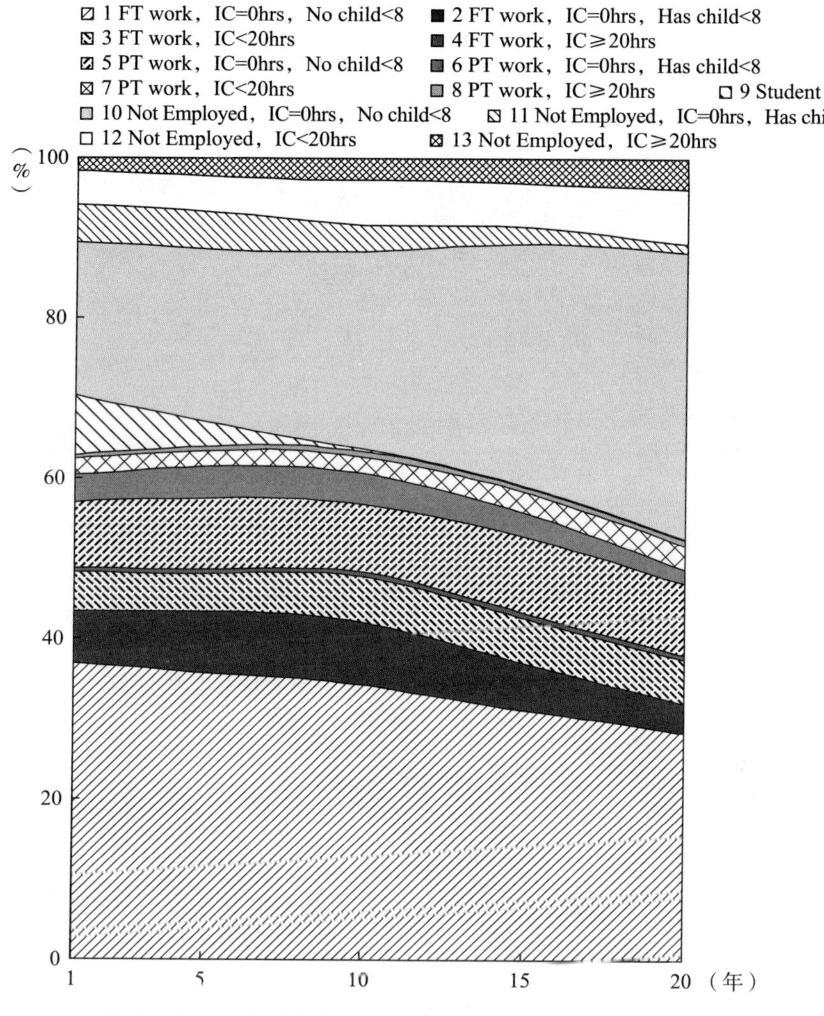

图1　非正式照料状态、不同就业状态与家庭负责年幼子女在不同类别中的分布比例

注：（1）就业状态类别中“FT work”为全职就业；“PT work”为兼职工作；“Not Employed”为未就业；“Student”为学生。（2）非正式照料状态中“IC≥20hrs”为每周至少给予20小时的护理；“IC＜20hrs”为每周护理不到20小时；“IC＝0hrs”为不护理。（3）负责年幼子女类别中“Has child＜8”为家中有7岁或7岁以下的子女；“No child＜8”为家中没有7岁或7岁以下的子女。

有可能参与护理。婴儿潮前一代在护理的同时还要就业，但较年长组在护理的同时还要就业的可能性要小得多。虽然图2中的路径绘制了不同群体而不是个人的生命历程，但是年龄增长的综合结构符合劳动力供给的生命周期模型以及“工作—家庭界面”的生命历程。尽管如此，由于年龄和队列效应很难厘清，这种解释还需要谨慎一些。

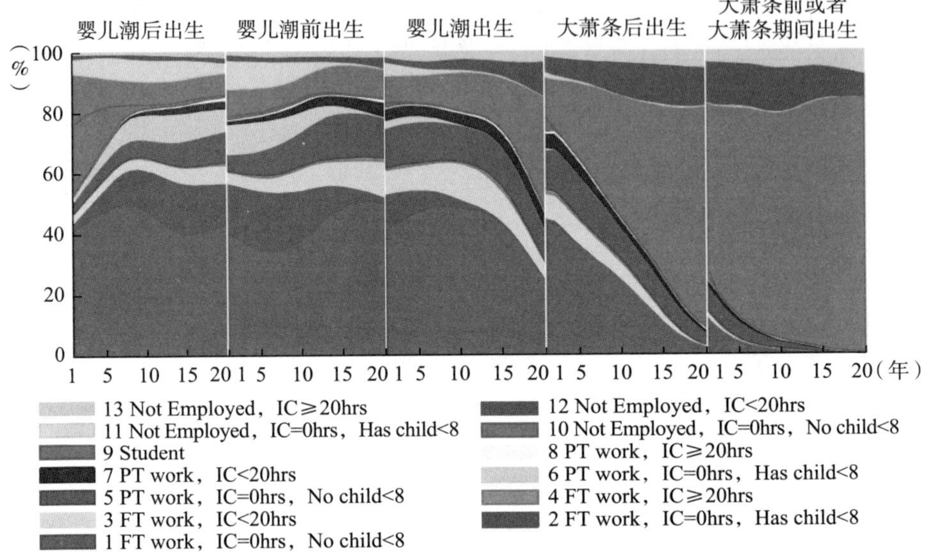

图 2　非正式照料状态在不同年龄群中的分布比例

注：（1）就业状态类别中“FT work”为全职就业；“PT work”为兼职工作；“Not Employed”为未就业；“Student”为学生。（2）非正式照料状态中“IC≥20hrs”为每周至少给予 20 小时的护理；“IC < 20hrs”为每周护理不到 20 小时；“IC = 0hrs”为不护理。（3）负责年幼子女类别中“Has child < 8”为家中有 7 岁或 7 岁以下的子女；“No child < 8”为家中没有 7 岁或 7 岁以下的子女。

图 3 分别显示了男性和女性的分布。关于就业、儿童保育和照料的决定是高度性别化的。男性更有可能选择全职工作，不管他们的家庭是否需要照顾年幼的孩子，而女性更有可能选择兼职工作。大多数护理是由女性承担的（不太密集型和时间密集型护理分别占 60.71% 和 62.44 %），女性不太可能兼顾护理与全职有偿工作。这一模式与已有证据一致，即至少在工作年龄人口中，女性更有可能成为照顾者。

（二）集群分析

1. *方法*

序列的长度和多样性使得在不进行进一步分析的情况下很难说得更多。为了尽可能减少序列之间的差异，同时保持对多个生命事件的关注，我们使用“最佳匹配”来比较所有序列对。这种非参数方法在职业和家庭形成

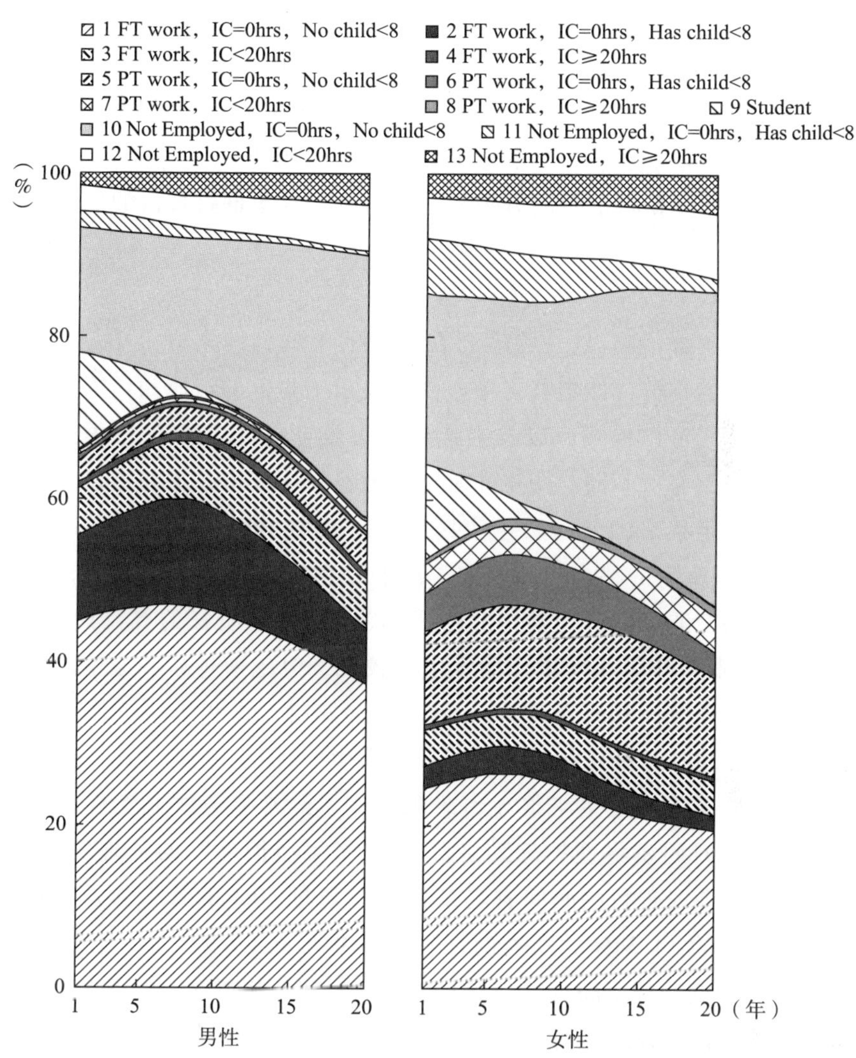

图 3　非正式照料状态在不同性别下的分布比例

注：（1）就业状态类别中“FT work”为全职就业；“PT work”为兼职工作；“Not Employed”为未就业；“Student”为学生。（2）非正式照料状态中“IC≥20hrs”为每周至少给予 20 小时的护理；“IC < 20hrs”为每周护理不到 20 小时；“IC = 0hrs”为不护理。（3）负责年幼子女类别中“Has child < 8”为家中有 7 岁或 7 岁以下的子女；“No child < 8”为家中没有 7 岁或 7 岁以下的子女。

研究中越来越流行。该程序使用 Needleman 和 Wunsch（1970）算法计算最小距离，用基本但复杂的运算将一个序列转换成另一个序列。使用基于对称转换频率的替代成本矩阵产生替代成本，该矩阵将较高的成本归因于较不频繁的转换。根据 Brzinsky-Fay 等人（2006）的建议，插入/删除（indel）成本被固定为最大替代成本的一半，并被标准化所得距离矩阵与广泛使用的 Ward 链接算法一起用于集群样本。Duda/Hart Je（2）/Je（1）停止规则指数表明，5 个集群的解决方案是最佳的，尽管 Calinski / Harabasz 指数没有结论，但是 5 个集群的解决方案的强度得到额外集群融合值的低相异度度量的支持。

2. 结果

对于 5 个集群，26.41% 的序列在最大的集群，即集群 1 中；10.21 % 的序列在最小的集群，即集群 4 中。图 4 显示了集群的组成如何因全职和兼职就业的流入和流出模式，以及人们如何将就业与儿童保育和非正式护理责任结合起来而有所不同。图 4 非常清楚地显示了集群是如何被区分的，不仅仅是按照特定状态的较高发生率区分，还按照不同的转变模式区分。集群 1，“全职职业”的特点是，全职工作的发生率很高（71.25%），但正在下降，这里的全职工作者主要是没有护理或照顾孩子责任的。在集群 2，即“不断发展职业”中，全职工作的发生率较低，但越来越高，这里的全职工作者更有可能要兼顾护理和照顾儿童。非全日制工作和带薪工作时间的发生率也较高，包括早期承担育儿责任或做学生的时间。集群 3，“兼职职业”的特点是兼职工作的发生率很高，兼职工作者经常要兼顾儿童保育和护理责任，特别是时间密集型护理。集群 4，“密集型护理”的护理发生率高，主要是在未就业时进行的时间密集型护理（超过 50% 的状态涉及护理，占所有护理状态的 33.34%、所有时间密集型护理的 54.99%）。集群 5，“衰退职业”的特点是频率高且越来越长的失业时间。集群 3 至集群 5 说明了与劳动力市场的日益分离，而集群 2 和集群 4 获得替代方式，其中照顾责任与带薪工作的时间交织在一起。

（三）回归分析：集群成员的特征

本文的这一部分探讨了个人特征和环境是如何寻求人们所遵循的路径的。

1. 方法

用多项 logit（MNL）回归探索在实现任何后续路径特定效应之前的基线年（$t=0$）集群成员资格（membership）。将第一个结果设置为参考类别（$\beta^{(1)}=0$），MNL 规范为：

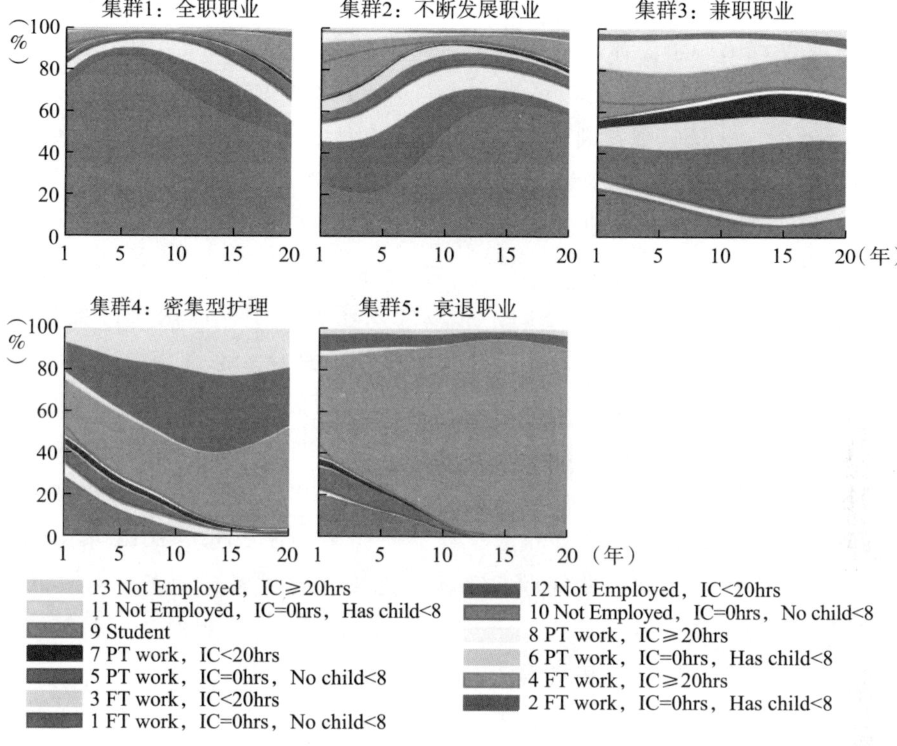

图 4　非正式照料状态在不同集群下的分布比例

注：（1）就业状态类别中“FT work”为全职就业；“PT work”为兼职工作；“Not Employed”为未就业；“Student”为学生。（2）非正式照料状态中“IC≥20hrs”为每周至少给予 20 小时的护理；“IC＜20hrs”为每周护理不到 20 小时；“IC＝0hrs”为不护理。（3）负责年幼子女类别中“Has child＜8”为家中有 7 岁或 7 岁以下的子女，“No child＜8”为家中没有 7 岁或 7 岁以下的子女。

$$
\begin{aligned}
Pr(CLUSTER = 1) &= \frac{1}{1 + e^{X\beta^{(2)}} + e^{X\beta^{(3)}} + e^{X\beta^{(4)}} + e^{X\beta^{(5)}}} \\
Pr(CLUSTER = 2) &= \frac{1}{1 + e^{X\beta^{(2)}} + e^{X\beta^{(3)}} + e^{X\beta^{(4)}} + e^{X\beta^{(5)}}} \\
Pr(CLUSTER = 3) &= \frac{1}{1 + e^{X\beta^{(2)}} + e^{X\beta^{(3)}} + e^{X\beta^{(4)}} + e^{X\beta^{(5)}}} \\
Pr(CLUSTER = 4) &= \frac{1}{1 + e^{X\beta^{(2)}} + e^{X\beta^{(3)}} + e^{X\beta^{(4)}} + e^{X\beta^{(5)}}} \\
Pr(CLUSTER = 5) &= \frac{1}{1 + e^{X\beta^{(2)}} + e^{X\beta^{(3)}} + e^{X\beta^{(4)}} + e^{X\beta^{(5)}}}
\end{aligned} \tag{1}
$$

其中因变量 *CLUSTER*（集群）是个体 1 至 4339 的集群成员编码（赋值

为 1 到 5），而最大的集群 *CLUSTER* = 1 “全职职业”是对照类别。*n* 个基线独立变量 *X* 包括四个生命阶段变量，这些变量与年龄队列交互作用：Age × *Trailing-edge_BB*、*Age* × *Leading-edge_BB*、*Age* × *Post-depression_preBB*、*Age* × *Pre-depression_preBB*。婴儿潮后出生的队列（最大的）是参考群体。X 还包括记录性别（女性）的虚拟变量、记录最高教育程度的虚拟变量（*HighQ_Degree*、*HighQ_OtherH*、*HighQ_ALevel* 和 *HighQ_OLevel*）和指示婚姻状况的变量（*ms_MarCohCiv*）。

这些是使用因子分析构建的，并被列入研究范围，以探讨传统态度，特别是对性别角色的态度，是否会影响所遵循的路径。态度指数由 14 个关于家庭和工作、婚姻和宗教中性别角色的问题构成。这些问题是由社会和社区规划研究小组（现在的国家社会研究中心）准备的，首先在 1989 年的英国社会态度调查中提出，然后在 1994 年再次提出。他们在 1991 年和此后每两年被列入 BHPS。US 调查和国家社会研究中心在 2013 ~ 2015 年国际社会调查方案中继续询问这些问题。第一个态度指数因素，衡量了对“传统性别角色”的支持，第二个反映了对“传统家庭”价值观的认同，第三个反映了对“职业女性”的积极看法。

财务和情绪健康指数也包括在内。金融福利是以 2011 年的总收入除以 100（收入）来衡量的。主观幸福感是用重新编码的 12 项一般健康问卷 36 分 Likert 量表（Goldberg，1978）来测量的，因此 36 分对应于最高水平的幸福感（*GHQ_healthy*）。健康是通过从 1（差/非常差）到 5（非常好）编码的主观健康测量来获取的。其他衡量幸福和健康的指标要么是并非所有年份都有，要么在 BHPS 和 US 调查中不一致。

2. 结果

表 1 显示了具有因变量 *CLUSTER* 的 MNL 估计结果。我们报告了相对风险优势比，而不是边际效应，因为前者的解释不依赖其他变量的值（Long and Freese，2014）。由于比值比是一种非线性变换，我们会报告置信区间而不是标准误差。Hausman 和 Small-Hsiao 测试表明，没有违反不相关交替独立的假设。

在解释表 1 中的结果时，二进制解释变量（如女性）的比值比可能看起来很大，因为它们捕捉到从一种状态切换到另一种状态的效应。相反，连续变量的比值比可能看起来很小，因为它们代表了对单位变化的响应。生命阶段和性别的结果显示，相对于集群 1“全职职业”，年龄较大的人在

表 1　第一序列年集群成员资格的多项式 Logit 回归结果（对照参考组为集群 1"全职职业"）

自变量	集群 2 不断发展职业	集群 3 兼职职业	集群 4 密集型护理	集群 5 衰退职业
年龄×婴儿潮后出生	1.01** (1.00～1.02)	1.00 (0.99～1.01)	1.02** (1.00～1.04)	1.04*** (1.05～1.09)
年龄×婴儿潮时出现	0.98*** (0.98～0.99)	0.98*** (0.97～0.99)	1.03*** (1.02～1.05)	1.06*** (1.04～1.08)
年龄×大萧条后出生	0.98*** (0.97～0.99)	0.99 (0.99～1.00)	1.06*** (1.05～1.08)	1.11*** (1.09～1.12)
年龄×大萧条前出生	0.98* (0.96～1.00)	1.01* (1.00～1.03)	1.10*** (1.08～1.11)	1.13*** (1.12～1.15)
女性	1.27** (1.03～1.56)	15.9*** (11.7～21.6)	3.77*** (2.72～5.23)	3.60*** (2.6～4.92)
传统性别角色	1.05 (0.95～1.17)	1.22*** (1.09～1.38)	1.23*** (1.06～1.44)	1.17** (1.01～1.35)
传统家庭	1.05 (0.95～1.17)	1.20*** (1.07～1.35)	1.33*** (1.14～1.55)	1.28*** (1.11～1.48)
职业女性	0.95 (0.87～1.04)	0.83*** (0.74～0.92)	0.84** (0.74～0.96)	0.81*** (0.71～0.91)
经济幸福指数	0.98*** (0.97～0.99)	0.94*** (0.93～0.96)	0.96*** (0.95～0.98)	0.95*** (0.9～0.96)
最高水平的幸福感	0.99 (0.97～1.01)	0.98 (0.96～1.01)	0.97* (0.94～1.00)	0.99 (0.96～1.02)
健康水平	1.08 (0.96～1.22)	0.91 (0.79～1.04)	0.74*** (0.62～0.88)	0.60*** (0.5～0.70)
婚姻状况	1.92*** (1.54～2.38)	2.13*** (1.64～2.76)	1.67*** (1.17～2.39)	0.82 (0.60～1.14)
学历 *HighQ_Degree*	0.97 (0.68～1.39)	1.16 (0.75～1.82)	0.78 (0.42～1.44)	0.76 (0.43～1.35)
学历 *HighQ_OtherH*	0.88 (0.68～1.39)	0.80 (0.57～1.12)	0.78 (0.53～1.16)	0.51*** (0.35～0.74)
学历 *HighQ_ALevel*	0.96 (0.71～1.30)	0.77 (0.54～1.11)	0.81 (0.51～1.27)	0.73 (0.48～1.12)
学历 *HighQ_OLevel*	1.36** (1.05～1.75)	0.83 (0.63～1.11)	0.81 (0.55～1.18)	0.76 (0.54～1.09)
常数	0.85 (0.45～1.62)	0.42** (0.20～0.88)	0.23*** (0.089～0.59)	0.18*** (0.069～0.49)

续表

自变量	集群 2	集群 3	集群 4	集群 5
	不断发展职业	兼职职业	密集型护理	衰退职业
观察值	4105			
Log-likelihood	-4459.59			
LR 卡方	3942.28***			
伪 R 方	0.3065			

注：（1）报告数值为比值比；（2）括号为置信区间；（3）*** $p < 0.01$，** $p < 0.05$，* $p < 0.1$。

集群 4“密集型护理”和集群 5“衰退职业”中的比例更高，女性在所有其他集群中的比例更高，尤其是集群 3“兼职职业”。第一次采访时，集群 2 至集群 4 的个人比集群 1 和集群 5 的个人更有可能结婚、同居或有民事关系（*ms_MarCohCiv*）。态度指数的显著性模式表明，集群 3 至集群 5 的成员对女性角色（传统性别角色）和家庭价值观（传统家庭）的态度比集群 1 和集群 2 的态度更为传统。相反，他们对职业女性不太可能持有积极态度。

经济幸福指数（IncomeTot）的显著性模式意味着，在第一次观察时，集群 1“全职职业”（对照参考组）已经比较富裕了。集群 2“不断发展职业”是收入最低的。这与工作时间减少和非满勤工资罚款情况一致。在序列开始时，集群之间的主观幸福感（*GHQ_Wellbeing*）没有强烈区分。只有集群 4“密集型护理”的幸福感较低的显著性较弱。然而，与集群 1 相比，集群 4 和集群 5 的健康水平显著下降。对于集群 5 中年龄较大的人来说尤其如此。

大多数教育程度指标都不显著，这主要是因为纳入了收入衡量标准。在这个估算中，大多数教育变量都非常显著，结果表明，与集群 1“全职职业”相比，集群 2 至集群 5 成员的教育程度较低。

这些结果表明，性别、生命阶段和社会态度对人们未来的生活有着重要的影响。特别是，妇女、老年人和对性别和家庭角色持更传统态度的人更有可能走护理发生率较高的道路（集群 3 和集群 4）。传统态度的显著性可能意味着社会规范的演变将与提供无偿护理的意愿降低相关联。

（四）双重差分分析：收敛和发散

表 1 中的结果显示，在步入不同的路径之前，集群之间已经存在收入、健康和（在较小程度上）情绪健康方面的差异。其中一些最初的差异可能

限制或影响了未来在就业和无酬照护方面的选择。由于所遵循的路径不同，一些差异可能已经扩大或缩小。这两种可能性都符合随着时间的推移，收入、健康和幸福方面的相对优（劣）势。Merton（1973）最初定义的职业累积优（劣）势的概念指的是初始相对优势形成“连续的优势增量，使得富人和穷人之间的差距扩大”的方式。

1. 方法

为了考虑这种可能性，我们估计了双重差分模型，该模型汇集了每个序列的第一年和最后一年的数据，包括三个虚拟变量 *LAST_yr*、*CLUSTERj* 和 *CLUSTERk*×*LAST_yr*。*LAST_yr* 记录3针对序列的最后、随访序列年份（*LAST_yr*=1）和第一、基线年份（*LAST_yr*=0）。*CLUSTERj* 记录了“对照参考组”——集群1和“处理组”——集群 *j*（从2到5）的成员资格。第三组虚拟变量 *CLUSTERk*×*LAST_yr* 是集群成员资格和最后、后续、序列年份的交互。第三组虚拟变量捕捉双重差分效应。双重差分估计值的计算公式为：

$$IncomeTot = \beta_{10} + \beta_{1L}LAST\_yr + \sum_{j=2}^{5}\beta_{1j}CLUSTERj + \sum_{k=2}^{5}\beta_{1k}CLUSTERk \times LAST\_yr + \sum_{n=1}^{N}\beta_{1n}X_n + \varepsilon_1 \quad (2)$$

$$GHO\_Wellbeing = \beta_{20} + \beta_{2L}LAST\_yr + \sum_{j=2}^{5}\beta_{2j}CLUSTERj + \sum_{k=2}^{5}\beta_{2k}CLUSTERk \times LAST\_yr + \sum_{n=1}^{N}\beta_{2n}X_n + \varepsilon_2 \quad (3)$$

$$Health = \beta_{30} + \beta_{3L}LAST\_yr + \sum_{j=2}^{5}\beta_{3j}CLUSTERj + \sum_{K=2}^{5}\beta_{3k}CLUSTERk \times LAST\_yr + \sum_{n=1}^{N}\beta_{3n}x_n + \varepsilon_3 \quad (4)$$

其中系数的解释概述如下：

$\beta_{\#0}$ 和 $\beta_{\#0}+\beta_{\#L}$ 是集群1（对照参考组）在基线年和随访年的平均结果。$\beta_{\#0}+\beta_{\#j}$ 和 $\beta_{\#0}+\beta_{\#L}+\beta_{\#j}+\beta_{\#k}$ 是集群2至集群5中每一集群（处理组）在基线年和随访年的平均结果。$\beta_{\#j}$ 反映了基线年时集群1和集群2至集群5中每一个之间的差异。$\beta_{\#k}$ 衡量从基线年到随访年的15～20年，集群2至集群5中的双重差分或影响。在这些估算中，个体特征 X_n 的集合另外包括序列持续时间（*SEQ_length*）。为了控制经济福利和身心健康之间的相互关系，公式（2）纳入了 *GHQ_Wellbeing* 和 *Health*，公式（3）和（4）纳入了 *IncomeTot*。

2. 结果

表2显示了差分估计的结果。为简洁起见，我们只报告和讨论虚拟变量

LAST_yr，*CLUSTERj* 和 *CLUSTERk* × *LAST_yr* 的结果。表 2 中的估计值（1）至（3）使用了 OLS，并报告了估计系数。由于 *Health* 是一个被编码为 1 到 5（差/非常差到非常好）的序数变量，我们也使用有序 Logit 估计值（3），还报告了估计值（4）和比值比。

表 2　收入、幸福感和健康的双重差分估计

主要变量	（1）OLS	（2）OLS	（3）OLS	（4）有序 Logit
	经济幸福指数	最高水平的幸福感	健康水平	健康水平
LAST_yr	4.01*** (0.54)	-0.69*** (0.22)	-0.26*** (0.034)	0.48*** (0.41～0.57)
集群 2	-3.25*** (0.55)	-0.14 (0.22)	0.0052 (0.035)	1.00 (0.85～1.19)
集群 3	-5.93*** (0.61)	-0.45* (0.25)	-0.17*** (0.047)	0.70*** (0.58～0.85)
集群 4	-4.23*** (0.76)	-1.17*** (0.31)	-0.14*** (0.039)	0.68*** (0.53～0.85)
集群 5	-5.15*** (0.65)	-0.93*** (0.26)	-0.26*** (0.040)	0.51*** (0.42～0.62)
集群 2 × *LAST_yr*	2.05*** (0.78)	-0.22 (0.31)	-0.0059 (0.049)	1.00 (0.79～1.26)
集群 3 × *LAST_yr*	-2.39*** (0.83)	-0.16 (0.33)	0.094* (0.052)	1.32** (1.03～1.69)
集群 4 × *LAST_yr*	-4.99*** (1.02)	-0.98** (0.41)	-0.24*** (0.063)	0.60*** (0.45～0.82)
集群 5 × *LAST_yr*	-2.87*** (0.82)	-0.71** (0.32)	-0.25*** (0.050)	0.67*** (0.53～0.84)
观察值	8124	8371		
调整 R 方	0.292	0.041	0.130	
F 检验	151.82***	17.00***	60.57***	
Log-likelihood				-9539.6
LR 卡方				1138.96***
伪 R 方				0.0563

注：（1）到（3）报告数值为估计系数，括号内为标准误；（4）报告数值为比值比，括号内为置信区间；*** $p < 0.01$，** $p < 0.05$，* $p < 0.1$。

在估计值（1）中，因变量是 *IncomeTot*，*LAST_yr* 的正显著性表明实际收入随着时间的推移而增长。根据 MNL 回归的结果，估计值（1）中集群 2

至集群 5 的负号证实了集群 1（对照参考组）最富有。然而，每个集群和 *LAST_yr* 之间的差异交互表明，虽然集群 2“不断发展职业”相对于集群 1 在经济上得到增长，但集群 3 至集群 5 则落后了，集群 4 的差异最大。这并不奇怪，因为集群 3 至集群 5 的全职就业发生率较低。尽管如此，有趣的是，对于非正式护理发生率最高的集群 4“密集型护理”人群来说，收入相对下降幅度最大。

估计值（2）中的因变量是主观幸福感（*GHQ_Wellbeing*）。*LAST_yr* 的负显著性表明，随着时间的推移，样本的幸福感降低。结果显示，总体而言，与集群 1 相比，集群 3 至集群 5 的成员具有较低的主观幸福感。然而，只有集群 4 和集群 5 的交互项是负显著的，而后者只有弱显著性。这表明，随着时间的推移，集群 1 和集群 4 之间主观幸福感的差距越来越大。这与非正式护理承诺与较低水平的幸福感相关的证据相符。护理决定受到社会规范和期望的制约，这也符合 MNL 的结果（见表 1），该结果显示，遵循密集型护理途径的可能性与对性别角色、家庭角色和职业女性的传统态度之间存在积极关联。

估计值（3）中的 *LAST_yr* 的负面影响表明，随着样本老化，健康状况恶化。与 *MNL* 回归的结果一致，集群 3 至集群 5 的总体健康状况较低。与集群 3（*CLUSTER3_LAST_yr*）的双重差分交互作用项的系数是正且弱显著的，表明在 15～20 年后，集群 3“兼职职业”和集群 1 中的个体健康状况之间的差距缩小了。这表明兼职职业道路与更好的长期健康维护相关。相反，集群 4 和集群 5 的交互项的负系数表明健康状况相对恶化。尽管与集群 3（*CLUSTER3_LAST_yr*）的交互项的显著性更高（$p < 0.05$），但估计值（4）中的有序 Logit 结果与估计值（3）中的结果基本一致。这种健康差距缩小和扩大的模式不能完全归因于职业和护理历史，因为健康可能会在不同的时间点影响就业参与。然而，双重差分结果表明，一些途径与健康状况恶化有关。特别是，集群 4“密集型护理”的健康差距最大，这与护理对健康的负面影响相符，尤其是在选择受限的情况下。

这些结果表明，在观察序列开始时存在的一些收入、幸福和健康方面的差异会随着时间的推移而扩大，而另一些则缩小了。尤其是最大集群，集群 1“全职职业”和集群 3 至集群 5 之间的收入差距扩大了，而集群 1 和集群 2“不断发展职业”之间的收入差距缩小了。在序列开始时，主观幸福感没有明显的统计差异，但是随着时间的推移，集群 4“密集型护理”和集群 5 “衰退职业”的相对幸福感下降了。相对于集群 1，集群 3 “兼职职业”的健康状况略有改善，而集群 4 和集群 5 的健康状况恶化。集群 4 的健康状况恶化最为显著。集群 1 和集群 3 之间日益缩小的健康差距，加上所报告的健康状况仅有微弱的显著差异，可能反映出集群 3 中女性成员对兼职工作的重视。然而，使工作和生活达到更好平衡的代价是收入差距不断扩大和累积的经济劣势。

（五）灵敏度分析

我们通过估计第一个差分模型对双重差分分析进行了灵敏度测试。在这个分析中，因变量是观察序列的第一年和最后一年测量的结果变量之间的差异。纳入的独立变量是在基线年测量的，或者在收入、福利和健康方面的差异。

我们还通过估计个别随机效应和固定效应模型（未报告）来模拟第一个和最后一个序列年的准 quasi-panel 特征。随机效应模型中的结果模式没有改变。在固定效应模型中，单个固定效应的 F 检验不显著，而交互项的结果基本不受影响。然而，集群虚拟变量是时间不变量，不能包括在内，这使得比较变得困难。

四 总结

本文进行的分析有助于对以往关于就业和护理的研究进行动态扩展，从而解决缺乏关于护理轨迹和权衡以及它们如何随时间演变的纵向经验证据的问题。在这种情况下，本文首次使用序列纵向数据，使得 4339 名受访者的就业和护理历史的“序列特征”能够被建模，而不会被简化为个别事件。最佳匹配结合集群分析确定了跨越 15～20 年的五组不同的序列。使用多项式 Logit 和双重差分回归技术对这些数据进行了进一步分析。

将职业分类为全职职业、不断发展职业、兼职职业、密集型护理和衰退职业，提供了就业和护理状况的预决定和逐年持续的证据。年龄、性别和社会态度似乎都有助于铺设人们遵循的道路。不同状态的持续性与 Connolly 和 Gregory（2010）显著路径依赖性一致。然而，图 4 中所示的 5 个集群的年龄分布和生命周期的合成结构表明，随着人们年龄的增长，路径可以以可预测的方式相互融合。例如，将职业发展演变为全职职业，全职职业在某个时候会衰退，一些兼职职业路径可能会变成密集型护理。

我们对初始集群特征的回归分析显示，之后走全职职业道路的人比走其他道路的人一开始更富有。尽管这也许不足为奇，因为在第一次采访时，他们已经更有可能是全职工作，同时他们也比那些随后从事衰退职业的人更健康（即使是在控制了年龄之后）。此外，根据护理者富有的证据（Adelman et al.，2014），那些走上全职职业道路的人不仅比那些走上密集型护理途径的人更富有，而且更健康、更快乐。差分分析表明，随着时间的推移，一些差异会扩大，而另一些会缩小。一方面，在不断发展的职业途径上，人们开始在经济福利方面赶上来，那些遵循兼职职业途径的人（主要是女性）的相对健康状况似乎有所改善；另一方面，全职职业和密集型护理人员之间的收入、福利和健康差距都在扩大。这一点，再加上预决定和持续性，表明了密集型护理人员随着时间的推移累积的劣势模式。部分原因可能是，停止有酬工作减少了护理者的收入能力，使他们在有酬工作中处于相对劣势，重新进入劳动力市场也可能有问题。在这种情况下，家庭内的有效分工会产生路径依赖影响，导致持续或被锁定在护理角色中。因此，缺乏选择可能是导致那些在密集型护理路径上的人幸福感降低的一个因素。

这种分析的结果受到现有数据的限制。虽然 15～20 岁是大多数人生活中的重要一段，但数据只能记录第一次采访时年龄在十几岁或 20 岁出头的婴儿潮后的年轻一代的初始工作经历。我们不知道这些年轻群体的道路会通向哪里，也不知道年长群体的历史。如上所述，我们可以基于合成生命周期方法做出一些预测，但在有更多年的数据可用之前，这些只是假设。然而，未来分析的一个问题是，随着时间的推移，原始样本会受到磨损。BHPS 和 US 数据集之间也缺乏一致性和可用性。回顾性的生活史数据集，如 BHPS 中的工作—生活史文件、英国老龄化纵向研究（ELSA）第三波中的生活史访谈以及欧洲健康、老龄化和退休回顾调查（SHARELIFE），也可用于探索职业史。然而，这些来源都不能很好地分析就业和护理轨迹，因为它们都没有详细的护理记录。

此外，在这些数据集中，有偿就业和无偿家庭护理也被视为相互排斥的事项，正如我们的分析显示，但并不总是这样（在我们的样本中，超过 50% 的护理事件与就业同时发生）。

序列分析的有用性也受到挑战，因为在最佳匹配过程中，计算距离矩阵的替代惩罚和聚类数目有一定的酌处权。我们试验了不同的方法来设定最佳匹配的替代惩罚，以及区分要照顾幼儿的护理人和学生护理人。5 个集群解决方案的广泛模式仍然稳健。这与最佳匹配的目标是一致的，即“关于寻找模式”的替代技术，如生存或时间序列分析，不允许研究人员捕捉每段生命历史作为一个整体的顺序特征，而是关注不同时间点的事件、危险或关联。

总而言之，分析表明，人们在一生中遵循的就业—护理轨迹在某种程度上是可预测的和持久的。这些结果证实了人们经常持有的观点，即关于就业和护理的早期决定会影响未来许多年的生活。这种决定可能会对那些最终变得更贫穷、更不快乐和更不健康的长期护理者产生深远的影响。然而，研究结果也表明，当有薪工作和无薪护理之间能够达成平衡时，护理的负担可能会减轻。需要进一步的研究来确定如何更好地制定诸如灵活的工作实践等政策来支持护理人员保持这种平衡。

参考文献

Abbott, A. ,2000. “Reply to Levine and Wu. ” *Sociol. Methods Res.* 29 (1):65 –76.

Adelman, R. D. , L. L. Tmanova, D. Delgado, S. Dion, and M. S. Lachs. 2014. “Caregiver Burden: A Clinical Review. ” *JAMA* 311 (10): 1052 –1060.

Ajzen, I. 2011. “The Theory of Planned Behaviour: Reactions and Reflections. ” *Psychol. Health* 26 (9): 1113 –1127.

Anyadike-Danes, M. , and D. McVicar. 2010. “My Brilliant Career: Characterizing the Early Labor Market Trajectories of British Women from Generation X. ” *Sociol. Methods Res.* 38 (3): 482 –512.

Badgett, L. , and N. Folbre. 1999. “Assigning Care: Gender Norms and Economic Outcomes. ” *Int. Labour Rev.* 138 (3): 311 –326.

Brouwer, W. , J. Van Exel, M. Koopmanschap, and F. Rutten. 1999. “The Valuation of Informal Care in Economic Appraisal: A Consideration of Individual Choice and Societal Costs of Time. ” *Int. J. Technol. Assess. Health Care* 15 (1):147 –160.

Brzinsky-Fay, C. , U. Kohler, and M. Luniak. 2006. “Sequence Analysis with Stata. ” *Stata J.* 6(4): 435 –460.

Carmichael, F. , S. Charles, and C. T. Hulme. 2010. “Who will Care? Employment Status and

Willingness to Supply Informal Care." *J. Health Econ.* 29 (1): 182 - 190.

Connolly, S., and M. Gregory. 2010. "Dual Tracks: Part-time Work in Life-cycle Employment for British Women." *J. Popul. Econ.* 23: 907 - 931.

Crompton, R., and G. E. Birkelund. 2000. "Employment and Caring in British and Norwegian Banking: An Exploration Through Individual Careers." *Work Employ. Soc.* 14 (2): 331 - 352.

Crompton, R., M. Brockmann, and C. Lyonette. 2005. "Attitudes, Women's Employment and the Domestic Division of Labour a Cross-national Analysis in Two Waves." *Work Employ. Soc.* 19 (2): 213 - 233.

Daatland, S. O., and A. Lowenstein. 2005. "Intergenerational Solidarity and the Family-welfare State Balance." *Eur. J. Ageing* 2 (3): 174 - 182.

Davia, M. A., and N. Legazpe. 2014. "Female Employment and Fertility Trajectories in Spain: An optimal Matching Analysis." *Work, Employ. Soc.* 28 (4): 633 - 650.

Dolan, P., T. Peasgood, and M. White. 2008. "Do We Really Know What Makes Us Happy? A Review of the Economics Literature on the Factors Associated with Subjective Well-being." *J. Econ. Psychol.* 29: 94 - 122.

Doss, C., 2011. "Intra-household Bargaining and Resources Allocation in Developing Countries." World Development Report 2012. World Bank, Washington, D. C.

Erickson, J. J., Giuseppe Martinengo, and E. J. Hill. 2010. "Putting Work and Family Experiences in Context." *Differ. by Fam. Life Stage Hum. Relat.* 63 (7): 955 - 979.

Farre, L., and F. Vella. 2013. "The Intergenerational Transmission of Gender Role Attitudes and Its Implications for Female Labour Force Participation." *Economica* 80: 219 - 247.

Folbre, N. 1995. "Holding Hands at Midnight: The Paradox of Caring Labor." *Fem. Econ.* 1 (1): 73 - 92.

Goldberg, D. 1978. *Manual of the General Health Questionnaire.* Windsor: NFER-Nelson.

Halpin, B. 2010. "Optimal Matching Analysis and Life-course Data: The Importance of Duration." *Sociol. Methods & Res.* 38: 365 - 388.

He, D., and P. McHenry. 2015. "Does Formal Employment Reduce Informal Caregiving?" *Health Econ.* http://dx.doi.org/10.1002/hec.3185.

Heitmueller, A. 2007. "The Chicken or the Egg? Endogeneity in the Labour Market Participation of Informal Carers." *J. Health Econ.* 26 (3): 536 - 559.

Hirst, M. 2005. "Carer Distress: A Prospective, Population-based Study." *Soc. Sci. Med.* 61 (3): 697 - 708.

HSCIC (The Health and Social Care Information Centre), 2014. "Hospital Episode Statistics." https://www.hscic.gov.uk/home.

Jacobs, J. C. , A. Laporte, C. H. Van Houtven, and P. C. Coyte. 2014. "Caregiving Intensity and Retirement Status in Canada." *Soc. Sci. Med.* 102: 74 – 82.

Liebotwitz, S. J. , and S. E. Margolis. 1995. "Path Dependence, Lock-in and History." *J. Law, Econ. Organ.* 11 (1): 205e226.

Lilly, M. B. , A. Laporte, and P. C. Coyte. 2007. "Labor Market Work and Home Care's Unpaid Caregivers: A Systematic Review of Labor Force Participation Rates, Predictors of Labor Market Withdrawal, and Hours of Work." *Milbank Q.* 85 (4):641 – 690.

Long, J. S. , and J. Freese. 2014. *Regression Models for Categorical Dependent Variables Using Stata.* TX, College Station: Stata Press.

Marks, N. , J. Lambert, and H. Choi. 2002. "Transitions to Caregiving, Gender and Psychological Well-being: A prospective US National Study." *J. Marriage Fam.* 64: 657 – 667.

Merton, R. K. 1973. "The Normative Structure of Science." In *The Sociology of Science*, edited by N. Storer, pp. 267 – 278. Chicago: University of Chicago Press.

Michaud, P. , A. Heitmueller, and Z. Nazarov. 2010. "A Dynamic Analysis of Informal Care and Employment in England." *Labour Econ.* 17 (3): 455 – 465.

Mincer, J. , and S. Polachek. 1974. "Family Investments in Human Capital." *Earn. Women J. Political Econ.* 82 (2):S76 – S108.

Moen, P. , and S. Sweet. 2004. "From 'Work-family' to 'Flexible Careers': A Life Course Reframing." *Community, Work, & Fam.* 7: 209 – 226.

Moen, P. , J. Robison, and V. Fields. 1994. "Women's Work and Caregiving Roles: A Life Course Approach." *J. Gerontol.* 49 (4): S176 – S186.

Mojena, R. 1977. "Hierarchical Grouping Methods and Stopping Rules: An Evaluation." *Comput. J.* 20 (4): 359 – 363.

Needleman, Saul B. , and Christian D. Wunsch. 1970. "A General Method Applicable to the Search for Similarities in the Amino Acid Sequence of Two Proteins." *J. Mol. Biol.* 48 (3):443 – 453.

ONS (Office of National Statistics), 2013. "2011 Census Analysis: Unpaid Care in England and Wales, 2011 and Comparison with 2001." http://www.ons.gov.uk/ons/rel/census/2011 – census – analysis/provision – ofunpaid – care – in – england – and – walese2011/art – provision – of – unpaid – care.html.

Pickard, L. , R. Wittenberg, A. Comas-Herrera, D. King, and J. Malley. 2007. "Care by Spouses, Care by Children: Projections of Informal Care for Older People in England to 2031." *Soc. Policy Soc.* 6 (3):353 – 366.

Potarca, G. , M. Mills, and L. Lesnard. 2013. "Family Formation Trajectories in Romania, the Russia Federation and France: Towards the Second Demographic Transition?"

Eur. J. Popul. 29:65 - 76.

Schulz, R., S. Beach, T. Cook, L. Martire, J. Tomlinson, and J. Monin. 2012. "Predictors and Consequences of Perceived Lack of Choice in Becoming an Informal Caregiver." *Aging & Ment. Health* 16: 712 - 721.

Spiess, C. K., and A. U. Schneider. 2003. "Interactions Between Care-giving and Paid Work Hours Among European Midlife Women, 1994 to 1996." *Ageing & Soc.* 23: 41 - 68.

Stern, S. 1995. "Estimating Family Long-term Care Decisions in the Presence of Endogenous Child Characteristics." *J. Hum. Resour.* 30 (3): 551 - 580.

Van Houtven, C. H., N. B. Coe, and M. M. Skira. 2013. "The Effect of Informal Care on Work and Wages." *J. Health Econ.* 32 (1): 240 - 252.

Vitlic, A., J. M. Lord, W. Arlt, C. Oliver, and A. C. Phillips. 2015. "T Cell immunity and Caregiving Stress in Young and Older Caregivers." *Healthy Aging Res.* 4 (15): 15 - 17.

Wittenberg, R., B. Hu, R. Hancock, M. Morciano, A. Comas-Herrera, J. Malley, and D. King. 2011. "Projections of Demand for and Costs of Social Care for Older People in England, 2010 to 2030, Under Current and Alternative Funding Systems." Report to the Commission on Funding of Care and Support. http://www.pssru.ac.uk/archive/pdf/dp2811 - 2.pdf.

【政务中国】

迈向整体性治理：十八大以来中国行政审批制度改革的趋势与启示*

陈永杰**

摘　要：审视和分析中国行政审批制度的改革进程和基本逻辑，对新时代下深化行政审批制度改革具有重要意义。基于对中央制度文本和地方案例的实证分析发现，十八大以来中国的行政审批制度改革正迈向整体性治理。具体体现在：中央在改革设计上，开始从精简逻辑向整合逻辑转变；地方在改革实践上，通过整体性治理框架解决行政审批体制要素的碎片化问题。新时代下，深化行政审批体制改革需要进一步实现四个转变：从碎片化改革向整体性设计转变，从权力本位向责任和服务本位转变，从改革评价的过程导向向结果导向转变，从制度改革向制度与技术的融合创新转变。

关键词：行政审批制度　整体性治理　中央政府　地方政府

导　论

行政审批制度是国家治理体系的重要组成部分，其改革关系着国家治理的现代化建设。自 2001 年中国行政审批制度改革全面启动以来，已经历

* 国家社科基金专项课题“基于法治中国建设的党和国家监督体系研究”（18VSJ052）。

** 陈永杰，浙江大学管理学博士，现为杭州师范大学公共管理学院讲师，兼任浙江大学中国地方政府创新研究中心助理研究员，研究方向为地方政府治理、行政审批体制改革。

十余年时间。回顾中国行政审批制度的改革历程，分析行政审批制度的改革逻辑，聚焦行政审批制度改革的最新变化，对进一步深化行政审批制度改革具有重要意义。一些学者认为2001年至今，中国的行政审批制度改革可划分为三个阶段：2001～2004年的改革集中体现在取消或调整过多、过滥的行政审批事项；2005～2012年底的改革侧重于行政审批制度的法制化建设；2013年至今的改革则重在界定政府、市场和社会三方的权力边界（唐亚林、朱春，2014：148－153）。另外一些学者关注到十八大以来中国行政审批制度改革出现的一些变化。例如，竺乾威（2015：5－9）认为十八大以来中国行政审批制度改革的变化集中体现在从单纯的撤销和减少行政审批项目到撤减与简政放权并举转变，其意义在于行政审批制度改革不再是简单地做“减法”，而是与制度创新、建设，加速推进市场成为资源配置的主体，提高政府治理能力紧密联系，体现了行政审批制度改革的系统性和纵深性。蓝志勇等（2017：104－112）同样认为行政审批制度改革已进入一个新的阶段，这一阶段不再是简单削减行政审批事项，而是考虑其系统性、协调性和创新性。这些研究有助于我们理解当前行政审批制度改革的最新进展，不过这些研究更侧重于事实描述，而没有对核心观点进行理论提炼和概括。此外，这些研究主要是站在国家层面的制度分析，而忽视了对地方经验的案例分析，单从中央层面进行制度分析显然是不够的，因为地方案例才能更为丰富和具体地展现行政审批制度改革的逻辑和进展。因此，本文从中央和地方两个层面，结合制度和案例分析方法，以中央发布的有关行政审批制度改革的政策文件、法律法规以及浙江省“最多跑一次”改革为分析对象，分析了十八大以来中国行政审批制度的改革趋势和逻辑。研究表明，党的十八大以来，中国的行政审批制度改革总体上呈现整体性治理的特征。这一特征既体现在中央在改革设计上，开始从以权力精简为主向系统性改革转变；又体现在地方在改革实践上，开始通过整体性治理解决行政审批体制要素的碎片化问题。最后本文进一步探讨了新时代下深化行政审批改革的方向和建议。

一　整体性治理的理论内涵

作为一个学术概念，整体性治理是由以佩里·希克斯和帕却克·登力维等为代表的英国学者提出的，是对新公共管理理论的批评和发展。整体性治理要解决的关键问题是新公共管理过程中的“碎片化”问题。正如希克斯所言，整体性治理作为一种解决方式，针对的是 20 世纪 80 年代和 20 世纪 90 年代初政府改革所强化的碎片化状况，整体主义的对立面是破碎化。新公共管理的碎片化问题主要包括四个方面：一是组织目标的碎片化，各个组织政策目标之间缺乏整体上的一致性，甚至互相冲突；二是组织结构的碎片化，功能相近、互补的组织部门分散、割裂且缺乏有效协调、整合；三是组织运行的碎片化，组织目标和组织结构的碎片化形成了相互隔离的部门壁垒，各自为政、缺乏整体性协作，割裂了完整、连贯的业务流程；四是组织服务的碎片化，包括社会公众无法得到服务、服务与真正的需求不匹配、获取服务的成本高昂。

针对这些碎片化问题，整体性治理理论认为需要通过整合组织目标、组织结构、组织运行和组织服务，强化信息技术的运用，进而构建一个整体性政府。在组织目标上，整体性治理理论强调不同组织部门的目标应当明确、相互增强，而且服从于一个整体性目标，以便于不同组织部门之间的合作。在组织结构上，整体性治理理论强调逆碎片化和大部门治理，同时建立一个集权高效的“政治掌舵单元”（Pollitt，2003：34 -49）。通过实施逆碎片化和大部门治理，把一些功能相近的机构重新组合成部门化的组织，以降低政策执行成本；建立跨部门的协调组织，增强部门之间的协作，建立组织部门之间的伙伴关系（partnership）。除此之外，整体性治理理论还认为整合与协作具有内在的政治性，需要建立一个政治性的掌舵单元，通过集权来解决分权和碎片化问题，以使得整合与协作更加有效（Christensen et al.，2006：83 -90）。在组织运行上，整体性治理理论强调公民需求导向的流程再造，通过横向一站式服务和纵向层级整合策略实现精准化、个性化和全方位的无缝隙公共服务。在组织服务上，整体性治理理论认为要改变新公共管理所强调的企业过程管理理念，转向以公民为基础、以服务为基础、以需求为基础的服务理念，强化结果导向（彭锦鹏，2005：61 -100）。在技术支持上，整体性治理理论认为信息技术已成为当代系统理性和现代化变革的中心，政府服务中的有效行动整合很大程度上依赖于信息系统的整合（Dunleavy et al.，2006：467 -494）。因此，为了提高工作的协同性，需要将信息管理人员和信息管理系统整合起来，实现纵向不同层级政府之间，横向不同功能和职责的部门与机构之间，以及门类繁多的政府网站之间的整合，从而构建一个整合性的线上政府，实现线上治理（见表 1）。

表 1　组织治理中的碎片化问题及整体性治理方案

类别	碎片化问题	整体性治理
组织目标	缺乏整体一致性； 相互冲突	目标明确且相互增强； 服从整体性目标
组织结构	分散、功能割裂； 缺乏协调、整合	逆碎片化和大部门治理； 建立集权的“政治性掌舵单元”
组织运行	各自为政，缺乏整体性协作	横向一站式服务； 纵向层级整合策略
组织服务	无法得到服务； 服务与需求不匹配； 获取服务成本高	公民需求导向； 强调结果而非过程检验
信息技术	缺乏有效利用和整合	构建整合性的线上政府， 实现线上治理

总体而言，整体性治理强调通过协调、整合、统一、需求和结果导向以及信息技术的应用，来解决组织目标、结构、运行、服务中的碎片化问题，并通过系统性改革实现治理从分散走向集中、从部分走向整体、从破碎走向整合。

二　迈向整体性治理：基于中央文件和地方案例的分析

十八大以来，行政审批制度改革进入了整体性治理阶段，体现在两个方面：第一，在中央层面，行政审批制度改革不再是以精简行政审批事项为主，而是围绕“放、管、服”进行整体性设计，把行政审批制度改革与政府治理理念的转变、治理体制创新、治理能力的提升紧密结合在一起；第二，在地方层面，地方政府开始注意到行政审批制度改革中的碎片化问题，通过对组织目标、组织结构、组织运行、组织服务、信息技术的整合改革和创新，实现对中央行政审批制度改革设计的再深化。

（一）从精简到整合：行政审批制度改革的逻辑演进

2001 年以来，国家层面发布了一系列关于行政审批制度改革的政策文件和法律法规，对这些政策文件和法律法规进行制度分析，有助于理解国家行政审批制度改革的进展、趋势和逻辑。本文利用文献检索、政务网站、搜索引擎等工具，统计和梳理了2001～2018年国家发布的关于行政审批制度改革的70份政策文件和法律法规，剔除掉一些重复的或分析意义不大的，最终保留了35份覆盖2001年至2018年的主要政策文件，为了便于分析，本文将每一份政策文件的主题内容和关键词（句）进行了提取（见表2）。在此基础上，为了更为清晰地观察十八大前后行政审批制度改革重点的变化，本文以十八大召开的时间2012年为界限，对2001～2011年、2012～2018年两个时间段的关键词（句）进行了整合，通过观察两个阶段行政审批制度改革关键词（句）的差异，分析两个阶段行政审批制度改革的变化（见表3）。

表2　国家出台的关于行政审批制度改革的政策文件和法律法规（2001～2018）

发布时间	政策文件与法律法规名称	主题内容	关键词（句）
2001年	《国务院批转关于行政审批制度改革工作实施意见的通知》	提出行政审批制度改革的指导思想、总体要求以及原则和实施步骤	指导思想、总体要求、实施步骤
2002年	《国务院关于取消第一批行政审批项目的决定》	决定取消行政审批项目789项	取消
2003年	《国务院关于取消第二批行政审批项目和改变一批行政审批项目管理方式的决定》	决定取消406项行政审批项目，另将82项行政审批项目移交行业组织或社会中介机构管理	取消、移交
2003年	《关于认真贯彻〈行政许可法〉进一步做好行政审批项目清理和处理工作的通知》	清理和处理行政审批项目	清理、处理
2004年	《国务院关于第三批取消和调整行政审批项目的决定》	取消和调整495项行政审批项目	取消、调整
2005年	《关于印发〈2005年行政审批制度改革工作要点〉的通知》	进一步清理和调整行政审批事项，着力在抓巩固、抓规范、抓创新上下功夫，努力取得行政审批制度改革的新成效	清理、调整
2007年	《国务院关于第四批取消和调整行政审批项目的决定》	取消和调整186项行政审批项目	取消、调整
2008年	《关于深入推进行政审批制度改革的意见》	妥善调整国务院机构改革中涉及的行政审批事项；编制并公布保留的行政审批事项目录	调整、保留
2010年	《国务院关于第五批取消和下放管理层级行政审批项目的决定》	取消和下放管理层级行政审批项目184项	取消、下放

续表

发布时间	政策文件与法律法规名称	主题内容	关键词（句）
2012 年	《国务院关于第六批取消和调整行政审批项目的决定》	取消和调整 314 项行政审批项目，其中取消 171 项，调整 143 项	取消、调整
2012 年	十八大报告	深化行政审批制度改革，继续简政放权，转变政府职能	深化、简政放权、转变政府职能
2013 年	《国务院关于取消和下放一批行政审批项目的决定》	取消和下放 68 项行政审批项目，加快配套改革和相关制度建设，切实做到放、管结合	取消，下放，配套改革，制度建设，放、管结合
2013 年	《中共中央关于全面深化改革若干重大问题的决定》	全面正确履行政府职能。进一步简政放权，深化行政审批制度改革，制定负面清单，实行统一的市场准入制度	正确履行政府职能、简政放权、负面清单、市场准入
2014 年	《国务院办公厅关于公开国务院各部门行政审批事项等相关工作的通知》	各部门不得在公开的清单外再设审批或变相审批，改革管理方式，向“负面清单”管理方向迈进	改革管理方式、负面清单
2014 年	《国务院办公厅关于印发精简审批事项规范中介服务实行企业投资项目网上并联核准制度工作方案的通知》	精简审批事项，规范中介服务，实行企业投资项目网上并联核准制度	精简、规范、网上并联核准
2014 年	《中共中央关于全面推进依法治国若干重大问题的决定》	深入推进依法行政，全面履行政府职能，深入推进机构、职能、权限、程序、责任法定化，推行政府权力清单制度，坚持法定职责必须为、法无授权不可为	依法行政、法定化、权力清单
2015 年	2015 年《政府工作报告》	加大简政放权、放管结合改革力度。制定市场准入负面清单，公布省级政府权力清单、责任清单，切实做到法无授权不可为、法定职责必须为	简政放权、放管结合、市场准入负面清单、权力清单、责任清单
2015 年	《关于推行地方各级政府工作部门权力清单制度的指导意见》	优化权力运行流程，公布权力清单，建立健全权力清单动态管理机制，积极推进责任清单工作，强化权力监督和问责	优化权力运行流程、权力清单、动态管理、责任清单、监督、问责
2015 年	《国务院关于规范国务院部门行政审批行为改进行政审批有关工作的通知》	全面实行“一个窗口”受理，推行受理单制度，实行办理时限承诺制，探索改进跨部门审批等工作	一窗受理、受理单制度、办理时限承诺制、跨部门审批

续表

发布时间	政策文件与法律法规名称	主题内容	关键词（句）
2015 年	《国务院关于印发 2015 年推进简政放权放管结合转变政府职能工作方案的通知》	深入推进监管方式创新，着力优化政府服务，进一步强化改革保障机制	创新监管方式、优化政府服务、强化改革保障
2015 年	《国务院办公厅关于成立国务院推进职能转变协调小组的通知》	成立包括行政审批改革组在内的国务院推进职能转变协调小组	成立推进职能转变协调小组
2015 年	《国务院关于批转发展改革委等部门法人和其他组织统一社会信用代码制度建设总体方案的通知》	建立覆盖全面、稳定且唯一的以组织机构代码为基础的法人和其他组织统一社会信用代码制度	建立统一社会信用代码制度
2015 年	《国务院办公厅关于加快推进“三证合一”登记制度改革的意见》	通过“一窗受理、互联互通、信息共享”，将由工商行政管理、质量技术监督、税务三个部门分别核发不同证照，改为由工商行政管理部门核发一个加载法人和其他组织统一社会信用代码的营业执照，即“一照一码”登记模式	三证合一
2015 年	《国务院关于实行市场准入负面清单制度的意见》	做好市场准入负面清单与行政审批事项清单的衔接，完善与市场准入负面清单制度相适应的审批体制，精简前置审批，实现审批流程优化、程序规范、公开透明、权责清晰	衔接、完善、精简、优化、程序规范、公开透明、权责清晰
2015 年	《国务院关于“先照后证”改革后加强事中事后监管的意见》	厘清市场监管职责，加强事中事后监管，完善协同监管机制	厘清市场监管职责、事中事后监管、协同监管
2015 年	《关于实行市场准入负面清单制度的意见》	对实行市场准入负面清单制度做出顶层设计，清单外事项以及清单内禁止事项无须审批，清单内限制事项需依法行政审批或设立相应的准入条件或准入方式	市场准入负面清单、顶层设计
2015 年	《国务院办公厅关于简化优化公共服务流程方便基层群众办事创业的通知》	大力推进办事流程简化优化和服务方式创新，加快推进部门间信息共享和业务协同，扎实推进网上办理和网上咨询，加强服务能力建设和作风建设	简化办事流程、创新服务方式、信息共享、业务协同、网上办理、网上咨询、服务能力建设、作风建设

续表

发布时间	政策文件与法律法规名称	主题内容	关键词（句）
2015 年	《国务院办公厅关于印发国务院部门权力和责任清单编制试点方案的通知》	清理规范权责事项，审核权责清单，优化权力运行流程	清理规范、权责清单、优化权力运行流程
2016 年	“十三五”规划纲要	加快政府职能转变，持续推进简政放权、放管结合、优化服务，提高行政效能；最大限度减少政府对企业经营的干预，最大限度缩减政府审批范围；加快推进行政审批标准化建设，优化直接面向企业和群众服务项目的办事流程和服务标准	政府职能转变、简政放权、放管结合、优化服务、减少政府干预、行政审批标准化建设、优化办事流程、优化服务标准
2016 年	2016 年《政府工作报告》	继续削减审批事项，注重解决放权不同步、不协调、不到位问题；对下放的审批事项，要让地方能接得住、管得好；深化商事制度改革，开展证照分离试点；全面公布地方政府权力和责任清单，在部分地区试行市场准入负面清单制度，行政事业性收费等实行目录清单管理；创新事中事后监管方式，全面推行“双随机、一公开”监管；大力推行“互联网 + 政务服务”，实现部门间数据共享	削减审批事项、注重放权管理机制、权力清单、责任清单、市场准入负面清单、事中事后监管、“双随机，一公开”监管、“互联网 + 政务服务”、数据共享
2016 年	《国务院关于印发 2016 年推进简政放权放管结合优化服务改革工作要点的通知》	确保放权的协同关联性；在人才、技术等方面予以保障，确保基层接得住、管得好；简化审批手续，规范审批流程，保证审批事项零超时；继续开展相对集中行政许可权改革试点，推广地方综合审批经验	放权的协同关联性、人才技术保障、简化审批手续、规范审批流程、相对集中许可权改革、地方综合审批经验
2016 年	《国务院办公厅关于加快推进“五证合一、一照一码”登记制度改革的通知》	2016 年 10 月 1 日起正式实施“五证合一、一照一码”，完善一站式服务工作机制，推进部门间信息共享互认，做好登记模式转换衔接工作，推动“五证合一、一照一码”营业执照广泛应用，加强办事窗口能力建设	“五证合一、一照一码”、一站式服务工作机制、信息共享互认、登记模式转换衔接、办事窗口能力建设

续表

发布时间	政策文件与法律法规名称	主题内容	关键词（句）
2017 年	《全国深化简政放权放管结合优化服务改革电视电话会议重点任务分工方案》	2017 年 10 月底前在全国范围内实现“多证合一、一照一码”；推进“证照分离”改革试点；制定和实施权力清单、责任清单、市场准入负面清单制度；建立企业和群众对“放管服”成效评判机制；实现“双随机、一公开”监管全覆盖；推动综合执法改革，实现“多帽合一”；推行“互联网 + 政务服务”，推动政府部门协同联动、信息互联互通、流程再造、系统整合，提升线上线下一体化政务能力	“多证合一、一照一码”，“证照分离”，权力清单、责任清单、市场准入负面清单制度，评判机制，监管机制，综合执法改革，“互联网 + 政务服务”，协同联动，信息互联互通，流程再造，系统整合，线上线下一体化政务能力
2017 年	十九大报告	转变政府职能，深化简政放权，创新监管方式，增强政府公信力和执行力，建设人民满意的服务型政府	转变政府职能、简政放权、创新监管方式、服务型政府
2018 年	十九届三中全会报告	调整优化政府机构职能，合理配置宏观管理部门职能，深入推进简政放权；完善公共服务管理体制，强化事中事后监管，提高行政效率，全面提高政府效能，建设人民满意的服务型政府	职能优化、简政放权、事中事后监管、政府效能、服务型政府

资料来源：中国政府网，http://www.gov.cn/zhengce/xxgkzl.htm；蓝志勇、张腾、李廷，2017，《从“不破不立”到“以立促破”——行政审批制度改革的创新思考》，《理论与改革》第 1 期。

表 3　关键词（句）整合后的比较分析

类别	2001 ~ 2011 年	2012 ~ 2018 年
关键词（句）	取消、下放、移交、调整行政审批事项	简政放权、职能转变、职责边界调整、优化权力运行流程、“放管服”结合、协同治理、“互联网 + 政务服务”、事中事后监管、服务型政府
改革重点	权力规模	权力规模、边界、运行流程、监督、服务型政府建设、“互联网 +”技术运用
改革逻辑	精简	整合

从表 2 和表 3 中可以看出，在 2012 年之前中央出台的行政审批制度改

革的政策文件主要以行政审批事项的取消、下放、移交和调整为主，2012年之后，中央在继续推动简政放权的同时，开始着重推动政府职能转变，厘清政府职责边界，优化权力运行流程，强调权力下放、权力监管和政府服务的有机结合，注重“互联网＋”技术的运用，等等。这一变化反映了十八大以来中央更加注重改革的整体性。这种整体性体现在不再以精简权力为主，而是更加注重对行政审批体制的基础要素进行协同性和系统性改革。行政审批制度改革从精简逻辑到整合逻辑反映了中国渐进式制度变迁的特征，也说明了碎片化改革的方式已不适应当前行政审批制度改革，新时代必须通过整体性的改革思路来深化行政审批制度改革。在地方上，这种整体性治理的理念正在被具体实践和创新。

（二）以整体性治理解决行政审批体制要素的碎片化问题

浙江省“最多跑一次”改革始于2016年底，是中央深化“放管服”改革背景下的地方探索与创新，已获得国家层面的认可和重视，并被建议向全国推广。[①]“最多跑一次”改革是指在申请材料齐全、符合法定受理条件时，从受理申请到做出办理决定、形成办理结果的全过程一次上门或零上门。浙江省“最多跑一次”改革通过整体性治理有效解决了行政审批体制要素碎片化的问题。

1. 构建公众可直接感知、监测的整合目标

组织是目标驱动、目的性的实体，组织目标的科学设定直接关系着组织过程能否按照预定轨道有效实现组织目标。“最多跑一次”改革的目标设置具有两个显著特征。第一，改革目标可被社会公众直接感知和监测。“最多跑一次”的主体是社会公众，目标是让社会公众在符合条件的情况下，办理行政事项时“最多跑一次”。“最多跑一次”是一个非常明确的数据标准，在调研中发现，各个地方的办事大厅或行政服务中心都在醒目位置，明确列出纳入“最多跑一次”的行政事项并设置了监督和投诉渠道。社会公众能够在办事过程中直接感知和监测究竟是否实现了“最多跑一次”，并提出反馈意见和建议。第二，改革目标具有整合性。对于所有行政审批部门而言，无论改革过程或者手段如何，改革目标是统一的，即“确保实现

① 中央全面深化改革领导小组第二次会议审议并充分肯定了《浙江省“最多跑一次”改革调研报告》，中央深改办建议向全国推广。

跑一次是底线，力争实现一次不用跑成为常态，跑多次是例外”（于晓，2018）。目标整合的结果是各个审批部门拧成一条相互嵌入、责任共担的链条。在这个链条中，任何一个部门都必须采取有利于实现改革目标的措施，否则任何一环的缺失都将导致整个链条的断裂。“最多跑一次”改革目标的这两个特征有助于抑制行政审批制度改革的错位和虚置。例如，以取消、下放、调整行政审批事项为例，这个过程的实质是政府间权力关系的调整，整个改革过程发生在政府内部，由政府间协调和博弈。改革过程的封闭性，政府部门目标利益的碎片化导致社会公众对改革过程难以直接介入，也无法对改革目标进行直接有效的感知和监测，因此，“放虚不放实，放轻不放重，放责不放权，放小不放大，明放暗不放，放一不放二，上面放下面不放，或上面放，下面没有人接盘”的现象时有发生。与此相对应，公众通过直接感知和监测有助于辨识改革的真正成效、目标完成的真实程度，进而倒逼改革的效率和质量。

2. 构建集权高效的协调管理组织

如何解决行政审批部门的碎片化问题是行政审批制度改革的重要议题。在实践中，行政服务中心被认为是解决这一问题的重要平台。行政服务中心是指以集中、组织和协调政府不同部门间审批权为核心功能的一站式便民服务平台（宋林霖，2016：22－27）。行政服务中心大致有三种功能：一是空间供给，即为各个行政审批部门提供物理空间，使其在空间上实现集中；二是组织协调，即协调各个部门的审批标准、流程，提高行政审批效率；三是推动改革，即作为辅助机构，通过建章立制、协调管理、监督考核等措施推动行政审批制度改革。然而，实践中的行政服务中心通常只具有行政协调权而缺乏完整的行政管理权，导致行政服务中心既无法真正地协调、管理、监督各行政审批部门，也无法肩负行政审批制度改革的重任（施雪华、汤静容，2013：5－12）。如果把行政审批制度改革看作政府创新的过程，那么构建一个整合性的政府创新管理组织是提高创新效率和质量的关键（陈永杰、曹伟，2016：40－44）。“最多跑一次”改革表明，通过组织赋权，构建一个整合关键性行政权力的组织工具，对于破解行政审批碎片化问题具有重要意义。在“最多跑一次”改革过程中，地方政府通过制度化的方式，赋予了行政服务中心四项关键性的行政权力：目标设定权、组织协调权、检查检验权和激励分配权。行政服务中心在行政审批制度改革小组的授意下，有权制定行政审批的标准和规范、服务效率和质量、群众满意度等目标；围绕改革目标，行政服务中心可协调各个审批部门就数据共享、政务服务标准化、审批流程等达成一致。目标设定权和组织协调权得以有效实现的关键在于行政服务中心掌握着检查检验权和激励考核权。行政服务中心的考核结果直接影响派驻部门的绩效和派驻人员的人事安排，以浙江省衢州市行政服务中心为例，行政服务中心对入驻部门具有10%的考核权重，这一考核权重对各个单位争创一流单位具有实质性和关键性的影响。行政服务中心有权向组织人事部门和派驻部门推荐优秀派驻人员作为后备干部人选；有权强制退回考核不称职、多次违反平台管理规定的工作人员，而被强制退回的人员回原位后不得安排重要岗位，并在两年内不得提拔。通过整合这四项关键性行政权力，衢州市行政服务中心成为名副其实的改革主体，在克服改革阻力、降低改革成本、提高行政审批效率方面发挥着关键性作用。

3. 构建“一窗受理，集成服务”的并联审批模式

针对碎片化的组织运行流程，整体性治理理论认为需要通过横向一站式服务和纵向层级整合策略，通过数据共享、集成服务、减少组织运行的碎片化，提高服务效率。在“最多跑一次”改革中，地方政府逐渐形成了“一窗受理，集成服务”的整体性审批模式。该模式体现为三个环节。第一，前台综合受理，即在行政服务中心设立一个综合窗口，受理业务涵盖进驻行政服务中心的主要业务板块，申请材料统一交由综合窗口受理。第二，后台分类审批，在前台受理和初步审核（主要查验材料的完整性）完成后，由后台相关职能部门人员进行分类、转交和审批。第三，统一窗口出件，在审批完成后，审批结果统一交由一个窗口告知。这一运行模式有两个显著特征。一是实现了受理权和审批权的分离。办事者只需要将相关材料递交给受理窗口即可，办事者无法与审批者建立直接联系，这样一方面降低了办事者的办事成本，另一方面隔断了权力寻租的链条。二是行政审批从串联式向并联式转变。串联式行政审批是指虽然某一事项需要由多个部门来共同审批完成，但审批过程并不是同时进行的而是呈现线性的、一环接一环的特征。在这一过程中，前一环节是后一环节的前置条件，某一环节缺失，这个过程将无法进行，因此这种审批模式会增强行政审批成本，降低行政审批效率。“一窗受理，集成服务”模式实现了行政审批的串联模式向并联模式转变。前台综合窗口在受理和检验申请材料之后，将申请材料同时发送给相关部门，各个部门根据自己的审批职能，同时进行审批并出具审批意见，在规定时间内完成审批后，及时将审批结果材料发送

到“综合窗口”出件。当然，并联审批的实现需要一些前置条件，如审批标准化和数据共享等。各个审批部门对某一项目审批需要的材料标准达成一致，并通过数据共享和信息化技术实时了解各个环节的审批意见，同时建立“容缺后补”等机制保障并联审批的顺利实现。

4. 构建公众需求导向的整体性服务供给机制

公众需求导向是“最多跑一次”改革的核心特征。通过整体性服务供给机制，“最多跑一次”改革基本形成了满足公众显性需求，挖掘隐性需求，预防问题、发现问题、解决问题的主动和整合服务模式。具体体现在：第一，通过政府研判、专家咨询和社会反馈，发现办事群众的关键需求，制定纳入“最多跑一次”的办事目录；第二，通过制度改革、组织整合和审批流程优化，降低制度性交易成本，提高行政审批效率，有效解决群众办事“门难进、脸难看、事难办”的问题；第三，建立主动性需求挖掘机制，通过协商、反馈和网络数据分析，主动挖掘社会公众的隐性需求，提前预测、发现和解决社会公众的需求和问题，实现公共服务供给从被动到主动的转变；第四，通过建立“容缺受理”“兜底服务”等具体工作机制，专责处理急、难、杂的公众需求和问题，以灵活变通的形式提高行政审批效率，切实解决社会公众在办事过程中的痛点和难点。

5. 构建制度与技术融合的线上政府

行政审批运转低效的症结之一是各部门各自为政，缺乏有效协同，而造成这一现象的原因除了目标和利益碎片化所带来的冲突和博弈之外，还有在技术上，各部门数据标准不统一、信息割裂。“最多跑一次”改革的实践表明，制度与技术的融合是解决这一问题的重要手段。针对数据标准不统一的问题，浙江省政府颁布了《服务大厅现场管理》《法人库数据规范》《浙江政务服务网电子文件归档数据规范》等三项数据标准。在地方上，例如浙江省衢州市“最多跑一次”改革通过整合行政服务中心的6大板块业务和35个市级部门进驻中心的事项，编制了《“一窗受理”事项标准化办事指南》和《“一窗受理”事项受理材料标准化手册》。针对信息割裂所造成的“信息孤岛”问题，“最多跑一次”改革通过将地方政务网与省级政务服务网无缝对接、地方数据库与国家相应部门数据库无缝对接，构建地方内部审批服务数据共享库和电子证照（批文）库等技术手段，实现了纵向和横向各级政府、各级部门政务数据的实时共享，有效地解决了“信息孤岛”问题。“最多跑一次”改革表明，行政审批制度改革不单单是制度改革，而且是信息技术的深度应用，从而实现制度与技术的有机融合，线上与线下的协同治理，切实提高了行政审批的效率和质量。

三　深化行政审批制度改革的四个转变

行政审批制度改革已进入一个新的时代，基于上述分析，本文认为新时代下的行政审批制度改革需要在深化“放管服”的基础之上，进一步实现四个转变。

（一）从碎片化改革向整体性设计转变

“不谋全局者，不足谋一域”，古人的智慧体现了要树立全局观念，办事情要从整体着眼的唯物辩证法思想。作为行政管理体制改革的重要组成部分，行政审批制度改革并非是简单的权力“瘦身”，而是涉及政府职能转变、组织机构设置、人员配备和能力建设、职责边界界定、权力运行流程、法治保障等一系列问题，这些配套问题得不到整体解决，是行政审批改革最大的难点（薛澜，2013：20－21）。例如，权力下放必须考虑到下层政府能否以及是否愿意承接的问题，这直接关系到权力精简的效果；权力下放如果缺乏有效的监管和问责则可能会出现“放虚不放实，放轻不放重，放责不放权，放小不放大，明放暗不放，放一不放二，上面放下面不放”等问题。再如，如果缺乏数据标准化建设和信息共享系统，优化行政审批流程，提高行政审批效率也将无从谈起。行政审批体制各个要素的嵌入性和互赖性决定了深化行政审批制度改革必须以整体性思维统筹设计和改革行政审批体制中的改革理念、改革目标、组织结构、职能转变、运行流程、监管机制等配套问题。

（二）从权力本位向责任和服务本位转变

权力本位和责任本位是两种不同的治理逻辑。在权力本位的治理逻辑下，政府官员对利益的追逐会转变为对权力的追求（陈国权，2001：28－34），而相应的制度改革也是围绕巩固权力或者提高权力的运行效率来展开的。因此，在权力本位下，制度改革的服务对象是权力主体。在权力下放过程中，一些政府和部门为了各自利益“放虚不放实，放轻不放重，放责不放权，放小不放大，明放暗不放”；在协同审批过程中，一些部门之间“扯皮打架”，数据不公开，信息不共享，造成“信息孤岛”；等等。这些现象典型体现了“权力本位”的治理理念。与此相反，责任和服务本位体现的是“以人民为中心”的治理理念，责任和服务本位的治理逻辑体现为政府首先是一个责任政府和服务型政府，其权力获取的依据是责任，而责任则体现为更好地服务市场与社会主体。因此，责任和服务本位下的制度改革是为了解决市场和社会主体的实际需求，其服务对象是市场和社会主体。深化行政审批制度改革需要坚持责任和服务本位，坚持“以人民为中心”，实现改革为了人民，改革依靠人民，改革成效由人民评价，改革成果由人民共享。

（三）从改革评价的过程导向向效果导向转变

绩效评估包含过程和效果两种导向，前者关注组织行为、努力程度和工作态度，后者关注实际产出、贡献，实现目标的程度。在过程导向下如果缺乏有效的监督和问责，组织行为往往“名实分离”，通过变通维护自身利益，而偏离组织目标。在地方行政审批改革实践中，一些政府部门为了各自利益运用各种策略使得行政审批改革成为“表面文章”而流于形式。例如，一些部门通过“藏匿式增减”，申报审批项目时少报，取消审批项目时多报，通过数字游戏，维护自身利益，彰显政绩；还有一些部门把含金量高的，能带来寻租空间的审批事项保留在自己部门内，把一些“无关轻重”的审批事项放在一站式服务中心，导致“站外式审批”，不仅没有降低反而增加了办事群众的办事成本。再如，前面提到的权力下放过程中，一些部门“放虚不放实，放轻不放重，放小不放大”。从过程来看，这些部门通过“数字”“报告”“媒体”等形式似乎展现出政府部门在行政审批改革中的“付出”和“成绩”，但办事群众的获得感和满意感未必能够增强。坚持改革评价的效果导向，意味着行政审批制度改革不是为了追求数字、政绩，而是注重人民群众的获得感和满意感。这就要求建立开放、畅通和有效回应的参与渠道，实现改革过程的多元参与和协同合作；建立政府内部考评与社会考评相结合，但侧重于社会考评的改革绩效评价体系。

（四）从制度改革向制度与技术的融合创新转变

整体性治理理论认为，信息技术时代和网络经济下的政府治理需要重视技术的作用，信息技术的发展是政府治理创新的重要推动力，是当代公共服务体系日益走向理性化、现代化的重要前提。实践表明，信息技术的发展和运用对行政审批制度改革的作用主要体现在三个方面：第一，信息技术的运用能够直接提高行政审批的效率，通过在线公开、申请、审批、回复有效降低了办事群众的办事成本，也减少了行政审批过程中的人力、物力和财力的消耗；第二，信息技术的运用有助于降低改革成本，行政审批流程再造的前提是各部门之间的整合和协调，而“信息孤岛”是最大障碍，通过电子数据库的共建共享和标准化建设有助于打破“信息孤岛”，降低各部门之间整合和协调的难度；第三，信息技术的运用有助于社会公众直接参与到改革过程中来，强化对改革的监督，提高改革质量。信息的互联互通可以便捷高效地将不同群体对改革的意见和建议汇聚到一起，跨越科层直接反馈到决策中心，为决策中心提供改革依据。“互联网 +”时代下的行政审批制度改革，应该注重互联网技术对制度改革的补充，注重线上治理对线下治理的补充，通过制度与技术的有机融合，构建线上政府，进而实现线上和线下的协同治理。

四　结论

行政审批制度是国家治理体系的重要组成部分，行政审批制度改革对推进国家治理体系和治理能力现代化具有重要意义。党的十八大以来，中国的行政审批制度改革呈现出整体性治理的趋势，这一趋势既体现在中央在改革设计上，从以精简权力事项为主向更加注重整体性改革转变；又体现在地方政府在探索实践上，通过整体性治理框架解决行政审批体制的要素碎片化问题。从精简逻辑向整合逻辑转变反映了中国渐进式制度变迁的特征，也说明了行政审批制度改革已进入“深水区”，碎片化改革的方式已不适用当前行政审批制度改革，新时代下必须通过整体性的改革思路来深化行政审批制度改革，具体来讲就是进一步实现四个转变，即从碎片化改革向整体性设计转变，从权力本位向责任和服务本位转变，从改革评价的过程导向向效果导向转变，从制度改革向制度与技术的融合创新转变。

参考文献

陈国权，2001，《论责任政府及其实现过程中的监督作用》，《浙江大学学报》（人文社会科学版）第 2 期。

陈永杰、曹伟，2016，《从政府创新到政府创新管理：一个分析框架》，《中国行政管理》第 2 期。

Christensen、Tom、Per Lægreid、张丽娜、袁何俊，2006，《后新公共管理改革——作为一种新趋势的整体政府》，《中国行政管理》第 9 期。

蓝志勇、张腾、李廷，2017，《从“不破不立”到“以立促破”——行政审批制度改革的创新思考》，《理论与改革》第 1 期。

彭锦鹏，2005，《全观型治理：理论与制度化策略》，《政治科学论丛》（台湾）第 23 期。

施雪华、汤静容，2013，《当前中国行政服务中心的主要问题与解决对策》，《理论与改革》第 5 期。

宋林霖，2016，《“行政审批局”模式：基于行政组织与环境互动的理论分析框架》，《中国行政管理》第 6 期。

唐亚林、朱春，2014，《2001 年以来中央政府行政审批制度改革的基本经验与优化路径》，《理论探讨》第 5 期。

薛澜，2013，《行政审批改革的最大难点》，《决策探索》第 9 期。

于晓，2018，《浙江省委书记：力争实现一次不用跑成常态》，中国新闻网，http://www. chinanews. com/gn/2018/03 - 08/8463301. shtml。

竺乾威，2015，《行政审批制度改革：回顾与展望》，《理论探讨》第 6 期。

Dunleavy, P. , H. Margetts, S. Bastow, and Jane Tinkler. 2006. “New Public Management is Dead-long Live Digital-era Governance.” *Journal of Public Administration Research and Theory* 16:467 - 494.

Pollitt C. 2003. “Joined-up Government: A Survey.” *Political Studies Review* 11:34 - 49.

“一窗式”政务服务的荔湾模式*

魏 琼**

摘 要：本文基于对广州市荔湾区“一窗式”“互联网+政务服务”的实证调研，全面分析了荔湾区“一窗式”政务服务模式的创新实践，揭示其实践的理论基础、具体措施以及创新思维等。通过总结经验，为其他政府部门全面推进“互联网+政务服务”提供借鉴意义和参考价值。

关键词：“一窗式” 流程再造 信息共享 机制创新

据CNNIC发布的第41次《中国互联网络发展状况统计报告》显示：截至2017年12月，中国网民规模达到7.72亿，普及率达到55.8%，超过全球平均水平（51.7%）4.1个百分点，超过亚洲平均水平（46.7%）9.1个百分点；手机网民规模达到7.53亿（中国互联网络信息中心，2018）。在新的社会发展时期，无论是中央政府顶层设计并推动还是地方政府的先行先试，全面推进“互联网+政务服务”都成为各级政府提升政府效能，逐步实现政府治理现代化的的重头戏。广州市荔湾区政务服务中心于2014年依托网络技术、信息技术等对其政务服务进行全面改革，最终形成了“一窗式”“互联网+政务服务”（以下简称“一窗式”政务服务）模式，打造了现代智能高效便民的政务服务体系。2016年，荔湾区“一窗式”政务服务改革被国务院发布的《推进“互联网+政务服务”开展信息惠民试点实

* 本文系广州市哲学社会科学项目“网络时代的广州行政审批流程再造研究”（项目编号：15G110）阶段性研究成果。

** 魏琼，广州大学松田学院法政系讲师，研究方向为电子政务。

施方案》纳入并在全国推广，同时获得2016年广东省十大“智慧民生”项目奖。本文力求梳理荔湾区在推进“互联网+政务服务”中的创新思维，分析改革措施，总结改革经验，为其他政府部门进行“互联网+政务服务”改革提供积极的实证借鉴和参考。

一　广州市荔湾区“一窗式”政务服务改革的理论基础

（一）“新公共服务”理论与“一窗式”政务服务改革

“新公共服务”理论是由美国著名的公共管理学家罗伯特·登哈特为代表的一批公共管理学者在对新公共管理理论进行反思的基础上，特别是针对新公共管理理论中提到的企业家政府理论缺陷的批判提出的公共管理理论。他们提出一个尖锐问题：“当我们急于掌舵时，也许我们正在淡忘谁拥有这艘船?”（登哈特，珍妮特·V.、登哈特，罗伯特·B.，2010：21－24），并强调政府职能定位应从“掌舵”转向“服务”。该理论将公民置于整套理论体系的中心，提出政府是为公民服务的，主张采用一种基于公民权、民主和公共利益服务之上的新公共服务模式。中国是人民当家作主的国家，全心全意为人民服务一直是政府的立身之本和追求的终极目标。广州市荔湾区“一窗式”政务服务改革基于“新公共服务”理论的核心理念和价值追求，以满足互联网时代下人民群众和企业对政务服务的需求作为改革的出发点和落脚点，创新服务方式，优化服务流程，提高服务效能。“新公共服务”理论为荔湾区“一窗式”政务服务改革提供了总体指导思想。

（二）“整体政府”理论与“一窗式”政务服务改革

20世纪90年代后期，随着信息技术的广泛应用，以英国等国家为首的公共部门第二轮改革中出现了“整体政府”的概念。与工业化时期主张层级节制的组织结构形态，注重以政府的职能分工为基础，以“碎片化”为特点的官僚制分割管理模式不同，整体政府强调在“不消除组织边界本身的条件下，采用交互的、协作的一体化管理方式与技术，促进公共管理主体进行协同活动的‘联合’工作，以达到功能整合，为公民提供无缝隙服务的目的”（蒋敏娟，2011：88－90）。中国传统的政务服务模式是依据政府的职能按严格而细化的标准进行横向和纵向的分割。在行政审批过程中，尤其涉及跨部门跨层级审批时，各地区各部门只对自己的工作负责，无人对审批的整体效率负责。在经历几轮政务服务改革后，作为“集中服务”重要载体的政务服务大厅也没能充分发挥作用，甚至有部分政务服务大厅只是充当了资料收发中心，相关申请人仍需在不同政府部门之间来回奔波，资料需反复提交。广州市荔湾区政务服务中心将审批的受理发证权限委托给区政务服务中心，重构政务服务中心、业务部门及网上办事平台建设运维部门之间的权责利机制，整合跨部门跨层级信息资源，不断优化完善跨部门跨层级的业务协同工作机制，创新“一窗式”“集成服务”新模式。“整体政府”理论为荔湾区“一窗式”政务服务改革提供了基本思路。

（三）“流程再造”理论与“一窗式”政务服务改革

所谓“流程”，是指“一个或一系列连续有规律的行动，这些行动以确定的方式发生或执行，导致特定的结果的实现；一个或一系列连续的操作”（佩帕德、罗兰，1999：10）。“流程再造”理论最早出现在企业管理中，以一种再生的思想重新审视企业，并对传统管理学赖以存在的基础——分工理论提出疑问，成为管理学发展史上的一次巨大变革。20 世纪 70 年代末 80 年代初，为了应对政府面临的财务危机、管理危机和信任危机，西方各国发起了名为“新公共管理运动”的政府改革，其中措施之一是把企业的管理经验、理论与方法引入政府公共部门的管理中，实现了从企业再造到政府再造的转变。中国传统的政府行政审批流程是基于马克斯·韦伯提出的“职能分工与层级节制的思想形成的以任务和职能为核心，以计划和监督为控制，以命令和指示为手段的行政流程模式”（何振、魏琼，2005：49）而设计的，其呈现的整体效率缺失、流程对外封闭、横向协调困难、监督环节薄弱等弊端，在社会环境变化加快、公共管理问题复杂、社会需求趋向多样化的信息时代日益凸显其局限性。在深入推进“互联网 + 政务服务”的今天，如果只是简单地将传统的审批流程原封不动地搬到网络上，则无法发挥“互联网 + 政务服务”的优势，最后不可避免沦地为“花架子”“空摆设”。广州市荔湾区“一窗式”政务服务改革以便民利民为导向，充分利用网络技术、通信技术等优势再造政务服务流程，对政务服务各环节进行删减、优化、整合或再设计，提高政务服务效率的同时改善服务体验，提升了广大民众的获得感。可以说，“流程再造”理论为荔湾区“一窗式”政务服务改革提供了实践路径。

二　广州市荔湾区“一窗式”政务服务改革的具体做法

（一）建立科学合理的政务服务管理体系

建立科学合理的政务服务管理体系是实现广州市荔湾区“一窗式”政务服务的前提条件，主要表现在以下几个方面。

1. 优化政府部门的职能设置

政府部门是提供政务服务的主体，政府职能中存在的“错位”“越位”“缺位”现象严重影响了政务审批效率。因此，广州市荔湾区政务办在政务服务改革中，把调整行政审批行为与优化政府职能有机结合起来。首先，在纵向上，科学调整了区、街道与居委会的审批职能范围，审批服务功能大量下沉。对业务量大的个人事项，由审批部门委托属地街道参照区政务服务中心的相关规定办理。2015 年，街道可受理公民类事项数量就已超过 90%。一方面方便公众就近办理，另一方面也减轻了区政务服务中心的工作压力。其次，在横向上，进一步整合政府审批部门职能。荔湾区政务服务中心实现了行政审批政务服务“三集中、三到位”（刘允强，2016），即部门行政审批职能向一个科室相对集中，承担审批职能的科室向政务服务中心集中，坚持“应驻尽驻”，行政审批事项向电子政务平台集中，坚持“应上尽上”；实现行政审批事项进驻大厅到位、审批授权窗口到位、电子监察到位。最后，增强政务机构管理职能。将信息化职能连人带编划到区政务办，将政务公开职能、主公开渠道的政府门户网站建设管理也划转到区政务办，由区政务办行使信息化建设管理、电子政务和大数据统筹的职能。并在区政务办增设网格化管理科，负责建立、规划、拓展全区城市社区网格化平台基础信息数据库和应用系统（刘允强，2018：1）。

2. 完善政务服务的管理制度

首先，明确荔湾区政务服务中心与审批部门在政务服务中的管理权限与责任。窗口收件受理责任由区政务服务中心承担，坚持“谁收件、谁负责”，前台窗口人员由区政务服务中心按统一标准进行管理考核。审批部门承担后台审批责任，坚持“谁审批、谁负责”。其次，建立全方位分层次的业务考核体系。荔湾区政务服务中心与审批部门是对入驻工作人员进行日常管理和考核的主体，对其评优和评先拥有一票否决权。建立窗口人员评价制度，评估结果作为人员绩效考核的重要依据。为了加强对窗口人员和进驻荔湾区政务服务中心后台承担审批工作人员的协同管理，制定审批部门领导巡岗制，每月进行考核打分，并将考核的结果进行通报。

（二）建立规范高效的政务服务运行机制

建立规范高效的政务服务运行机制是荔湾区“一窗式”政务服务的主要内容，表现在以下几个方面。

1. 整合构建综合服务窗口，创新“统一收件—分类审批—统一出件”的“一窗式”政务服务模式

首先，在受理、出件环节，实现前台“一窗收件，统一出件”。政务服务中心在性质上彻底摆脱“审批事项收发中转站”的角色定位，从制度上充分保障其收件权和出件权。2017 年，区政务服务中心按照工程类、经营类、公民类的业务分类，设置了 9 个统一收件窗口和 2 个统一出件窗口。1 个窗口可以受理办理所有部门的 977 项业务（刘允强，2016）。统一收件、出件业务直接由区政务服务中心承担，相关业务处理人员也由区政务服务中心招聘的公益一类事业编制人员担任。其次，在审批环节，依部门职能分工由各审批部门派驻人员负责。对不需要现场勘察、集体讨论、专家论证、听证的一般性事项，推行“一科室审批”。建立后台即时审批和限时办结承诺制。项目审批后的验收工作实行联合勘察验收机制。由区政务服务中心统一召集，各部门组织人员参与。这不仅提高了联合审批效率，而且预防了腐败行为的发生。

2. 重视标准化体系建设

标准化是计算机技术语言识别、构成信息交换和互操作的重要前提，是向公众提供无差别优质政务服务的有力工具，也是推进“互联网 + 政务服务”的关键因素之一。荔湾区政务服务中心在“一窗式”政务服务改革中高度重视标准化建设，围绕审批服务事项，以“应驻尽驻”和“应上尽上”为前提，打造指南标准化、告知标准化、清单标准化、受理标准化、平台标准化、流程标准化、审批标准化以及监管标准化体系。指南标准化让办事公众按单准备材料，一目了然，降低办事成本。告知标准化增强审批透明度，让办事公众能更快捷准确知晓审批业务进度，增加可预期性和稳定性。清单标准化、受理标准化把好“窗口收件关”，照单办理，一方面大幅降低了非专业窗口工作人员的收件难度，为“一窗式”综合收件提供

了条件；另一方面规范了窗口人员的行为，压缩了寻租的空间。平台标准化、流程标准化、审批标准化把好“网上审批关”，实现部门审批业务系统与平台之间的基本信息交换，促进信息资源的共建共享，最终把网上平台建设落到实处。监管标准化把好“电子监管关”。整个标准化体系建设全面科学有序，为实现“一窗式”政务服务新模式奠定重要基础。

3. *以技术优势提升政务服务品质，最大限度实现审批方式智能化和审批能力现代化*

在审批流程中，利用政务App、电脑或大厅终端等完成一表填写，自动生成不同业务所需表格，实现“一表通”。利用系统自动生成二维码作为贯穿整个政务办理流程的唯一识别标志，实现“一码通”。建立“荔湾区一站式行政审批系统”公共平台，实现“公众在外网咨询、查询、预约，区一站式行政审批系统平台综合受理，内部专业网分类审批”（刘允强，2016：1）。创立“远程审批”，非常驻区政务服务中心的部门业务可通过可视互动系统进行面对面的办理，包括文件资料传输、问题咨询与解答。通过“智慧政务+智慧邮政”“自助终端+政务服务”“移动终端+政务服务”解决政务服务“最后一公里”问题，把政务服务延伸至公众家门口。首创跨城联网通办业务模式，打破政务服务行政区域限制，提供部分“荔湾与佛山南海”异地政务审批服务。

（三）建立严密完善的政务服务监督机制

在“互联网+政务服务”的背景下，传统的监督机制因时空局限性、手段单一性和效果滞后性日益显现其弊端，建立严密完善的电子监督机制成为荔湾区“一窗式”政务服务的必然选择。首先，充分利用网络技术优势，实现电子监督的实时性、动态性和透明性。对审批各环节设置时限，超时限审批一律黄灯警示，并及时对超时限行为进行预警。其次，把“荔湾区一站式行政审批系统”与区纪委效能监察网联网，实现电子监察对象全覆盖，确保所有审批事项的流程信息即时可查可管。再次，首创互联网“一窗式政务服务、一网格服务监管、一队伍综合执法”三位一体的事中事后监管联动模式，加强事中事后监管（刘允强，2016）。以区大数据云为基础，建立集数字城管、信访诉求、监管联动等综合功能为一体的“荔湾区城市社区网格化信息综合平台”，并把该平台与“荔湾区一站式行政审批系统”对接，实现基础信息库和业务信息库的联通，提高审批、监管、执法一体化效能。

三 广州市荔湾区“一窗式”政务服务改革的特点

（一）突出政务服务流程再造

通过广州市荔湾区“一窗式”政务服务改革的一系列做法，不难发现，广州市荔湾区“一窗式”政务服务改革正是以政务服务流程再造为突破口，减少了公众办事环节，缩短了公众办事时限，提升了公众办事满意度。荔湾区政务服务中心通过对各审批环节之间运行机制内在的逻辑的分析与把握，根据公众对政务服务需求重新修正了原有的政务流程：改变了传统政务服务大厅以强化审批管理为目的，以审批部门业务分工为基础，部门各自受理、审批、监管的流程设计思路，创建了以公众完整性的审批服务需求为导向，以审批业务流程为核心，强调整体最优，从“受理—审批—勘察”到“验收—监管—执法”的无缝隙审批流程（见图1）。充分利用信息化技术的优势实现了“一窗受理、一表制申请、一码贯通、一次办理、一平台共享、一网监管、一队伍执法”。再造的政务服务审批流程将审批事项的受理权、审批权和监管权相分离，构建了结构合理、程序严密、制约有效的审批权力运行机制。一方面有效解决了公众在审批过程中常见的“四难问题”（门难进、脸难看、话难听、事难办），极大提高了窗口服务质量；另一方面从源头上打破了审批人员从受理、审批到勘查权力一体化问题，大

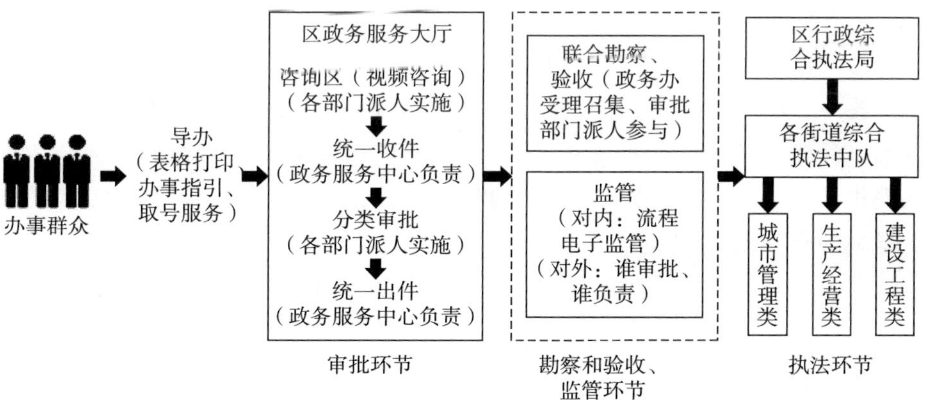

图1 广州市荔湾区“一窗式”政府政务服务全流程

大降低了权力运行中的主观性和随意性，减少了权钱交易的发生。

（二）实现跨部门、跨区域基础信息资源共建共享

推进“互联网 + 政务服务”，真正实现“凡是能通过网络共享复用的材料，不得要求企业和群众重复提交；凡是能通过网络核验的信息，不得要求其他单位重复提供；凡是能实现网上办理的事项，不得要求必须到现场办理”（国务院，2016）。没有信息资源的共建共享是无法达成的。有效整合和利用信息资源，消除信息壁垒，避免“信息孤岛”，成为荔湾区政务服务中心政务平台建设的重中之重。鉴于在综合受理审批联动信息系统建设过程中，各部门审批系统林立，业务审批系统暂时无法统一，政务服务中心要求各部门将相关审批基本数据在本系统处理的同时推送至“荔湾区一站式行政审批系统”公共平台，以最小成本实现了基本业务数据的共建共享并确保了信息安全。为了方便公众全程了解审批进度，该平台还同步将审批各环节信息以短信形式主动发送到办事公众手机上。另外，荔湾区电子证照实现一次采集，反复利用。构建电子证照库，实现了涉及政务服务事项的证件数据、相关证明信息的互认共享，有效避免了重复提交材料和循环证明。当然，荔湾区政务服务中心同步建立健全了安全保障体系，确保系统和数据库运行、维护安全规范。

（三）推动线上线下平台融合发展

有效推进实体政务服务大厅与网上服务平台融合发展，实现线上线下相辅相成、功能互补是荔湾区“一窗式”政务服务模式成功的关键之一。目前，荔湾区政务服务中心实现网上和现场办事“三统一”，即统一材料、统一标准、统一时限。区级 356 项行政审批事项进驻网上办事大厅，截至 2015 年 7 月网办深度、网办率均达 92.4%（广州市荔湾区人民政府，2015），为企业群众提供了条件一致、时限一致、结果一致的办事服务。审批服务 O2O 模式就是在前台实现“线上”虚拟服务和“线下”实体服务相融合，在后台构建统一的审批云平台，整合不同的政府部门的审批业务系统，形成“线上 + 线下”无缝隙连接的网络化服务模式（刘晓洋，2016：29 – 34）。荔湾区在推行“一窗式”政务服务过程中，充分运用互联网技术和互联网思维，对实体政务服务大厅和网上服务平台的建设进行统筹考虑，把网上办事大厅、移动端、热线电话（12345）和实体政务服务大厅、“市民之窗”自助终端、

与广州邮政合作的“一柜式”微政务有效结合，连接“荔湾区一站式行政审批系统”公共平台，形成了完整的政务服务闭环（见图2），实现了公众与政府沟通的网络化、审批部门间协作的虚拟化。这样既发挥了互联网平台电子化、便利化、数据化的优势，又发挥了实体平台面对面、点对点交互的直接服务优势，从根本上提高了政务服务的质量和效率。

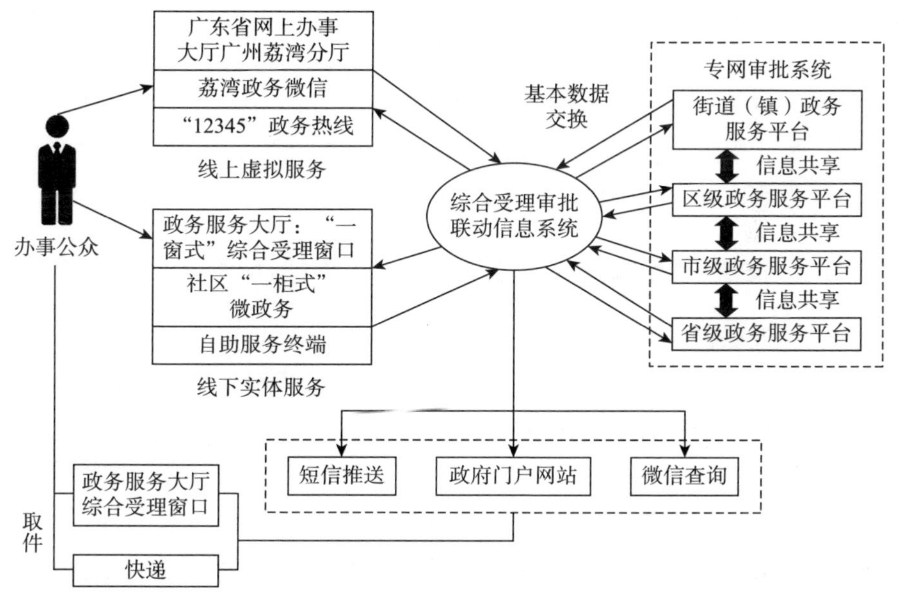

图2 广州市荔湾区“一窗式”政务服务线上线下融合模式

四 广州市荔湾区“一窗式”政务服务改革的启示

（一）推进“互联网＋政务服务”需要强大的组织领导

广州市荔湾区“一窗式”政务服务改革自启动之日起就得到区领导的高度重视，2014年该政务服务改革被确定为区委、区政府的“1号改革工程”，并由区主要领导担任总指挥。为了有效推动“一窗式”政务服务改革，荔湾区主要领导部署，并指派了一位具体分管同志，建立了由区政务办牵头，信息化部门、各业务部门配合，并由政务服务中心统筹的分工明确、科学合理、协调有力的工作机制。其中明确区政务办作为区人民政府派出的正处级行政机构（刘允强，2016）。“一窗式”政务服务改革是一项跨部门、跨层级、跨业务的系统工程，涉及面广、内容多，协调难度大：改革的范围牵涉到审改办、荔湾区政务服务中心、相关政府审批部门和行政执法部门等行政机构，改革的内容除了政务服务本身改革之外，还包括大量的配套措施改革，如机构改革、转变政府职能等。因此在改革过程中，为了保障改革措施的落实，对于在政务服务改革中不作为、乱作为、慢作为的部门和相关人员行为，区政府以红头文件形式予以通报，并依法依规进行问责。另外，在审批服务相关公职人员的业务培训、平台建设等方面主管部门也投入了大量的人力、物力和财力，为“一窗式”政务改革保驾护航。可见，强有力的组织领导为荔湾区“一窗式”政务服务改革的成功提供了坚实基础和重要保障。

（二）推进“互联网+政务服务”需重视顶层设计，统筹规划

推进“互联网+政务服务”，让广大群众和企业共享“互联网+政务服务”发展成果，政务改革绝不能仅仅停留在“技术性”层面，只考虑改革的短期效应和轰动效应。需高度重视顶层设计，加强全局谋划，营造有利于改革的氛围，充分调动各方积极性。需从公共服务理念的重塑、权力结构和利益格局的重新调整、法治环境的优化等方面进行有效规划。只有着眼于机制创新和长期的制度建设，才能从根本上落实审批服务供给侧结构性改革。荔湾区在推进“一窗式”政务服务改革中高度重视顶层设计和机制创新：“以打造‘荔湾效率’政务品牌为亮点，提升城区发展软实力为主旨”（刘允强，2018：1），把“一窗式”政务服务改革作为“推进荔湾区新型城市发展，大力推进荔湾‘e’路转型”（刘允强，2018：1）的重头戏进行统筹规划，最大范围内凝聚共识。通过调整和让渡相关部门的“人权”和“事权”，理顺审批流程中尤其牵涉跨部门、跨层级联合审批的各政府职能部门之间关系，创新审批服务系统的运行机制。通过制度建设明确区政务服务中心作为监督协调者的角色功能，强化“中心”协调职能的权威性，依据“业务分工”科学合理配置审批中的决策权、执行权、管理权和监督权，优化联合审批中各部门的权责利。因此，全面推进“互联网+政务服务”，其政务改革必然要树立全局观念，整体思维，必然涉及行政体制机制深层次问题。只有高度重视顶层设计、统筹规划，才能推动“互联网+政务服务”取得实质性进展。

（三）推进“互联网+政务服务”需灵活变通，因地制宜

“互联网+政务服务”是一项复杂工程，其实质是在网络时代，政府利用外部技术力量进行的一场深刻的自我变革，目的在于推动中国传统的政务服务模式的“转型升级”，满足全新的社会需求。因此，在全面推进“互联网+政务服务”过程中，会面临部门协同阻力较大等问题。荔湾区政务服务中心“一窗式”政务服务改革结合当地情况，在不破体制、不破法规、不破专网的情况下进行。整个过程不涉及体制改革、人员裁减，对审批部门触动较小，面对的阻力相对较小，这有利于改革的实施推进。涉及跨部门、跨层级政务信息资源共建共享这个关键问题时，荔湾区政务服务中心基于实际情况决定受理系统与审批系统之间进行数据“交换”而非“对接”，确保信息的安全、共享和公开，既达到目标又方便操作。中国地区之间发展不平衡，省、市、县不同层级政府有多大审批权限，与之相适应的政务服务中心需要多大规模、多大编制、多少经费，全国尚没有明确的统一指导（李　宁等，2017：6－10）。因此，各级政府在推动“互联网+政务服务”时，应根据当地的实际情况进行战略选择，全力打造互联网环境下方便快捷、公平普惠、优质高效的政务服务体系。

参考文献

登哈特，珍妮特·V.、登哈特，罗伯特·B.，2010，《新公共服务：服务，而不是掌舵》，丁煌译，中国人民大学出版社。

冯嘉敏，2017，《集成服务与荔湾政务改革进行时：对话刘允强先生》，搜狐网，http://www.sohu.com/a/138658872_787300。

广州市荔湾区人民政府，2015，《荔湾区实施政务改革综述》，广州市荔湾区人民政府网，http://www.lw.gov.cn/lwq/vics/201507/46ea683dad054316a62ef59a70317113.shtml。

国务院，2016，《国务院关于加快推进“互联网+政务服务”工作的指导意见》（国发〔2016〕55号），中国政府网，http://www.gov.cn/zhengce/content/2016-09/29/content_5113369.htm。

何振、魏琼，2005，《电子政务视野中政府行政流程再造分析》，《电子政务》第22期。

蒋敏娟，2011，《从破碎走向整合——整体政府的国内外研究综述》，《成都行政学院学报》第 3 期。

李一宁、金世斌、刘亮亮，2017，《完善政务服务工作运行机制研究》，《中国行政管理》第 6 期。

刘晓洋，2016，《制度约束、技术优化与行政审批制度改革》，《中国行政管理》第 6 期。

刘允强，2016，《广州市荔湾区“一窗式”“互联网 + 政务服务”成效》，全国政务服务与政府治理现代化研讨会论文，广东广州。

刘允强，2018，《“一窗式”政务改革方法论——机制创新》，360doc 个人图书馆，http://www.360doc.com/content/18/0516/23/30942300_754552351.shtml。

佩帕德、罗兰，1999，《业务流程再造》，中信出版社。

中国互联网络信息中心：《中国互联网络发展状况统计报告》，2018，中国网信网，http://www.cac.gov.cn/2018-01/31/c_1122347026.htm。

【公共政策】

环境治理的政策扩散研究

——以广州本地六报 2007～2016 年“河长制”相关报道为研究对象

杨　青　谭璇璇[*]

摘　要：当前中国生态文明建设的关键环节就是政府生态环境治理，大众媒体在环境治理政策扩散上发挥着重要作用。研究基于政策扩散的理论视角，以广州本地六报 2007～2016 年“河长制”相关报道为样本进行内容分析。研究发现，“河长制”政策在大众媒体中的扩散呈现“区域间的公共政策位移扩散——自下而上的吸纳辐射扩散”的扩散模式，兼具强制、学习与基于区域性交流网络的社会化的特点。政策扩散主体为政府官员，这使“河长制”政策的合法性及权威性得以巩固，但也弱化了媒体具有的政策有效沟通说服作用。

关键词：“河长制”　政策扩散　大众媒体

十八大报告提出“把生态文明建设放在突出地位”的国家战略，“生态兴则文明兴，生态衰则文明衰”（习近平，2016：186）。当前中国生态文明建设的关键环节就是政府生态环境治理。在政策的落实过程中，媒介是不可或缺的。托马斯·戴伊（2002：147）认为媒体通过设置议程直接影响政府决策，并且通过呼唤民众关注各种各样的社会问题和危机间接地影响着政策制定者。大众媒体在政策制定中的功能主要包括提高政策问题的认知度，

* 杨青，暨南大学新闻与传播学院硕士研究生，研究方向为环境传播与政策传播；谭璇璇（通信作者），暨南大学新闻与传播学院硕士研究生，研究方向为青年研究与政治传播。

扩大政策诉求群体，形成强烈的政策舆论，扩大公众对决策的参与（胡宁生，2000：158－159）。

可见，政策的扩散与传播离不开媒体的作用。那么，在政策制定和扩散的过程中，媒介的中介作用是以一种怎样的方式呈现的呢？从空间运动角度，政策又是如何在媒介中扩散的？这对政策的传播又会产生什么影响？回答这些问题，有助于我们更加理性地认识媒体在政策扩散与传播中的作用。

"河长制"，从一项地方性环境治理政策到全国性政策，历经 10 年。广州，是"河长制"在广东推行的示范者，也是媒体发达地区之一。这为研究基于媒介中介作用下的政治传播提供了独特的研究视角，故本文以"河长制"政策在广州的扩散为切入点，基于跨学科的研究视角，探讨媒体作为中介化角色如何影响国家与社会的关系，以及"河长制"政策在大众媒体中的扩散过程和机制。

一　文献述评与问题提出

（一）政策扩散

政策扩散（Policy Diffusion）研究的主要议题是政策是如何以及在什么机制的作用下从一个国家扩散到另一个国家，或者在地区之间扩散的（Dolowitz and Marsh，2000）。政策扩散是指政府学习其他政府的经验（Michaels et al.，2006），使得政策内容、价值或主张得以承继或扩展（武学振，2016），是政策在空间上运动的过程（刘伟，2014：34－38）。

在过去的几十年间，学者在政策扩散方面产生了大量的研究成果，主要涉及扩散的动机、影响因素、机制等。学者 Shipan 和 Volden（2008）研究了美国城市的禁烟政策扩散，发现四种政策扩散的机制：向早期政策采纳者学习，与近似城市间的经济竞争，模仿大城市以及政府的强制推广。Checkel（2005）提出的政策扩散机制应用较为广泛。他从建构主义和理性主义角度，将政策扩散机制划分为四种类型：社会化、效仿、学习和外部性。

在中国，关于政策扩散的研究主要基于国外现有的理论框架，探讨政府政策及公共服务在全国范围内的扩散，部分学者提出基于中国本土的政策扩散模式。杨代福（2016：3－11）提出适用于中国政策创新扩散的一个基本分析框架。该分析框架基于影响因素、扩散机制和原动力三个分析维度，认为政策扩散机制是影响政策采纳的中介因素。

当前关于政策扩散模式的研究，多直接以政策本身为研究对象，从宏观层面探讨政策制定和决策过程。媒介作为政策扩散的重要渠道，在当前研究中却少有涉及。

（二）“河长制”

“河长制”是从河流水质改善领导督办制、环境问责制所衍生出来的水污染治理制度，缘起于跨部门协同问题（徐艳晴、周志忍，2014）。“河长”由各级党政机关主要负责人担任，负责河道、水源地的水环境、水资源的治理与保护。2016 年，“河长制”正式在全国范围内推行。2016 年 10 月，习近平主持召开中央全面深化改革领导小组第二十八次会议，审议通过了《关于全面推行河长制的意见》（刘年涛，2016）。2007 年，江苏省无锡市率先推行“河长制”。时年江苏省无锡市太湖蓝藻暴发并且引发供水危机，无锡市随后出台《无锡市河（湖、库、荡、氿）断面水质控制目标及考核办法（试行）》。该文件中明确指出：将河流断面水质的检测结果“纳入各市（县）、区党政主要负责人政治考核内容”。之后，江苏、云南、浙江、江西、广东等地也开始进行流域治理机制创新。

2007 年，江苏省无锡市进行“河长制”政策改革后，广州也开始探索和建立一套适用于广州实际情况的河水治理制度体系。2013 年广州正式提出实施“河长制”。2014 年，广州市率先在 16 条跨界河涌领域推行“河长制”，广州市党政主要领导主动承担起河长的责任。2016 年，“河长制”详细考核机制正式出台，并于同年受到住建部的口头表扬，称广州“河长制”在控源和生态修复方面走在全国前列（牟晓翼，2016）。“河长制”在广州的推行经验，在全国范围内具有借鉴意义。因此，以广州“河长制”作为“河长制”政策区域扩散的样本具有典型性。

作为一项独特的河流污染治理政策，“河长制”在推行初期就引起了学界的广泛关注，当前国内有关“河长制”的研究主要聚焦于地方政府官方话语、河流的跨域性治理以及河流污染等，尚未有研究以大众媒体为研究对象，探讨“河长制”的政策扩散。研究拟以广州“河长制”为研究对象，探讨该政策在 2007 ~ 2016 年是如何进行扩散的。

综上，本文提出以下研究问题：在政策制定前期及制定过程中，“河长制”政策在大众媒体中是如何扩散的，媒体在多大程度上影响了“河长制”

政策的扩散过程。

二　内容分析法与样本选择

内容分析法是新闻传播研究领域中最常用的一种方法。“内容分析是一种对显明的传播内容进行客观、系统和定量描述的研究方法。”（Berelson，1952）”通过数据库对报道内容进行针对性搜集，将媒介内容量化处理，可以弥补单纯的定量分析和定性分析的局限性，增强研究的说服力和可信度。

（一）研究样本与分析单位

鉴于广州报业发展情况，研究选取广州的《南方日报》《羊城晚报》《南方都市报》《广州日报》《新快报》《信息时报》六种报纸作为研究政策扩散的对象，从慧科新闻搜索研究数据库提取了 2007～2016 年这六家报纸有关“河长制”的所有报道，2007 年和 2016 年分别是“河长制”第一次出现和在全国推广的时间。每一篇报道作为一个分析单元，以“河长制”和“河长”作为关键词共搜索出相关报道 331 篇，其中与“河长制”政策相关的报道共有 322 篇。

（二）类目构建

本类目是在参考过去相关研究的基础上，通过纵向梳理，对广州六报（《南方日报》《羊城晚报》《南方都市报》《广州日报》《新快报》《信息时报》）2007 年到 2016 年十年间有关“河长制”的 322 篇报道进行研究后构建的类目。

第一，报道媒体类目：《南方日报》《羊城晚报》《南方都市报》《广州日报》《新快报》《信息时报》。

第二，报道方式类目：消息、通讯、评论、深度报道、专题报道。

消息：以简洁的文字迅速传播新近变动的事实（林永年，1995：2）。

通讯：运用叙述、描写、抒情、议论等多种手法，具体、生动、形象地反映新闻事件或典型人物的一种新闻报道方式（林永年，1995：8）。

评论：对某一新闻事件或某一人们关心的问题的论述、分析、说理，用以直接表明作者和报刊编辑部的意见及主张（林永年，1995：19）。

专题：针对某一话题，由记者、专家、官员等各方人员对问题进行分析，并运用相关背景材料解释和说明新闻事件产生的原因。

深度报道：记者、通讯员就某一新闻事件、某一社会问题和当前改革和建设中的某一新问题，进行调查研究，把调查的情况和调查的结论向读者“报告”的一种报道（林永年，1995：28）。

第三，消息提供者的身份：河长、记者、政府部门、政府官员、治水工程相关负责人、专家和学者、市民、其他媒体报道、文件与政策。

第四，诉求方式：无诉求、提醒或建议、批判、煽情、争议、支持、其他诉求。

无诉求：纯粹的稿纸新闻或以事实呈现的新闻，单纯地呈现事件。

提醒或建议：指信息呈现的同时，提出解决方案。

批判：报道中对“河长制”治理过程中存在的问题，提出疑问、批评。

煽情：在报道题目和内容中有大量感性的描述。

争议：在报道标题和内容中存在争议和冲突的主题。

支持：通过对现有河涌监测结果、河涌治理事例等信息的呈现，对“河长制”的执行表现出充分的认可。

其他诉求：无法归类的诉求。

三 数据分析

在研究之初进行了两次前测，从相关的322篇报道中随机抽取30篇报道，笔者同时进行编码，发现其在诉求方式和报道方式上存在一定的差异，通过查询资料，对不同类目进行明确的定义，之后重新抽取30篇报道，并对各类目变量进行了信度检验，相互同意度均在90%以上，信度系数为0.94，符合内容分析法的要求，以下为具体分析数据。

（一）媒体报道量

在选取的六种报纸中，《南方日报》报道量有116篇、《羊城晚报》报道量有52篇、《南方都市报》报道量有47篇、《广州日报》报道量有40篇、《新快报》报道量有43篇、《信息时报》报道量有24篇。2013年前，报道主要来源于《南方日报》《羊城晚报》等省级媒体，整体报道量较少，此后，广州市级媒体，如《广州日报》《信息时报》的报道量明显增加。整体上，2007年12月至2013年1月，“河长制”相关报道极少，此后报道量不断增加，2015 年后迅速增长，也就是说“河长制”是逐步被纳入媒体报道框架的。

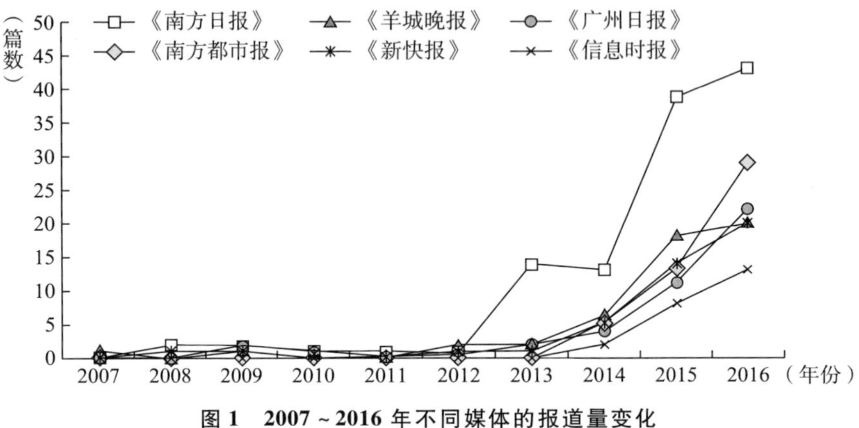

图 1　2007～2016 年不同媒体的报道量变化

（二）报道方式

不同媒体的报道方式是否存在差异？通过统计我们发现，消息类（占 41.6%）和通讯类（占 32.6%）的报道居多，主要就“河长制”政策信息以及“河长制”在政策传播过程中存在的一些问题进行简单介绍，评论（占 14.9%）和深度报道（占 9%）数量不多。卡方检验结果显示，在不同媒体中报道方式是存在差异的（卡方 =129.169a，自由度 =20，P =0.000 < 0.01)。从统计结果来看，《南方日报》主要报道方式为通讯，占该报全部报道方式的 61.2%；《羊城晚报》的主要报道方式为消息，占该报全部报道方式的 53.8%；深度报道和评论出现次数最多的媒体是《南方都市报》，但数量不多，分别为 9 篇和 18 篇。

（三）报道诉求

样本中无诉求的报道有 261 篇，占 81.1%，可见在“河长制”报道中，媒体倾向于提供单纯的事实性内容，很少发表意见；在有诉求的报道中，提醒或建议诉求所占比例最高（8.1%）。这是由于“河长制”在治理过程中出现一些问题，在报道内容上，媒体会对所存在问题进行批评建议。其批判诉求有 22 篇，煽情诉求有 4 篇，争议诉求有 5 篇，支持诉求有 4 篇。

（四）报道中信息提供者的身份

在报道的信息提供者方面，政府官员占 53%，政府部门占 15%。“河长制”在广州扩散的过程中，从政府部门获取的信息大多是由本地政府提供的，这符合中国政策传播的特点。不同报道媒体在信息提供者方面是存在差异的（卡方 =30.752a，自由度 =5，P =0.000 <0.01）。《南方日报》最常以政府官员作为信息提供者，占所有政府官员消息源的 47.9%。但在政府部门，这一与政府官员相似的信息提供者中，不同报道媒体的差异性并不显著（卡方 =0.531a，自由度 =5，P =0.991 >0.05）。除《南方日报》外，政府官员在各报的信息提供者身份中所占比重均在 7% ~17.9%。在市民这一信息提供者身份中，不同报道媒体差异也并不明显（卡方 =7.810a，自由度 =5，P =0.167 >0.05）。在市民这一消息提供者中，《南方日报》所占比重最大，达 54.3%。

从图 2 可以看出，2013 年开始，随着报道量的增加，报道中的信息提供来源的数量也开始增加，政府官员与报道量的变化趋势十分相似，政府官员和政府部门依旧是主要的信息提供者，尽管市民和记者比以往更多以消息源身份出现在媒体报道中。

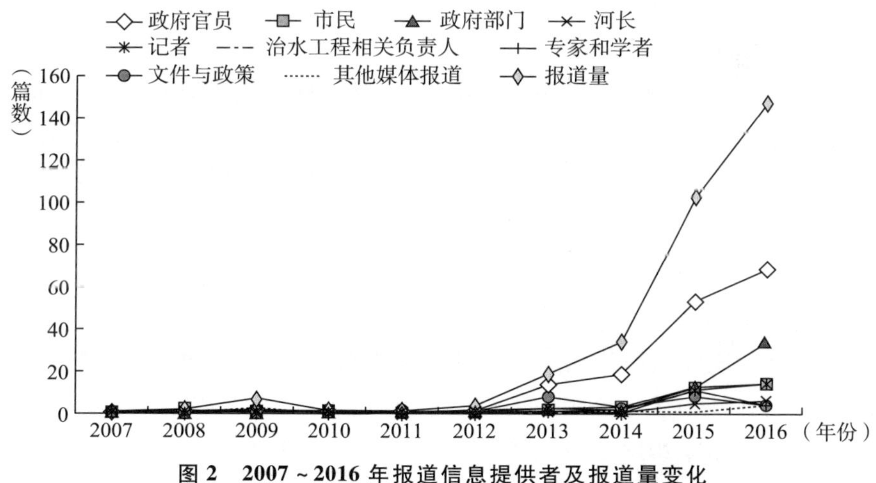

图 2　2007 ~2016 年报道信息提供者及报道量变化

四　广州“河长制”报道阶段特征

在所搜集的报道中，可发现“河长制”在广州的扩散，可以分为四个阶段。

第一个阶段为2007年12月至2009年4月，该阶段主要特征为，“河长制”相关报道极少，媒体对该政策的态度模糊。在所搜集的报道样本中，“河长制”首次出现在2007年12月4日《羊城晚报》题为《统筹区域发展先消除行政区划壁垒》的文章中（李鹏，2007）。但文章没有将江苏推行的“河长制”与广州的水污染治理相结合，只是将其作为统筹区域发展的一个案例。2008年4月，《南方日报》的两篇报道《个性官员仇和担任昆明市委书记已满百天，网络热议“昆明新政”改革创新究竟需不需要铁腕人物?》《生态短板岂能再拖“先锋”后腿》简要介绍了“仇和新政”中“河长制”的实施，并认为“深圳大可借鉴”。直到2008年11月在《新快报》一篇短评中（扶风，2008），“河长制”才与广州治水相结合。一年后的2009年，《信息时报》中《城市应以环保论输赢》第一次提及广州本地政府官员希望将“河长制”引入广州。2009年4月6日，《羊城晚报》转载《中国青年报》关于湖北黄冈推行“河长制”，一把手兼任“河长”的报道，次日，广州市委机关报《广州日报》刊登题为《环保一“强势”，“河长”变多余》的评论，文章认为“‘对水污染治理不力者（“河长”们）不予提拔’，其实等于白说”（袁回，2009）。可见，“河长制”在初期并没有引起广州市政府部门的足够重视，甚至出现否定态度。

第二个阶段为2009年8月至2013年1月，此阶段特征为媒体报道中陆续出现苏州、佛山、深圳等地推行“河长制”的内容，但仍未将“河长制”与广州治水直接联系。2009年8月，《羊城晚报》专题报道《治水：羊城攻坚更要攻心》将苏州与广州的治水经验进行系统的比较。《南方日报》2012年10月29日刊登的文章《淡水河石马河流域将实行河长制》提及：“省环保厅透露，将在淡水河、石马河实施‘河长’制，由区镇政府主要领导任‘河长’，进一步加强两河污染整治工作的组织领导。”（谢庆裕，2012）这是媒体报道中，第一次出现关于省级层面将实施“河长制”的报道。

第三个阶段为2013年2月至2013年11月，主要特征为“河长制”以省级政策形式出台并扩散至广州，标志是广东省环境保护厅于2013年2月18日正式印发了《南粤水更清行动计划（2013～2020年）》，要求广佛两市的政府主要负责人担任“河长”，对水污染整治负总责。《南方日报》指出：“这也是广东省首次采用如此严厉的措施，强化推进珠江治污的工作进程。”广东省环保厅同时还公布了《广州、佛山跨界水污染综合整治专项方案

（2013～2020年）》（以下简称《方案》），该《方案》系《南粤水更清行动计划（2013～2020年）》的重要补充。媒体在报道中提及"《方案》借鉴了此前在佛山汾江河治理中行之有效的河长制"（谢庆裕、陈惠陆，2013）。

第四个阶段为2013年12月至2016年12月，此阶段为"河长制"在广州区域内的扩散，阶段区分的标志分别为2013年12月广州市环保局出台《广州市实施〈南粤水更清行动计划〉工作方案》、2016年12月中共中央办公厅、国务院办公厅印发《关于全面推行河长制的意见》。此阶段媒体关于"河长制"的报道明显增多，报道除聚焦于广州"河长制"相关政策文件的出台之外，还从政策落实、问责角度报道，报道主体多元，除政府部门和官员外，还加入市民、媒体记者和环保人士等报道主体。

五　分析与讨论

（一）区域间吸纳辐射的扩散模式

"河长制"政策从江苏无锡扩散至广东广州，在空间上呈现"区域间的公共政策位移扩散——自下而上的吸纳辐射扩散"的扩散模式，具体扩散路径为"无锡、昆明——佛山、深圳、东莞——广东省级——广州"。"河长制"政策最早于2007年出现在江苏无锡，其后云南昆明在滇池治理中也引入"河长制"。2010年，"河长制"政策扩散至广东佛山，佛山市在汾江治理中，分段设立"小河长"与"小涌长"负责河流排污监管（李晓玲等，2010）。2012年，《南方日报》中《淡水河石马河流域将实行河长制》提及"为建立保护淡水河、石马河流域的长效机制，省环保厅透露，将在淡水河、石马河实施'河长'制，涉及地市包括深圳、惠州、东莞"（谢庆裕，2012）。2012年，《羊城晚报》中《广东先行只为天更蓝水更清》提及深圳将制定"河长"考核奖惩办法，拟由政府领导担任"河长""段长"。2013年，佛山市在治水方案中，对重点河段治理实行"河长"责任制，由各级政府主要负责人担任"河长"。2013年，广东省在佛山、深圳推行"河长制"经验的基础上，正式印发了《南粤水更清行动计划（2013～2020年）》，对重污染流域治理推行"河长制"，意味着佛山等地推行的"河长制"被吸纳扩散至全省，广州也因该文件出台开始推行"河长制"。在内容分析结果中，该空间扩散特征也可从报道媒体来源历时性变化看出，2013

年前，报道主要来源于《南方日报》《羊城晚报》等省级媒体，此后，广州市级媒体，如《广州日报》《信息时报》的报道量明显增加。

研究发现，“河长制”区域扩散的基本特征，与公益创投等政策呈现的特点不同，它并不是由沿海城市逐步蔓延到内陆城市，而是呈散发性（李健，2017：91－97）。但在同一区域内，空间上的扩散过程基于一定的邻近效应，深圳、佛山、东莞同属珠三角城市，而且河流污染治理问题都是以上城市的环境问题，因此也更容易借鉴该政策。在前期的地方实践中，即“河长制”在东莞、深圳等地的推广，上级政府也发挥了一定的统筹作用，如省环保厅提出在淡水河、石马河实施“河长”制。

（二）强制、学习与社会化的扩散机制

研究发现，“河长制”政策在广州扩散的机制表现为：强制、学习、基于区域性交流网络的社会化。强制主要来自上级政府的施压，包括激励、压力和强制性要求。这种力量产生于下级政府对上级政府的资源依赖，包括财政资源、政策优惠、主观偏好等，它们都会推动下级政府“迎合”上级政府的需要，进而做出符合上级政府倾向的政府创新行为（张玮，2016：43－50）。尽管在 2013 年广东省环保厅出台《南粤水更清行动计划（2013～2020 年）》之前，广州媒体已提及广州市政协委员建议在广州推行“河长制”，但“河长制”的出台主要动力还是来源于省级层面推行的《南粤水更清行动计划（2013～2020 年）》，这从 2013 年以来本地六报关于“河长制”的报道迅速增加可看出，《广州市实施〈南粤水更清行动计划〉工作方案》《广州市“河长制”实施方案》等文件也是在《南粤水更清行动计划（2013～2020 年）》之后推出。

政策学习（Policy Learning）被认为是一地的决策主体在制定公共政策时借鉴其他地区的成功经验（刘伟，2014：34－38）。广州“河长制”参照了江苏等地的经验，由各级党政一把手担任“河长”，如果在规定的时间内没有完成任务，相关负责人作为“河长”将被问责。

社会化指不同的行动者在互动过程中导致的共享信仰的内化，结果表现为行动者提高对政策正当性的认知，同时对自身身份和观念进行再思考，最终导致行动者在思考方式上的趋同。联席会议机制，是广州在“河长制”推行过程中出现的区域性交流机制，基于此，广州市与佛山市，包括下属各区的职能部门通过定期召开的联席会议，协调解决“河长制”推行过程

中出现的问题，并交换意见。基于广佛同城化的背景，在广佛跨界河涌治理问题上，2009 年，两市决定成立广佛同城化环保专责小组，并召开了第一次联席会议，商讨水污染和空气污染治理计划（张丹、蚁畅，2015）。2014 年，广佛两市举行河涌治理的联席会议，并形成制度化机制，佛山的两级“河长”与广州的四级“河长”一同与会（彭澎，2014）。通过联席会议机制，尚未实施新政策的地区的官员与已采纳该政策的地区的官员自由互动，从已采纳新政策的地区的官员那里了解该政策，客观上促进了“河长制”政策扩散（杨代福，2016：3－11）。

（三）以政府官员为主体的威权式政策扩散

在内容分析的结果中，政府官员系广州“河长制”相关报道的主要信息提供者，占 53%，其中广州市本地政府官员又占据较大比重，其次是政府部门。这说明在媒介场域中，政府部门在媒介中的话语权弱于官员个人，“河长制”政策更倾向于通过官员个人，并非相关行政部门和政策文件本身来进行扩散。

政府官员在“河长制”相关报道中重复出现。从“仪式观”角度分析，这是为了巩固政策的合法性与权威性。“河长制”政策在本地政府官员的频繁言说中，通过阐释和解读，逐渐去陌生化，更易为本地市民所认同，如 2014 年 6 月《信息时报》中的《市领导要主动当“河长”带头治理跨区河涌水质》直接援引市领导的话：“实践证明，河长制是落实治水责任行之有效的制度，要从区一级的河长责任，扩大到市、区（县级市）、镇（街）、村四级河长责任和各区、县级市的主体责任。”（孙婷婷、高金花，2014）这从地区一把手层面肯定了“河长制”的成效。

尽管政府官员成为“河长制”相关信息的主要提供者能增加政策的合法性，但也导致媒体在政策扩散过程中的功能缺位。在报道信息的主要提供者中，市民仅占 7%，记者占 6%，治水工程相关负责人占 4%，专家学者占 8%，环保人士及其组织占 1%。此种报道模式，更倾向于一种政策宣传而并非政策传播。政策宣传模式是指政府对媒体和公众所进行的以政府为主导的以单向为主的传播模式。虽然在政策宣传模式中同样存在少量反馈信息，但这种反馈通常不及时并缺乏制度性保证（李希光、杜涛，2009：71－79、109）。“河长制”政策作为一项环境公共政策，在媒体报道中，由于威权话语对政策扩散的操纵，“河长制”政策公共性被削弱，媒体本应发挥的“政策有效沟通说服”、监督社会和反映公众利益的作用未能得到很好体现（孙芳，2009）。

六　研究局限

本研究存在以下几个局限。首先，媒介在政策扩散过程中发挥多大的作用，在理论界是有不同意见的。电子和社交媒介的出现，也改变了经典政策研究中关于媒介重要性的假说（Saraisky，2016：18）。其次，尽管大众媒介被视为一个可见性较高的场域，但是广州本地六报呈现的媒介可见性在前期并不是很高。可见性是指能否被他人看见及获得他人的注意力，只有当获得足够多的注意力时可见性才会出现，大众媒介决定了在公共空间里什么是可见的、什么是隐形的。在“河长制”相关报道中，媒介可见性主要体现为两方面：一是政策扩散过程的透明度，即一个政策是如何被当地政府采纳并进行政策再生产的；二是基于媒介中介作用的政策生产者，即政府和政府官员，与市民、环保组织及其他主体对话和互动的过程。

对政策扩散过程而言，媒介无法呈现“河长制”政策是如何从江苏等地引入深圳和佛山以及两地如何对先行者的政策蓝本进行政策吸纳与再生产的。当“河长制”在广州区域内扩散时，媒介可见性提高，扩散过程中各主体的相互作用才被较明显地呈现，主要表现为基于媒介中介作用的政策制定者与公众和环保人士的协商与沟通。不同媒体在媒介可见性的呈现上，承担着不同角色。另外，322 篇报道中，有 100 篇是没有提供任何消息源的，更多时候媒体倾向于将政策扩散过程中相互作用的主体置于暗箱中，将其隐匿于公众视野。从媒介可见性在“河长制”政策扩散中的阶段性变化可以看出，媒介并不能完整描述某一具体政策出台的过程和原因，也不能完整解释政策被采纳与否。

另外，媒介内容是在一定环境的限制下被生产出来的。媒介倾向于发表更简短、吸引眼球的故事，而不是那些更长或者是更微妙和更复杂的内容。来自截稿时间和与其他新闻媒体竞争的压力，记者和编辑对话题的认知局限以及对新闻来源的把握程度，这些都会限制“河长制”相关报道的发表。

参考文献

戴伊，托马斯，2002，《自上而下的政策制定》，吴忧译，中国人民大学出版社。

扶风，2008，《市场经济知易行难》，《新快报》11 月 15 日。

胡宁生，2000，《现代公共政策研究》，中国社会科学出版社。

李春江，2013，《六地 2000 泳士成功横渡，取消竞渡乐享水中清凉》，《南方日报》（广州版）7 月 24 日，第 GC01 版。

李健，2017，《公益创投政策扩散的制度逻辑与行动策略——基于我国地方政府政策文本的分析》，《南京社会科学》第 2 期。

李鹏，2007，《统筹区域发展先消除行政区划壁垒》，《羊城晚报》（全国版）12 月 4 日，第 A2 版。

李希光、杜涛，2009，《超越宣传：变革中国的公共政策传播模式变化——以教育政策传播为例》，《新闻与传播研究》第 4 期。

李晓玲、林淑君、奚森，2010，《汾江河“630”进度已逾六成，计划创新涌长制沿岸大企业任“涌长”监管排污》，《南方日报》（全国版）2 月 2 日，第 AⅡ01 版。

林永年，1995，《新闻报道形式大全》，杭州大学出版社。

刘年涛，2016，《习近平主持召开中央全面深化改革领导小组第二十八次会议强调坚决贯彻全面深化改革决策部署　以自我革命精神推进改革》，人民网，http：//politics. peo-ple. com. cn/n1/2016/1011/c1024 - 28770163. html。

刘伟，2014，《学习借鉴与跟风模仿——基于政策扩散理论的地方政府行为辨析》，《国家行政学院学报》第 1 期。

牟晓翼，2016，《241 名河长走马上任　负责 16 条广佛跨界河涌》，《新快报》12 月 10 日，第 A04 版。

彭澎，2014，《跨界河涌整治再次考验广佛同城化》，《南方日报》（广州版）7 月 16 日，第 GC02 版。

邱均平、邹菲，2004，《关于内容分析法的研究》，《中国图书馆学报》第 2 期。

孙芳，2009，《媒体政策传播的文本类型与功能失衡》，硕士学位论文，山东大学新闻传播学院。

孙婷婷、高金花，2014，《市领导要主动当“河长”　带头治理跨区河涌水质》，《信息时报》6 月 11 日，第 A16 版。

武学振，2016，《中国省级政府信息政策创新扩散研究》，硕士学位论文，南京大学信息管理学院。

习近平，2016，《干在实处　走在前列——推进浙江新发展的思考与实践》，中共中央党校出版社。

谢庆裕，2012，《淡水河石马河流域将实行河长制》，《南方日报》（全国版）10 月 29 日，第 A10 版。

谢庆裕、陈惠陆，2013，《三年投入超 38 亿，广东整治珠江广州段》，《南方日报》（全国版）3 月 29 日，第 A21 版。

徐艳晴、周志忍，2014，《水环境治理中的跨部门协同机制探析——分析框架与未来研究方向》，《江苏行政学院学报》第 6 期。

杨代福，2016，《中国政策创新扩散：一个基本分析框架》，《地方治理研究》第 2 期。

袁回，2009，《环保一“强势”，“河长”变多余》，《广州日报》4 月 7 日，第 A14 版。

张丹、蚁畅，2015，《广佛跨界河涌清淤　几时水清　泥往哪去》，《广州日报》1 月 13 日，第 A07 版。

张玮，2016，《政策创新扩散的动力机制与路径模式——20 世纪 60 年代以来的国内外研究探索》，《福建江夏学院学报》第 1 期。

Berelson, Bernard. 1952. "Content Analysis in Communication Research." *American Political Science Association* 46(3):869.

Checkel, J. T. 2005. "International Institutions and Socialization in Europe: Introduction and Framework." *International Organization* 59(4):801 - 826.

Dolowitz, D. P. , and D. Marsh. 2000. "Learning from Abroad: The Role of Policy Transfer in Contemporary Policy-making." *Governance* 13(1):5 - 23.

Michaels, S. , N. P. Goucher, and Dan McCarthy. 2006. "Considering Knowledge Uptake within a Cycle of Transforming Data, Information, and Knowledge." *Review of Policy Research* 23(1):267 - 279.

Saraisky, N. G. 2016. "Analyzing Public Discourse: Using Media Content Analysis to Understand the Policy Process." *Current Issues in Comparative Education* 18:13 - 19.

Shipan, C. R. , and C. Volden. 2008. "The Mechanisms of Policy Diffusion." *American Journal of Political Science* 52(4):840 - 857.

媒体议程能否影响政策议程？

——基于中国副省级城市的实证分析

张　姝*

摘　要： 政策议程与媒体议程的关系长期备受国内外学者的关注。随着政府改革的不断深入，媒体议程与政策议程的相互关系也不断变化，媒体报道对政策议程的影响力越来越强。深入研究在不同议题上，媒体议程对政策议程的影响对于处理好两者的关系以及科学合理地进行公共决策具有重要的意义。本文通过对中国 15 个副省级城市在教育、就业及民生议题上的政策数量和媒体报道数量的格兰杰因果检验发现，媒体设置的就业议题能够影响政府对其的注意力；而在教育和民生议题上政策议程的设置则不受媒体议程设置的影响。本文通过对数据的分析探讨其中的影响机制及不受影响的原因，以此来进一步提高政府公共决策的科学性和合理性。

关键词： 政策议程　媒体议程　公共决策

在计划经济体制下，媒体议程的设置一般由政策议程主导。随着公众权利意识的觉醒，原本在媒体中占据优势的政府和社会精英话语权逐渐削弱，普通公民要求维护自身权益的呼声越来越高，作为公民诉求“发声器”的媒体成为表达社会问题的主要途径。媒体利用其丰富敏感的触角深入社会的方方面面，挖掘政府尚未触及的议程，并从媒体的角度报道社会问题，为政府提供更多的议程来源。媒体报道可能会影响决策者决策的方向，在政策制定过程中起到重要的作用，也促使政府与媒体的关系从单向的政府

* 张姝，中国人民大学农业与农村发展学院硕士研究生，研究方向为地方政府经济与治理。

对媒体的一元控制变成了两者双向互动。

一般情况下，政府往往依靠自身的权威对社会资源进行整体分配，在分配过程中忽略了媒体议程，直接用政策议程提出政策问题，这使得分散的个体在没有组织为他们统一“发声”时，其对政府决策的影响力是极其微弱的，政府很难了解到他们真正的需求，其所面临的问题也很难进入政策议程（战建华，2009：69－71）。由于信息资源的不对称性导致公众政治参与缺失，缺乏对政策的了解，这在一定程度上不利于政策议程的确立，同时造成了某些地区政策落实不到位，民众受益大打折扣。对公众来说，媒体是其利益表达的通道，也是百姓了解政府方针政策的途径；对政府来说，媒体是其倾听社会民意的渠道。

本文通过对中国副省级城市的实证分析，具体研究媒体议程对政策议程的影响。现有的研究大多是从传播学的角度探究媒体在公共政策制定中的作用，本文则是从公共管理学的角度研究媒体议程对政策议程的影响，包括议题分布差异和影响机制。另外，本文研究样本的范围是中国 15 个副省级城市，与以省级政府做样本相比，研究单位更加深入。

本文研究重点是媒体议程对政策议程的影响。本文旨在通过研究揭示在不同议题上传统媒体报道对政府决策结果的影响是否存在差异，并探寻媒体议程对政策议程的影响机制。这有助于政府了解传统媒体舆论的特性及其对政府决策的影响，使政府可以更好地利用媒体这一舆论工具来丰富决策理论，为政策议程设置提供一定的借鉴。政府通过媒体搭建公共讨论平台，使更多的利益主体参与到公共决策过程中，在政府和公众之间达成决策共识，以提高政府公共决策的科学性和合理性。

一　文献回顾

（一）媒体报道对政治行为的影响

关于媒体对政治行为的影响，西方学者在媒体议程和公众议程关系的传统研究中认为，在重要选举时期，新闻报道中提到的突出议题一般都是公众比较关心的话题，较易引起公众舆论，从而进入公众议题中并最终进入政策议程中（Mccombs and Shaw，1972）。媒体的信息收集工作是形成公共政策的外部环境基础，它可以对政府制定议程产生一定的影响，并最终影响政府的政治行为。安德森（1990：45）将政策制定者分为官方和非官方两类，新闻媒体即属于非官方类。在美国政治学中，“自下而上”的政策制定模型是主要的政治模型，媒体为“自下而上”的政治行为的形成提供了空间，公民可以在这个空间中自由表达诉求。杜鲁门（2005：125）在《政治过程——政治利益与公共舆论》中提出这个通道便是非官方类的媒体提供的，在他看来媒体是公民获取社会信息、形成政策诉求的工具。

与“自下而上”政治行为相对的是“自上而下”的政治行为，持有该观点的学者认为精英集团利用其特权掌握着一国的信息资源，媒体是他们用来与政府“谈判”的工具。戴伊（2011：36）认为精英集团通过媒体议程左右政府，政府再左右公众议程，最终获得公众支持。张婷（2009：47－49）认为，由于媒体报道的信息面广、量大且传播速度快，所以被媒体持续追踪报道的社会问题很快就能在公众中间形成强大的社会舆论，对政治行为产生较强影响，从而促进政策议程的建立。

（二）媒体在公共政策中的作用

关于媒体在公共政策中的作用，学术界分为两种观点。第一种认为媒体为政府提供政策议题，设置政策议程并影响决策者的决策方向。以Lasswell（1956：32－37）为主要代表的西方学者倾向于认为媒体对政府决策的影响贯穿于政策制定的全过程，媒体在使公共问题进入政策议程、促进问题加速解决方面都发挥着重要作用。陈振明（2003：102－111）在《政策科学——公共政策分析导论》中认为大众媒介是公共政策重要的非官方政策主体，其不仅可以反映社会公共问题，而且能够对政策信息和政策问题进行选择性处理，然后传递给受众，进而影响政策议程的建立。陈堂发（2008：45－49）提出，媒体具有将政府暂时没有发现的社会问题扩散到公众心中，从而将社会问题转化成政策问题的作用。赵玉峰（2007：33－39）认为媒体可以通过新闻报道影响哪些社会问题被淘汰，哪些社会问题进入政府决策议程，从而使这些社会问题进入政策议程的可能性增大，即决定政府考虑公共行政的优先事项。聂静虹（2009：58－71）提出媒体可以及时发现有新闻价值的问题，增加议题的数量，以增强公共政策的科学性和合理性。邝艳华等学者（2015：14－19）认为中国媒体对公共政策的影响有限，一般情况下媒体受政府控制居多，但随着社会转型，政府越来越重视通过媒体主动关注外界诉求。徐增辉、刘志光（2009：55－58）认为媒体通过主动设置议程、将公众议程整合并放大、隐蔽议程及担当触发机制四种方式来扩大政策议题的来源。张小明（2013：44－79）在研究公共政策输入时发现，中国公共政策一直是由上级政府提出并传达给下级政府，很少经过媒体议程。但随着民主意识和参政意识的觉醒，媒体应当为公众提供一个合法畅通的渠道来反映不同利益主体的需求，从而保证公共政策的有效性。不同于以上学者的观点，Soroka（2002）在其议程设置过程的扩展模型中认为媒体议程和政策议程是双向的因果关系，但决策者只能通过媒体间接作用于公众。而邓喆、孟庆国（2016：13－15）认为在自媒体时代，出现了通过公众议程直接影响政策议程的新途径，即公众可以通过公众议程与决策者直接对话，减少了中间环节，以便更直接快速地得到决策者的回应。

第二种观点是从政治传播学的视角出发，认为媒介将政府的公共政策信息传播给公众，利用社会舆论影响政府政策议程的设置（陈庆云，2006：101－131）。张国庆（2009：55－59）在《公共政策分析》中认为，媒体在政策主体权力序列中起到重要作用，尤其是官方传媒，更像是政府的“扩音器”，向民众传达各类政策信息。丁建辉（2015：28－35）认为新闻媒体善于制造和传播社会舆论，成为政府不得不重视的公共政策主体之一。汪凯（2004：99－103）提出大众传媒利用其报道功能引发决策层的关注，同时在不同政策过程中又扮演着不同的角色，尤其是在拓宽民众利益诉求方面发挥着重要作用。杨婕敏（2013：16－34）则主要侧重于探讨政策议程与媒体议程的冲突关系，认为有必要通过构建政策议程和媒体议程的良性互动关系来扼制政府的不决策行为，减少群体性事件的发生。

但是，媒体对于公共政策议程建立的影响也随时代的发展受到不同因素的制约。网络时代的发展导致“自下而上”的议程设置模式逐渐增多，政策议程、媒体议程及公众议程三者相互作用，均表现出双向的关系，媒体议程和公众议程一同推进政策议程的发展（陈姣娥、王国华，2013：45－49）。

原有文献大多是从宏观出发，很少具体到单个议题的研究，本文通过对中国15个副省级城市近16年的媒体报道数量和政策数量进行分析，探究传统媒体报道对政策议程是否有影响，研究其议题分布及差异。以此来揭示媒体议程对政策议程在不同议题上的影响机制。相对于已有的研究，本文的研究单位更加深入，研究方法更科学，更具有说服力。

二　实证方法与研究假设

（一）研究方法和数据采集

1. 研究方法

本文采用量化分析方法探讨媒体议程在就业、教育及民生三个议题中对政策议程是否存在不同的影响，剖析传统媒体报道和政府决策结果之间的双向关系。采用定量分析可以增强研究结果的说服力。

本文中的统计分析主要涉及媒体议程和政策议程两个变量，采用相关性分析和 Granger 因果检验方法①对 15 个副省级城市 2000 年至 2015 年的教育、就业及民生媒体报道数据和政府政策数据进行分析。

2. 数据采集

媒体议程和政策议程是本文重点关注的变量。选取中国 15 个副省级城市本地最具代表性的纸质报纸中有关教育、就业及民生的新闻报道数据来测量媒体议程，见表 1；选用 15 个副省级城市年鉴中有关教育、就业及民生的政策数据来测量政策议程，见表 2。

研究中选择教育、就业与民生三个议题，主要是因为教育、就业与民生与人民生活息息相关，政府每年都要出台相关政策，是政府每年都要提及的议题。根据报道，每年的两会中有关教育的提案数量在逐年增加。而就业公平是社会公平的重要部分，就业公平的缺失将影响和谐社会的建设（翟春等，2012：55－59），且从 2012 年起就业正式成为政府绩效考核的重要指标之一。就民生议题来讲，民生与民本、民权及民族生态都有关联性，处理好民生工作体现了政府以人为本的宗旨（乔耀章，2012：55－59）。无论是从媒体还是从政府的角度，民生都是一个热门话题，完善的民生体系是社会公平的平衡器。

对于媒体议程，这三个议题新闻报道的数据来源，有网络、电视广播及纸质媒体可供选择。由于在系统性、权威性方面网络和电视广播媒体都

① Granger 因果检验方法是经济学中重要的因果检验方法，最早由格兰杰在 1969 年提出，在 1980 年对因果性的定义进行了抽象，运用信息集的概念并基于事件发生的时序性给出了因果性的一般性定义。

不如纸质媒体，本文最终选择纸质媒体作为媒体议程的数据来源。这些媒体大多数为各城市的日报，且在众多城市报纸中只选择一种收集数据，避免了数据的重复性。在这三个议题的政策数据来源选择方面，中国各副省级城市的年鉴中都有对往年政府工作的详细记录，且与所选取的三个议题报道数据层次保持一致，因此本文选择了 15 个副省级城市年鉴中收录的相关政策作为政策议程的数据来源。

为保证数据搜集的可行性，本文采用慧科中文报纸（国内版）作为研究工具，通过慧科搜索各个议题的关键词，以“标题 + 正文”的方式来统计媒体报道的数据。为了保持数据的一致性和稳定性，研究时间定为 2000 年至 2015 年共 16 年。

表 1　媒体议程变量的操作化

类别	时间段	关键词
教育	2000 ~ 2015 年	教育，城乡教育，教育公平，教育领域综合改革，依法治教，考试招生制度改革，义务教育均衡发展，“互联网 + 教育”
就业		就业，就业率，下岗职工安置，创业
民生		民生，社会福利，社区组织，社会救助，社会保险，社会事务，城乡社区建设

资料来源：慧科中文报纸（国内版）网站。

表 2　政策议程变量的操作化

类别	时间段	关键词
教育	2000 ~ 2015 年	教育概况、基础教育、学前教育、小学教育、中学教育、特殊教育、成人教育
就业		劳动就业、人才战略、人事管理
民生		社会保险、优抚安置、社会救济、养老服务、残疾人扶助、社会组织、社区建设、社会福利

资料来源：15 个副省级城市年鉴。

（二）研究假设

笔者认为随着媒体市场化改革，在不同的议题上媒体均可以利用自身能动性来影响政策议程。只不过由于不同议题其本身性质不同，影响力大小会有所不同。本文研究的是在教育、就业及民生这三个议题上政策议程是否真的都受媒体议程的影响；如果不是，有哪些议题，媒体议程不会影响政策议程。本文针对教育、就业及民生这三个议题进行理论假设，且假设影响政策议程的其他因素强度一致，如地方官员的倾向、经济发展水平等。

假设 1：在就业议题上，媒体议程能够影响政策议程。

构建解决就业问题的政策体系是政府长期工作重点之一。就业问题与民众自身利益息息相关，所以民众和媒体也持续关注就业问题。另外，目前就业已经成为政府工作的重要考核内容，政府对就业议题的注意力也因此提高。因此笔者认为媒体报道中的就业议题比较容易影响政策议程。

假设 2：在教育议题上，政策议程受媒体议程的影响。

百年大计，教育为本。现阶段媒体对教育的关注力主要集中在城乡教育不公平和东、中、西部地区教育不均衡方面，试图通过大量报道给政府施加压力，使政府出台可行的政策切实解决这一问题。媒体利用其丰富的触角，扩大和增加教育议题范围和数量，提出解决教育问题的政策需求和建议，使得政府发现更多问题，获取更多解决问题的素材和参考意见。因此笔者假设在教育议题上，媒体议程能够影响政策议程。

假设 3：在民生议题上，政策议程受媒体议程的影响。

为促进和保障社会稳定，政府会密切关注新闻媒体对民生议题的报道，以便及时采取措施应对负面影响，维护社会稳定和政府形象。另外，新闻媒体作为民众了解新闻信息的主要途径之一，发挥着舆论监督和舆论导向的作用。政府的民生工作时时刻刻处在媒体的监督之下，迫使其不得不改变工作作风，提升政府形象。因此，笔者假设，为了维护社会稳定和塑造政府良好形象，在民生议题上政策议程的设置会受媒体议程的影响。

三　数据分析与讨论

（一）数据分析

1. 数据样本说明

本文选取了 2000 年至 2015 年中国 15 个副省级城市各自具有代表性的报纸和每一年年鉴中就业议题、教育议题及民生议题的相关变量进行观察。样本中，教育议题的政策数量在 2011 年达到这 16 年的最高值（170 个）后出现下降趋势。就业议题的政策数量在 2000 ~ 2013 年，上升和下降交替变化，2013 年达到最高值（150 个），之后呈现下降趋势。民生议题的政策数量 2000～2013 年交替变化，2012 年达到数量最高值，此后一直呈现明显的下降趋势。具体情况如图 1 所示。

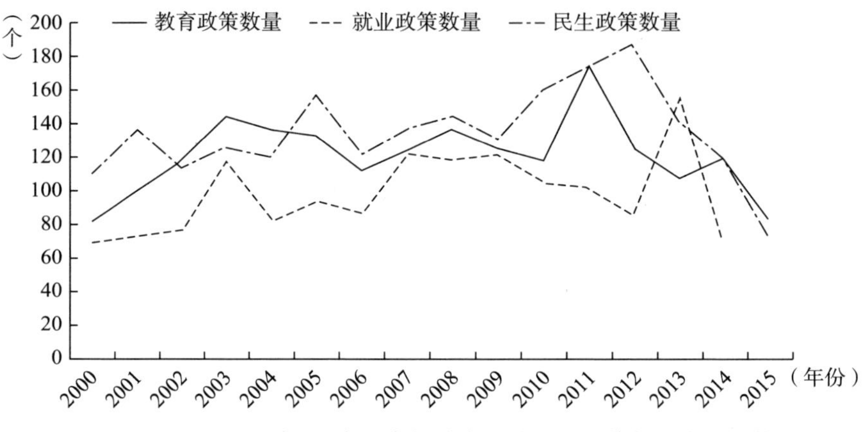

图 1　2000～2015 年 15 个副省级城市三种议题政策数量变化趋势

图 2 表明，教育议题的媒体报道数量在 2001 年达到最高值后虽有波动，但整体呈减少趋势；2003～2005 年与 2007～2008 年，就业议题的报道数量同教育议题的变化趋势有所不同，其余年份大致相同，并在 2009 年达到这 16 年的最高值（5000 个）；民生议题的报道数量整体呈小幅增加趋势，2012 年数量最多，达到 2000 个。

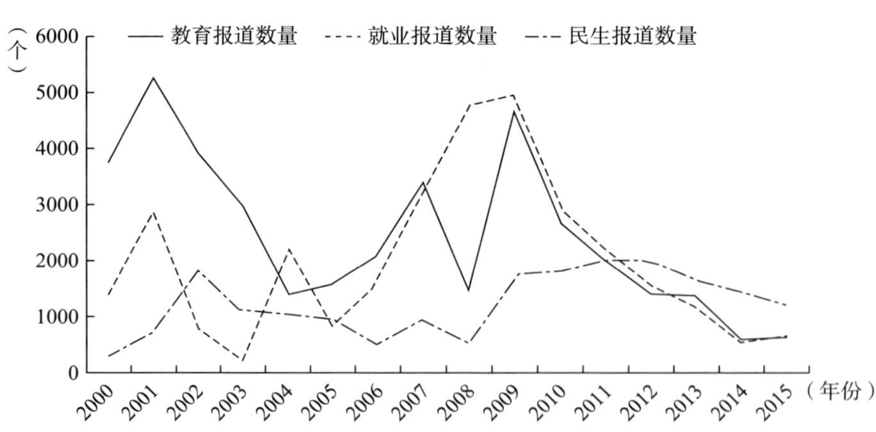

图 2　2000～2015 年 15 个副省级城市三种议题媒体报道数量变化趋势

2. 议程影响的议题分布及差异

本文分析东、中、西部地区议题分布差异，如表 3 和图 3 所示，东部地区副省级城市数量较多，所以东部地区的数值明显较高，且波动幅度更大。媒体通过报道能够有效影响政府处理公共事务的排列顺序，影响公共行政的优先事项（唐云峰、刘佳，2010：13－19）。其作用机制主要是通过对某一社会问题进行大篇幅、多层次的报道，使其在报道数量上明显高于其他社会问题，引起公众的关注，进而获得进入政府决策议程的机会，因此也导致某一时期报道数量的激增，而后又锐减的现象。

表 3　东、中、西部地区代表城市

地区	代表城市
东部地区	哈尔滨、沈阳、长春、大连、济南、青岛、杭州、南京、宁波、厦门、广州、深圳
中部地区	武汉、西安
西部地区	成都

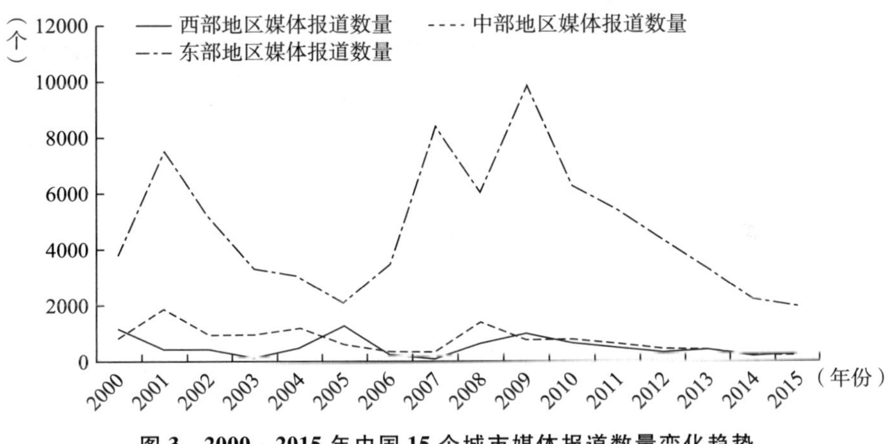

图 3　2000～2015 年中国 15 个城市媒体报道数量变化趋势

图 4 政策数量变化趋势与图 3 媒体报道数量的变化趋势大体相同。从总体来看，中、西部地区的政策数量虽有起伏，但整体保持了一个增长的趋势。媒体为提高关注度，会选择报道一些敏感度较高的新闻，为中、西部地区的民众表达利益诉求开辟空间，促使某些民众关心的议题能够成为公众议题，进而推动相关政策的出台（王绍光，2006：56－59）。在很多方面东部地区已发展得比较完善，所以出现了政策数量相对下降的趋势。但趋势下降并不代表政府不重视东部地区的发展，而是将部分注意力分散到中、西部地区，更致力于东、中、西的区域平衡发展。分散的这部分注意力的转移方向跟媒体提供的多元化合理议题有很大关系，毕竟媒体是社会舆论

的“扩音器”，经过媒体影响的民意舆论有可能成为决策者决策的方向，并影响着决策未来的发展（赵玉峰，2007：19－22）。

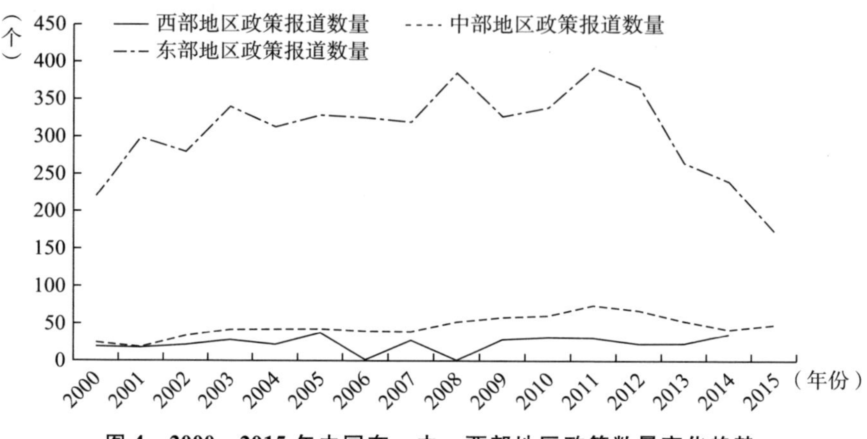

图 4　2000～2015 年中国东、中、西部地区政策数量变化趋势

总的来看，东、中、西部地区的媒体议程和政策议程分别在趋势上保持相对一致，从侧面反映出媒体议程对政策议程存在一定影响。但这种影响程度是有限的，其影响并不是存在于每一个议题中，而是只存在于特定议题中（邝艳华等，2015：14－19）。数据显示，无论是媒体议程还是政策议程在东、中、西部的注意力都更加趋向平衡，这不仅有利于社会的稳定发展，且更有利于经济实力的整体提高和综合国力的进一步发展。

3. 数据分析

本文使用统计软件 Stata14.0 处理和分析数据，运用相关性分析和 Granger 因果检验方法研究媒体议程对政策议程的影响。由于部分城市年鉴缺失，无法获取年度政策相关数据，在数据分析时对缺失部分做了缺失值处理。

通过表 4 对媒体议程和政策议程相关变量的描述，我们可以看出在政策议程中，教育议题的标准差（5.689）为三个议题中最大的，表明教育议题在 2000～2015 年不同年份的政策数量差异较大，其最大值和最小值分别为 42 和 1；就业议题的平均值为 7.766，其标准差为 5.204，最大值和最小值分别为 36 和 0；民生议题的平均值为 10.267，标准差为 4.881。观察媒体议程，同政策议程一致，2000～2015 年教育议题的标准差（201.061）是最大的，说明不同年份教育议题的报道数量差异是最大的，民生议题的标准差最小，为 71.565。

表 4 相关变量描述性统计分析

相关变量	观察值	平均值	标准差	最大值	最小值
教育（政策数量）	210	9.295	5.689	42	1
就业（政策数量）	206	7.766	5.204	36	0
民生（政策数量）	210	10.267	4.881	40	0
教育（媒体报道数量）	223	176.256	201.061	931	2
就业（媒体报道数量）	213	150.873	199.063	1948	3
民生（媒体报道数量）	229	86.07	71.565	597	2

表 5 是教育、就业及民生三个议题的政策议程与媒体议程的相关性分析结果。只有在就业议题上媒体议程和政策议程有较强的正相关性，相关系数为 0.022，说明在就业议题中媒体议程对政策议程产生显著影响。而在教育议题和民生议题上，政策议程对媒体议程的注意力结果均为不显著，即媒体议程不会影响政策议程。以下是各议题 Granger 因果检验的详细说明。

表 5 政策议程与媒体议程相关性分析

相关系数	教育（媒体报道数量）	就业（媒体报道数量）	民生（媒体报道数量）
教育（政策数量）	-0.083		
就业（政策数量）		0.022**	
民政（政策数量）			-0.0091

注：*** 表示 $p<0.01$，** 表示 $p<0.05$，* 表示 $p<0.1$。-0.083、0.022**、-0.0091 为 Pearson 相关系数。

在做 Granger 因果检验之前，需要检验变量的平稳性。费舍尔单位根检验结果显示，政策议程和媒体议程变量的费舍尔单位根检验 p 值均在 0.01 的水平上显著，推翻不平稳的原假设，说明两个变量均平稳，无须进行差分调整即可进行后续的格兰杰分析。

表 6 报告了在教育议题上，媒体议程对政策议程的格兰杰分析结果。从滞后期 1 到滞后期 3，媒体议程对政策议程均处于不显著性水平。在不显著性水平下接受教育议题的原假设“媒体议程对政策议程没有影响”。

表 7 报告了教育议题中政策议程对媒体议程的格兰杰分析结果。从滞后期 1 到滞后期 3，无论在 1% 的显著性水平下，还是在 5% 和 10% 的显著性水平下，均无法接受原假设“媒体议程对政策议程没有影响”，继而接受备用假设“媒体议程对政策议程有影响”。

综合表 6、表 7 可以说明教育议题的媒体议程在滞后期 1 到滞后期 3 的情况下均不对其政策议程产生影响。这说明媒体的报道不能增强中国各副省级政府对教育议题的注意力。

表 6　媒体议程对政策议程的格兰杰分析结果（教育议题）

滞后期	F 检验	卡方检验	AIC	BIC
1	1.15	1.19	224	232
2	0.23	1.08	206	198
3	0.11	0.79	213	176

注：*** 表示 $p<0.01$，** 表示 $p<0.05$，* 表示 $p<0.1$。

表 7　政策议程对媒体议程的格兰杰分析结果（教育议题）

滞后期	F 检验	卡方检验	AIC	BIC
1	1.55	0.98	312	299
2	1.43	0.77	301	256
3	1.01	0.87	298	201

注：*** 表示 $p<0.01$，** 表示 $p<0.05$，* 表示 $p<0.1$。

表 8 说明就业议题中媒体议程对政策议程的格兰杰分析结果。无论是在 1% 的显著性水平下，还是在 5% 和 10% 的显著性水平下，从滞后期 1 到滞后期 3，均无法接受原假设“媒体议程对政策议程没有影响”，而接受“媒体议程对政策议程有影响”的备用假设。

表 9 说明了就业议题中政策议程对媒体议程的格兰杰分析结果。从滞后期 1 到滞后期 3，政策议程对媒体议程均为不显著性水平。在不显著性水平下接受就业议题的原假设，即“媒体议程对政策议程没有影响”。

结合表 8、表 9 可以看出在就业议题中媒体议程在滞后期 1 到滞后期 3 的情况下都对政策议程产生显著影响。说明在就业议题上政策议程受媒体议程的影响，且显著性较强。这意味着某些就业议题通过媒体报道进入公众议程，并极有可能进入政策议程中成为公共政策。

表 8　媒体议程对政策议程的格兰杰分析结果（就业议题）

滞后期	F 检验	卡方检验	AIC	BIC
1	3.13**	2.99**	279	278

续表

滞后期	F 检验	卡方检验	AIC	BIC
2	2.99**	2.87*	266	255
3	2.35*	2.78*	263	246

注:*** 表示 $p<0.01$,** 表示 $p<0.05$,* 表示 $p<0.1$。

表 9　政策议程对媒体议程的格兰杰分析结果（就业议题）

滞后期	F 检验	卡方检验	AIC	BIC
1	3.01	3.13	217	312
2	2.98	2.98	207	298
3	2.79	2.78	201	267

注:*** 表示 $p<0.01$,** 表示 $p<0.05$,* 表示 $p<0.1$。

表 10 报告了民生议题中媒体议程对政策议程的格兰杰分析结果。数据结果显示，无论是在滞后期 1 还是在滞后期 2 和滞后期 3 的情况下，媒体议程对政策议程均产生不显著性的结果。在不显著性水平下接受民生议题的原假设“媒体议程对政策议程没有影响”。

表 11 则是民生议题中政策议程对媒体议程的格兰杰分析结果。从滞后期 1 到滞后期 3，政策议程对媒体议程都产生显著性结果。所以在显著性水平下无法接受民生议题的原假设“媒体议程对政策议程没有影响”，而接受备用假设“媒体议程对政策议程有影响”。

表 10、表 11 说明民生议题的媒体议程从滞后期 1 到滞后期 3 都不对政策议程产生影响，即媒体报道不能使政策议程设置对民生议题的注意力有所改变。

表 10　媒体议程对政策议程的格兰杰分析结果（民生议题）

滞后期	F 检验	卡方检验	AIC	BIC
1	3.97	3.11	222	201
2	2.99	3.01	210	201
3	2.87	2.79	198	178

注:*** 表示 $p<0.01$,** 表示 $p<0.05$,* 表示 $p<0.1$。

表 11　政策议程对媒体议程的格兰杰分析结果（民生议题）

滞后期	F 检验	卡方检验	AIC	BIC
1	3.01	2.65	197	201

续表

滞后期	F 检验	卡方检验	AIC	BIC
2	2.87	2.54	176	200
3	2.77	2.31	145	179

注：*** 表示 $p<0.01$，** 表示 $p<0.05$，* 表示 $p<0.1$。

（二）就业议题影响机制分析

1. 就业问题关系社会稳定及经济发展

首先，就业所获收入是居民生活的来源，失业及就业权益的缺失易造成非理性的偏激行为，引发群体性事件。目前中国劳动者尚存在就业权益缺失的问题，雇主拖欠工资等现象恶化了劳资关系，由此引发的群体性事件对社会稳定造成一定影响。其次，长期处于失业状态的劳动者，由于与社会长期分隔，很容易被边缘化，时间越久与社会脱节的程度就越严重，可能会对个人和社会造成危害。最后，劳动就业是驱动经济增长的内在因素，其依附于经济发展的同时也给经济增长带来积极效应（蒋文莉，2009）。中国人口基数大，劳动者数量不断增多，单纯依靠政府推出的就业与再就业工程难以从根本上改变就业形势，必须依靠媒体、公众和政府三者的共同努力，媒体推动社会“焦点问题”进入公众议程，公众及专家人士对就业议题建言献策，政府制定更有针对性的就业政策。

政府的精力和能力有限，政策难免会有疏忽。媒体丰富的触角可挖掘更多相关的社会现象，因此政府通常会关注媒体对于就业问题的报道，关注专家学者针对就业问题提出的见解，并以此为理论基础制定相关的政策促进就业。因此在就业议题上，媒体议程可以有效影响公众议程，进而影响政策议程的设置。表 12 是广州市关于促进就业的政策。

表 12　广州市关于促进就业的政策

政策类型	具体政策
补贴类	部分税费减免，提供小额担保贷款
	提供信贷支持，社会保险补贴
	调整广州市失业保险金
	给予为本市高校毕业生就业提供公共服务的机构补贴
	提供稳岗补贴等

续表

政策类型	
就业调控类	建立岗位需求预测制度和失业预警机制
	健全企业经济性裁员职工安置方案及备案制度
	完善就业和失业统计制度
	建立城乡劳动力调查制度和调查失业率统计制度等
自主创业类	为创业者优先安排经营场地
	提供毕业生求职创业补贴
	支持异地务工人员返乡创业
	提供创业培训及创业指导等服务
	高校毕业生从事个体经营的，3 年内免交登记费等费用
	为从事个体经营的毕业生提供小额担保贷款等
其他	进一步强化公共就业服务，包括推进社区就业
	建立覆盖城乡的就业管理服务体制
	建立公益性岗位申报联审制度
	积极发展就业容量大的都市型产业及服务业
	发展就业层次多、渠道广的民营经济
	继续实施就业援助制度等

资料来源：广州市人民政府网站，http://www.gz.gov.cn/。

2. 就业问题关系政府考核

就业已成为政府考核的重要指标（见表 13）。2007 年国家就已提出以考核方式促进就业，2012 年 7 月，国务院颁布《国家基本公共服务体系“十二五”规划》，又再次明确将就业纳入服务型政府绩效管理体系中（卢海燕，2014：35）。多方面、多层次的考核对政府决策者造成了一定压力，迫使政府重视媒体报道，用较强的注意力回应媒体和公众对该议题的关注，获得媒体和公众的支持。另外，上级政府对下级政府的管理越来越多地运用“一票否决”制（郭增琦，2009：15），下级政府在“一票否决”的压力下，更加关注媒体对就业议题的报道，谨慎应对就业议题，防止因就业议题引起对自身政绩的“一票否决”。总之，媒体议程通过议程设置及舆论压力让政府不得不关注媒体涉及就业的议题，以完成考核任务，维护自身形象。

表 13　广东省就业工作目标责任制考核

序号	指标
1	完成就业目标任务情况（32 分）
2	落实就业政策情况（33 分）
3	开展公共就业人才服务和管理情况（21 分）
4	促进就业资金筹措和使用情况（14 分）
5	附加分（5 分）

注：附加分项计分方法为在促进就业工作中领导重视，措施有力，成效显著的加 5 分；有弄虚作假行为的扣 5 分。

资料来源：广东省人民政府网站，http://www.gd.gov.cn/。

2008 年，广州市政府下发《广州市区（县级市）局级党政领导班子和领导干部落实科学发展观评价指标体系年度考核评价办法（试行）》，量化了各级政府在社会发展和人民生活方面的考核。社会发展包括了社会安全指数，人民生活包含了城镇失业率指标。在都市发展区（见表 14）、优先发展区（见表 15）、重点发展区（见表 16）及生态发展区（见表 17）中社会安全指数及城镇失业率基本保持在 20% 以上，且这两项在总权重中也占据很大的权重。

表 14　经济社会科学发展评价指标体系（都市发展区）

单位：%

类型	代码	指标名称	数据来源	性质	权重
社会发展	B3	社会安全指数	省公安厅、安监局、统计局	正向	22
人民生活	C1	城镇失业率	省统计局	逆向	23

资料来源：中国广州网，http://www.guangzhou.gov.cn/。

表 15　经济社会科学发展评价指标体系（优化发展区）

单位：%

类型	代码	指标名称	数据来源	性质	权重
社会发展	B3	社会安全指数	省公安厅、安监局、统计局	正向	21
人民生活	C1	城镇失业率	省统计局	逆向	23

资料来源：中国广州网，http://www.guangzhou.gov.cn/。

表 16　经济社会科学发展评价指标体系（重点发展区）

单位：%

类型	代码	指标名称	数据来源	性质	权重
社会发展	B3	社会安全指数	省公安厅、安监局、统计局	正向	19

续表

<table>
<tr><th>类型</th><th>代码</th><th>指标名称</th><th>数据来源</th><th>性质</th><th>权重</th></tr>
<tr><td rowspan="2">人民生活</td><td>C1</td><td>城镇失业率</td><td>省统计局</td><td>逆向</td><td rowspan="2">20</td></tr>
<tr><td>C10 - 3</td><td>农村劳动力
转移就业率</td><td>省劳动保障厅</td><td>正向</td></tr>
</table>

资料来源：中国广州网，http://www.guangzhou.gov.cn/。

表 17　经济社会科学发展评价指标体系（生态发展区）

单位：%

<table>
<tr><th></th><th>代码</th><th>指标名称</th><th>数据来源</th><th>性质</th><th>权重</th></tr>
<tr><td>社会发展</td><td>B3</td><td>社会安全指数</td><td>省公安厅、安监局、统计局</td><td>正向</td><td>21</td></tr>
<tr><td rowspan="2">人民生活</td><td>C1</td><td>城镇失业率</td><td>省统计局</td><td>逆向</td><td rowspan="2">22</td></tr>
<tr><td>C10 - 4</td><td>农村劳动力
转移就业率</td><td>省劳动保障厅</td><td>正向</td></tr>
</table>

资料来源：中国广州网，http://www.guangzhou.gov.cn/。

2011 年发布的幸福广东指标体系（见表 18）中，就业与收入一级指标无论在珠三角地区还是粤东西北地区权重均占到 14%，这说明就业议题是政府政绩考核的重要指标之一。政府不仅不会排斥媒体报道，甚至倾向于借助媒体报道挖掘更多就业议题上存在的问题，借助媒体及专家学者的知识体系，不断丰富和完善就业政策。因此，在就业议题上，媒体议程影响政策议程的效果将更为显著。

表 18　幸福广东指标体系

单位：%

<table>
<tr><th rowspan="2">一级指标</th><th colspan="2">权重</th><th rowspan="2">编号</th><th>二级指标</th><th>二级指标</th><th colspan="2">权重</th></tr>
<tr><th>珠三角</th><th>粤东西北</th><th>珠三角</th><th>粤东西北</th><th>珠三角</th><th>粤东西北</th></tr>
<tr><td rowspan="6">就业和收入</td><td rowspan="6">14</td><td rowspan="6">14</td><td>A1</td><td>农村居民人均纯收入</td><td>农村居民人均纯收入</td><td>30</td><td>30</td></tr>
<tr><td>A2</td><td>城镇单位在岗
职工平均工资</td><td>城镇单位在岗
职工平均工资</td><td>30</td><td>30</td></tr>
<tr><td>A3</td><td>城镇最高、最低
组别收入比</td><td>城镇最高、最低
组别收入比</td><td>10</td><td>10</td></tr>
<tr><td>A4</td><td>农村最高、最低
组别收入比</td><td>农村最高、最低
组别收入比</td><td>10</td><td>10</td></tr>
<tr><td>A5</td><td>劳动者报酬占地区
生产总值比重</td><td>劳动者报酬占地区
生产总值比重</td><td>10</td><td>10</td></tr>
<tr><td>A6</td><td>城镇登记失业率</td><td>城镇登记失业率</td><td>10</td><td>10</td></tr>
</table>

资料来源：广东省人民政府网站，http://www.gd.gov.cn/。

（三）教育与民生议题的独立化

1. 教育议题独立化

信息社会时代媒体的公众影响力在逐渐增强，媒体报道可以有效影响政府优先处理哪些公共行政事项，但也并不是在任何议题上媒体议程都能够影响政策议程。上述数据分析结果显示，在教育议题上，媒体议程对政策议程的影响并不显著，其原因有如下几点。

第一，中国教育体系逐渐趋于完善。改革开放后政府提出一系列有利于提高教育水平的措施，基本形成了一个有利于教育改革和发展的完整教育政策体系（孙绵涛，2001：8）。国家对重大教育政策、教育改革项目的实施都会出台长期发展规划，如《国家中长期教育改革和发展规划纲要(2010—2020 年)》，从这一点看政府出台的关于教育议题的政策已较为完善。如果盲目地根据媒体议程确定教育政策议题，不仅会导致真正存在的问题得不到及时解决，还会造成大量人、财、物的浪费；政府若在时机不成熟时确定教育政策议题也会给解决教育问题带来不应有的障碍（李孔珍，2002：30）。此外，政府在教育方面的经费投入有 4% 的固定比例。此比例从 1993 年提出到 2012 年首次实现历时 20 年，且目前教育投入占国内生产总值的比例还尚未达到 4.9% 的世界平均水平，相比经济发展指标的快速实现，可以说教育议题较易被忽视。

第二，教育的外部性也是造成在教育议题上媒体议程对政策议程没有影响的原因之一。西部地区教育外部性在很大程度上削弱了教育对地区经济的积极推动作用。东部地区的教育投资对西部地区产生的正外部性小，而西部地区的教育投资对东部地区产生的正外部性却很大（陆喜元，2006：38）。大量人才涌入东部经济发达地区，这是媒体所不能控制的，也无法影响人才的流向。为解决教育外部性和教育资源不均衡的问题，政府出台了大量有关促进教育公平的政策，但是教育外部性及教育资源不均衡的状况依然存在。教育外部性问题并不会因为其进入了媒体议程就可以促进政府设置相关的政策议程，彻底解决这一问题。

2. 民生议题独立化

民生作为社会建设领域改革的重点一直受到媒体和公众的广泛关注。但是民生涉及社会生活的方方面面，这使得媒体对民生的注意力分散到各个民生议题中，大大削弱了议题强度，不易引起政府的注意。现阶段媒体对民生议题的报道主要停留在发生的事件上，并没有深入挖掘政府尚未察觉到的新问题，因而也就无法通过丰富媒体议题使民生问题上升为社会问题，进而影响公众态度，影响政府议题，不能达到媒体议题影响政策议程注意力的目的。

再者，在利益驱动下，有些媒体为了提高关注度和市场占有率，可能存在夸大或曲解事实的报道，其所报道的民生信息不准确，加之民生问题本身的复杂性，易产生错误的舆论导向（张鸿波，2013：57）。为了不使公众舆论和政策导向出现偏差，政府通常会在第一时间发布新闻，维护公众的知情权，抢占舆论先机，不会轻易让媒体引导舆论方向，更不会轻易地让媒体议题进入政策议程中，以防公众对政府的认同感降低，产生信任危机。

四　结论

本文运用相关性分析和 Granger 因果检验方法对中国副省级城市 2000 年至 2015 年的教育、就业、民生议题的政策和媒体报道数量进行实证分析，研究发现在就业议题上媒体议程能够影响政策议程，在教育及民生议题上政策议程不受媒体议程的影响。

政府在就业议题设置上受媒体议程的影响，说明在某种程度上政府与媒介相关联，且媒介又可以反映群众的声音，即政府需要接近大众以倾听群众声音，媒介需要政治性新闻源以提高自身的被关注度，公众需要发声平台以维护自身利益，三者相互关联，不可独立地存在。媒体在公共决策中积极主动地影响并制约着政府行为，同时间接地调整公众与政府两者间的博弈格局，因此政府若要保证公共决策的合理化和科学化，必须与媒体建立良好的互动关系，善于利用媒介的运作特点和传播规律设置议题，合理辨别议题的有效性，第一时间发布权威信息，从而提升自身的权威性和公信力。

同时我们也发现，并不是媒体报道的所有议题政府都会回应，如教育议题和民生议题。媒体议程只是增大了某些社会议题变成政策议题的可能性，在某些议题中，政府作为公共决策的主体依然处于强势主导地位，媒介依然处于依附的地位。这些议题的媒体议程设置很难影响到政策议程，因此媒体在这些议题上发挥的主要作用还是宣传政府政策，为公众全面客观地解读政府政策。笔者认为在教育议题中，由于教育未纳入政府考核体系，不会影响政府自身的绩效，更没有“一票否决”制带来的危机感，所以媒体议程设置的一些难题可能不会轻易进入政策议程中，一些地方政府官员也未必会全力以赴去解决。

如今媒体已不再是政府单纯的“传声筒”，其在推动政府提高决策质量、妥善处理不同群体利益中发挥着重要作用，在发现社会问题、制造舆论的过程中扮演着一个相对独立的社会角色。因此政府有必要关注媒体对不同议题的报道，关注媒体汇集的社会各利益主体不同层次的诉求信息，平衡在不同议题上的注意力，实现政府公共决策合理化。同时政府也要密切关注自媒体的发展，将自媒体主导的公众议程与传统媒体议程相结合，为政策议程的设置提供更科学可靠的参考依据，共同推动政策议程的发展，提高政府决策的民主化和科学化。

参考文献

陈姣娥、王国华，2013，《网络时代政策议程设置机制研究》，《中国行政管理》第 1 期。

陈振明，2003，《政策科学——公共政策分析导论》，中国人民大学出版社。

陈堂发，2008，《政策议题建构中的新闻报道作用分析》，《南京社会科学》第 2 期。

陈庆云，2006，《公共政策分析》，北京大学出版社。

杜鲁门，戴维，2005，《政治过程——政治利益与公共舆论》，陈尧译，天津人民出版社。

邓喆、孟庆国，2016，《自媒体的议程设置：公共政策形成的新路径》，《公共管理学报管理》第 2 期。

丁建辉，2015，《公共决策中的媒介参与研究》，博士学位论文，浙江大学传媒与国际文化学院。

郭增琦，2009，《对“一票否决”与政府绩效考核关联的反思》，《社会科学论坛》第 7 期。

蒋文莉，2009，《就业促进型经济增长模式研究》，湖北人民出版社。

邝艳华、叶林、张俊，2015，《政策议程与媒体议程关系研究——基于 1982 至 2006 年农业政策和媒体报道的实证分析》，《公共管理学报》第 4 期。

卢海燕，2014，《论政府绩效管理转型》，《中国行政管理》第 12 期。

李孔珍，2002，《教育政策议题确定中的几个核心问题》，《教育研究与实验》第4期。

陆喜元，2006，《教育外部性研究探微》，《大庆师范学院学报》第4期。

聂静虹，2009，《公共政策制定中的大众媒体功效研究》，博士学位论文，武汉大学新闻与传播学院。

乔耀章，2012，《关于“民政”问题的理论探微》，《上海行政学院学报》第3期。

孙绵涛，2001，《关于国家教育政策体系的探讨》，《教育研究》第3期。

戴伊，托马斯，2011，《理解公共政策》，谢明译，中国人民大学出版社。

唐云锋、刘佳，2010，《试论转型时期的大众传媒与公共政策》，《中国行政管理》第1期。

汪凯，2004，《大众传媒与当代中国公共政策——转型时代的状况与趋向》，博士学位论文，复旦大学新闻学院。

王绍光，2006，《中国公共政策议程设置的模式》，《中国社会科学》第5期。

徐增辉、刘志光，2009，《政策议程设置的途径分析》，《学术研究》第8期。

杨婕敏，2013，《公众议程与政府议程良性互动机制研究》，硕士学位论文，湖南大学法学院。

战建华，2009，《中国的政策议程分析——以公众议程为视角》，《经济与社会发展》第4期。

安德森，詹姆斯，1990，《公共决策》，唐亮译，华夏出版社。

张婷，2009，《论新闻媒体在政策议程设置中的作用》，《四川行政学院学报》第3期。

赵玉峰，2007，《论公共政策议程建立过程中媒体的影响》，《四川行政学院学报》第4期。

张小明，2013，《我国公共政策输入面临的问题及挑战》，《中国行政管理》第7期。

张国庆，2009，《公共政策分析》，复旦大学出版社。

翟春、刘庆宇、熊义，2012，《构建教育公平要重视就业公平》，《现代教育管理》第7期。

张鸿波，2013，《从“兰考事件”论新闻媒体与民政工作的关系》，《科技视界》第10期。

Lasswell, Harold. 1956. *The Decision Process*. College Park: University of Maryland Press.

Mccombs, M. E, and D. L. Shaw. 1972. “The Agenda-setting Function of Mass Media.” *Public Opinion Quarterly* 12:176 – 187.

Soroka, Stuart N. 2002. “Issue Attributes and Agenda-setting by Media.” *International Journal of Public Opinion Research* 7:44 – 49.

党内法规对公职人员清廉感知的影响[*]

——基于2015年中国综合社会调查的分析

梁江禄[**]

摘　要： 当今，中国正从党内法规着手进行廉政建设，相继提出"八项规定""反四风""党规党纪严于国家法律"等制度与理念，但党内法规能否真正利于廉政建设，是否真正能提升公职人员清廉形象，以促进公众对此群体清廉感知评价的提升呢？CGSS2015的数据分析显示：整体上，党内法规对公职人员清廉感知有比较显著的正向影响。具体上，党内法规中，党组织办事人员的遵纪守法情况、党员总体的遵纪守法情况、违反党规党纪的行为在实践中是否受到严肃处理对公职人员清廉感知有显著的正向影响。

关键词： 党内法规　公职人员　清廉感知　CGSS

一　问题的提出

中国共产党历来重视廉政建设，着力展现党政公职人员的清廉形象，主张执政为民，廉洁奉公。早在延安整风运动期间，党就提出密切联系群

---

* 本文获得广西高校中青年教师基础能力提升项目"党内法规对公职人员清廉感知的影响研究——基于百色市的调查"的支持，项目编号：2019KY0746。

** 梁江禄，百色学院政治与公共事务管理学院助教，研究方向为政府清廉感知、地方政府治理等。

众的工作作风，中华人民共和国成立后更是注重廉政建设，成立了以纪委为代表的廉政督察机构，形成极富中国特色的廉政管理制度。近年来，党更是加大了反腐力度，进行了一系列的党内法规建设，以此约束党员干部，并积极将之制度化。比如 2012 年中共中央提出改进工作作风、密切联系群众的“八项规定”，2012 年出台了“六项禁令”，2013 年又提出“反四风”，等等。十八大后，党内法规逐渐构建起中国廉政建设的长效机制，提出“不敢贪、不能贪、不想贪”的清正廉洁执政思想，并惩处了一大批违法乱纪、贪污腐败的党员干部。随着中国在政治、经济、社会等领域的深入发展，这些与廉政建设相关的党内法规也日渐完善，并趋体系化。党的十八届四中全会明确提出党规党纪严于国家法律。党的十九大报告更是明确提出，增强依法执政本领，加快形成覆盖党的领导和党的建设各方面的党内法规制度体系，加强和改善对国家政权机关的领导。可见，党重视以党内法规规制党员干部的贪污腐化问题；重视用党内法规塑造高效廉洁的工作作风；重视以党内法规约束公职人员，树立其风清气正的廉洁形象。那么，党内法规是否有利于塑造公职人员的清廉形象，党内法规是否影响公众对公职人员的清廉感知评价？如是，又在多大程度上影响公众对其清廉感知评价呢？如何养成公众对政府清廉环境的正面认识？又该如何提高公众对公职人员清廉感知评价？这些问题是本文思考和研究的起点。

二　文献基础与研究假设

在清廉感知研究领域，“腐败感知是清廉感知的对立面”（倪星、李珠，2016），腐败感知越高，则清廉感知越低，反之则反。在中国该领域的研究中，有学者“交替使用这两个概念”（倪星、李珠，2016），可为借鉴。在国外的研究中，部分学者更喜欢使用腐败感知这一概念。不管使用哪种概念，其意义指向是相通的。关于其含义，罗斯（Richard Rose）和米歇尔（William Mishler）指出：“公众的腐败感知度是指公众对官员腐败的主观感受。”（孙宗锋、杨丽天晴，2016）而在全球清廉指数（Corruption Perceptions Index，CPI）中，清廉感知由多个指标构成的清廉指数来测量。清廉指数被定义为“一种基于主观问卷调查得出的腐败测评结果，反映的是人们对一个国家和地区腐败（或清廉）程度的印象和感知”（过勇、宋伟，2013）。根据这个定义，公职人员清廉感知可定义为公众对政府及其部门中的工作人员廉洁程度的一种主观的感知性评价。就其功用而言，可认为它主要用于“了解公众清廉感知及相关评价，评估政府廉政工作的实际绩效”（倪星、李珠，2016），是一种能“准确掌握政府及其工作人员的清廉状况”（倪星、李珠，2016）的感知性评价。

目前关于清廉感知的研究，概括起来说，主要集中在两大方面，即清廉感知的重要性与清廉感知的影响因素。前者包括对政府信任与政府合法性、民主、腐败认知与行贿意愿、经济增长的重要意义。后者包括媒介接触、腐败经历、腐败容忍度、经济发展水平、人口学变量等因素。

（一）清廉感知的重要意义

首先，现有研究梳理了清廉感知对政府信任与政府合法性的重要意义。Chang 和 Chu（2006）使用亚洲舆情表调查数据进行研究，发现“腐败感知降低了公众对政府的政治信任”，而韩国的数据分析表明，“2003 年韩国要求全民公投的政治活动直接表明了政治腐败对于制度信任和体制合法性的不利影响”（Chang and Chu，2006）。同样以亚洲国家为研究对象，Kim（2010）的研究得出相似的结论，他发现“在日本和韩国，公众的政治腐败感知水平显著地增加了人们对中央政府和地方政府的不信任度”。尽管洲际地域不同，Seligson（2002）也得出同样的结论，Seligson 通过对拉美四个国家腐败感知的比较分析发现，“腐败感知的提高会降低政权的政治合法性”。以单一国家为研究对象时，上述观点同样得到证实。Villoria 等人（2013）以西班牙为对象，“采用西班牙腐败大爆发事件之后 2009 年的调查数据进行分析，发现行政和政治的腐败感知水平越高，民众对社会制度的满意度和信任水平越低”。

其次，现有研究发现，腐败感知能“腐蚀社会信任与互惠，瓦解市民社会中民主制造社会团结的能力”（Warren，2004），Davis 等人（2004）就证实，“腐败感知可以在文化上形成一种政治怀疑主义氛围，而这种政治文化会促使公民从公共活动和参与中退出，结果是通过‘重新加强许多民主国家的专家统治和委任式民主的特征’，弱化了这些国家的市民社会”。

再次，现有研究指出，清廉感知对民主具有非凡意义，Keefer（2007）就指出“对于那些刚刚完成民主转型还没有达到巩固期的‘民主新生儿’来说，较高的腐败感知是非常危险的东西，甚至会葬送民主前途”。

最后，现有研究还发现了清廉感知对其他方面的重要意义。如对腐败认知与行贿意愿的重要意义，Sharafutdinova（2010）就指出：“更高程度的腐败感知导致更多的腐败活动，更多的腐败活动导致更高程度的腐败感知。”同时，清廉感知也影响着公众的行贿意愿，Čábelková 和 Hanousek（2004）就指出：“清廉感知水平显著地影响公众的行贿意愿，而行贿意愿影响人们的行贿行为，这会使得清廉感知水平再次降低，从而陷入恶性循环中。”再如清廉感知对经济增长的重要意义，Leff（1964）就指出，“清廉在一定程度上抑制经济增长”，而 Adit（2009）则认为应区别分析，他指出“清廉在体制有缺陷的国家不益于经济增长，除此之外清廉对经济增长是起促进作用的”。

（二）清廉感知的影响因素

在这一方面，诸多学者进行了卓有成效的研究，发现了媒介接触、腐败经历、社会信任腐败容忍度、经济发展水平、人口学变量等影响因素。

1. 媒介接触

媒介接触对清廉感知的影响分为两类：一是官方媒体的影响，二是非正式“小道消息”的影响。倪星、孙宗峰（2015）证实了“清廉感知差异在很大程度上受到个体的腐败信息接触渠道影响”。Yu 等（2013）基于中国台湾清廉调查的数据分析也发现，台湾人“收看电视节目的个人偏好会影响到个体的腐败感知”。而具体来看，Zhu 等（2013）则发现，“被政府控制的官方媒体降低了民众的腐败感知”，与之相反，“非官方的小道消息提升了民众的腐败感知”。有时，这种媒介接触也被合而为一，合并成“腐败的民间传说”，袁柏顺（2016）就指出，“公众的腐败感知很大程度上属于民间传说”，并指出腐败的民间传说对腐败感知有显著的影响。同时，在信息来源的发展趋势上，有学者认为：“媒体的自由化增加了腐败和高层政治的曝光率，这也会增加民众的腐败感知。”（李辉等，2015）这一观点得到 Schopf 和朱江南等人的证实，Schopf（2011）以韩国为案例研究发现，“随着民主化对媒体的开放，更多的腐败丑闻导致了腐败感知的膨胀，即便实际的腐败可能没有增加”。相应地，Zhu 等（2013）研究发现，“当地方政府对媒体的控制比较强时，即对腐败的信息报道比较少时，民众的腐败感知就会有所降低”。对此，也有不同的观点，Sharafutdinova（2010）就指出“媒体自由程度越高的地区，公众的腐败感知水平越低”。类似于 Sharafutdinova 的观点也得到部分学者支持，有学者就指出在特定环境中，如在民主体制之中，“媒体自由与腐败感知之间存在负相关，媒体自由通过曝光腐败官员，可以防止公权力滥用”（Brunetti and Weder，2003），由此可降低腐败感知。

2. 腐败经历

在腐败经历是否影响清廉感知的问题上，尚存在意见分歧。倪星、孙宗锋基于中国本土调查研究发现，“公众自身的腐败经历（包括主动的行贿和被动的被索贿）”（倪星、孙宗锋，2015）影响着公众的腐败感知，且有这种经历和没有这种经历的人，在政府清廉感知上存在分歧，“有腐败经历的人与没有腐败经历的人相比，前者会有更低水平的清廉感知”（倪星、孙宗锋，2015）。袁柏顺（2016）也指出：“有无遭遇腐败的亲身经历与腐败感知呈现出显著相关性，有腐败经历者对腐败普遍水平和严重程度的评价更高，对腐败成效的评价更低。”邓雪琳、孙宗锋（2018）也得出类似的结论。而李辉、孟天广（2017）的研究得出更细致的结论，基于“列举实验法”的分析，他们发现，“与没有腐败经历的个体相比，有过腐败经历的个体会更倾向于认为政府是腐败的，同时认为政府的反腐败能力更弱，对政府的反腐败满意度也更低；腐败经历对腐败感知的影响在不同层级的政府中有差异，与中央政府相比，腐败经历对地方政府的腐败感知和反腐败评价影响更强烈”。国外的研究也表明，“那些有腐败经历的人比没有腐败经历的人有更高的腐败感知”（Rose et al.，2007）。但对此也有不同观点，有学者的跨国研究发现“控制政治制度这一变量后，腐败经历对腐败感知的影响效应并不显著”（Abramo，2008）。

3. 社会信任

研究清廉感知（或腐败感知）时，社会信任常被作为控制变量，以区别于政治信任。“从理论上来说，那些对他人较为信任的人，可能也更倾向于信任政府雇员，因此其腐败感知也会相应降低，与腐败感知之间应该是负相关关系。”（李辉等，2015）La Porta 等（1997）也认为“信任在减少腐败方面起到促进作用，因为信任有利于官员与公众之间建立良好的互动关系”。这种理论假设一定程度上也得到实证验证，La Porta 等（1997）以33个国家为对象，研究表明“在控制人均 GDP 变量的前提下，信任对腐败具有负向影响”。与此一致，李辉等（2015）的研究表明，“更加信任陌生人的个体对政府的信任程度也会更高，同时批判程度会更低，因此与腐败感知之间是显著负相关关系”。

4. 腐败容忍度

在腐败容忍度是否影响清廉感知的问题上，也存在意见分歧。已有研究显示，“公众的腐败容忍度越高，其感知到的清廉水平越高”（倪星、孙宗锋，2015）。在腐败容忍度维度上，其影响表现出差序清廉感知。已有研究证实，“公众的腐败容忍度越高，越倾向于认为地方比中央更清廉，换言之，人们的腐败容忍度越高，越会认为地方政府清廉度更高，越会颠覆传统上‘中央好——地方差的刻板印象’”（倪星、李珠，2016）。但并非所有学者都认同这种观点，袁柏顺（2016）基于C市城区公众腐败感知调查的一项研究表明，“腐败容忍度与民众对腐败的感知，只具有较弱的相关性”。

5. 经济发展水平

经济发展水平是该领域学者着重考量的变量，但学者对此的分歧也比较大。结合宗教传统，Treisman（2000）发现“有基督教传统和经济发展水平比较高的国家，公众腐败感知水平比较低”。中国学者得出相似的结论，倪星、孙宗锋（2015）发现，“一个地区的人均国内生产总值水平越高，该地区公众感知到的政府清廉水平也就越高”。在更细致的研究上，邓雪琳、孙宗锋（2018）发现“地级市经济发展水平与公众腐败感知之间存在显著的U型关系，即经济发展初期，随着经济发展水平的提高，能换来政府合法性，即腐败感知水平降低；但是当经济奇迹不再能被持续保持的时候，绩效合法性开始萎缩，表现为腐败感知水平随着经济发展水平提升而增加”。有学者基于国家经济发展类型进行研究，发现主要靠“自然资源发展经济的国家，例如自然资源出口导向型国家，腐败水平比较高，这是因为在这种经济类型中政府官员可以攫取更多的租金”（Ades and Tella，1999）。学者对与经济发展水平有关的制度对清廉感知的影响也存在分歧。中国学者研究发现，财政制度对清廉感知缺乏影响，比如“财政分权则对中央/地方差序清廉感知没有显著影响”（倪星、李珠，2016）。Treisman（2000）也发现“财政分权与腐败感知之间关系不稳健”。但Fisman和Gatti（2002）的研究表明，“财政分权与腐败感知显著负相关”。

6. 人口学变量

诸多人口学变量被证明影响着公众的清廉感知。Swamy等（2001）研究发现性别对腐败感知有显著性影响。而Mocan（2008）则进一步证实了“男性比女性更容易感知到严重的腐败”。还有研究发现，“受教育程度越高，清廉感知越低”（Melgar，Rossi and Smith，2010）。李辉等（2015）的研究也得出类似的结论，他们指出“教育程度越高的个体会倾向于认为政府更腐败，这可能是因为教育程度越高，个体的权利意识和政治知识都会提高，因此批判性也会加强”。也有研究指出：“不同地区、不同年龄段都会影响公众的腐败感知。”（Torgler and Valev，2006）另外，更深的研究显示，“收入不平等通过物质生活和社会规范层面增长公众的腐败感知”（Jong-sung and Khagram，2005）。而人们精神世界的信念也被证明与腐败感知有关，Treisman（2000）的研究就表明“宗教信仰与腐败之间存在负相关关系”。

（二）研究述评

梳理文献发现，关于清廉感知已有丰富且极具见地的研究。但现有研究在两个方面上，还未能回答我们的问题。首先，现有研究还不能回答我们开篇时提出的问题，即还不能回答“党内法规是否有利于塑造公职人员的清廉形象，党内法规是否影响公众对公职人员的清廉感知评价？如是，又在多大程度上影响公众对其清廉感知评价呢？”等问题。其次，也应注意到，现有的研究多着重研究公众对政府的清廉感知评价，但对政府及其部门中的公职人员的清廉感知评价关注比较少。那么，相对于政府这个机构整体，公众对公职人员这个群体的清廉感知评价是否存在差异？在这个问题上，需要更多的实证研究来回答。正是基于这两方面考量，我们开展研究，寻找答案。

（三）研究假设

应该注意到，影响公众对公职人员清廉感知评价水平的因素有很多，想要提高其评价水平，除了要从上述因素着手之外，还应从制度层面积极构建规则，通过建章立制，确保公职人员清廉感知在公众心目中形成底线原则。李辉等（2015）使用多层分析法发现，“民主对于腐败感知的影响具有双重作用：在直接效应上，民主程度越高的国家，民众腐败感知的平均水平越高；但在调节效应上，民主作为一种宏观制度环境，会增强自我经济评价对腐败感知的负向影响，一个国家的民主程度对于个体的腐败感知来说可以同时展现其‘严厉的’和‘慈祥的’一面”。民主作为一种宏观制度环境，能对腐败感知产生影响，那么如何进一步构建这样的制度环境，以获取更高的清廉感知，应是我们的关注焦点。邓雪琳、孙宗锋（2018）基于全国 77 个地级市的多层次分析模型发现，“地级市层面政府规模显著提高了个体腐败感知水平，意味着政府应该尽可能退出不属于政府管理的领域，还社会和市场应有的自主性”。如何缩减政府规模，如何构建政府退出机制与市场、社会进入机制，这同样涉及制度建设。李辉（2017）还发现，“民众的社会不公平感会显著影响他们对腐败和反腐败的看法。具体来说，民众不公平感越强，就越认为腐败较严重，其反腐败满意度也就越低”。社会公平的实现，以及社会公平感的获得，很大程度上依赖更完善的制度。

那么，如何通过制度建设来获取更高的公职人员清廉感知水平呢？一些现有研究给出思路。倪星、孙宗锋（2015）通过对G省的问卷调查分析发现，绩效、文化和信息三种机制以及公众反腐败工作满意度显著影响着政府清廉感知。他们指出“政府反腐败力度的增强与公众的清廉感知水平之间没有显著的相关关系”，反而，“公众的腐败感知水平受到政府反腐败力度的显著影响，加大反腐败力度会导致更高程度的腐败感知水平”（孙宗锋、杨丽天晴，2016）。这是因为“在信息不够公开、制度不够健全以及廉政宣传教育不够完善等情况下，政府反腐败力度的增加并不会直接改善公众的清廉感知程度”（倪星、孙宗锋，2015）。孙宗锋、杨丽天晴（2016）基于广东省的准实验研究表明，“短期内，反腐败力度加大不仅不会降低公众的腐败感知水平，反而导致公众腐败感知水平平均2.3分（范围0～100）的增幅感知水平”。因此可认为，仅仅通过加大反腐败力度、提高反腐败工作绩效就能改善评价的逻辑是行不通的，单靠这些行动，很难改善公众对政府或公职人员清廉感知评价。因而，应在加大反腐败力度之外寻找应对之策。倪星、孙宗锋（2015）调查发现，现存制度中存在“缺乏透明度”等问题，抵消了党政部门在反腐败方面的努力，造成公众对政府反腐败满意度流失，最终致使清廉感知降低。为此，相关的透明制度、政企分离制度、法律制度、民间参与制度等制度建设成为不得不考虑的问题。根据现有研究，命题假定这些制度越完善则其清廉感知评价越高。而党内法规属于这些制度中的重要构成部分，其建设与完善对公职人员清廉感知也应有显著影响。基于以上的实证和理论推演，本文提出假设。

研究假设：党内法规对公职人员清廉感知具有显著的正向影响。

三　数据与变量

（一）数据来源

本文数据来自中国人民大学中国调查与数据中心2015年主持的中国综

合社会调查（Chinese General Social Survey，CGSS），其主题模块包括核心模块、十年回顾、法制模块等，整体上包括1397个变量，实际调查了10968个样本，经过数据清理，删除变量中“无法回答”“拒绝回答”“不知道”“不适用”和缺失数据值个案后，获得有效样本3518个，城市样本2068个，约占有效样本的58.8%，农村样本1450个，约占有效样本的41.2%。该数据调查了中国公民对公职人员清廉感知的评价，同时还收集了被调查者对党内法规了解状况的数据，为本文提供了翔实的数据支持。

（二）变量的操作化

1. 因变量——公职人员清廉感知

公职人员清廉感知用CGSS2015中“F24”测量，其具体提问为：“对于以下各类党政公职人员的清廉程度，您的评价如何？1. 本地国家干部；2. 警察；3. 法官；4. 检察官；5. 对各类党政公职人员的总体评价。”本文把第5个小问，即“5. 对各类党政公职人员的总体评价”作为具体的测量项。该问答案选项及其赋值为“普遍非常腐败 =1；多数比较腐败 =2；差不多一半廉洁 =3；多数比较廉洁 =4；普遍非常廉洁 =5”，数值越大，认为各类党政公职人员的清廉程度越高。该问采用了5级次序评分标准，是一个有序变量，为了便于分析，可以将其近似地作为一个连续变量来处理。

2. 解释变量——党内法规

解释变量党内法规用CGSS2015中的“F21、F22”测量。“F21”提问为：“对于近年来党员干部的遵纪守法情况，您的评价如何？”被调查者分别从“党组织领导、党组织办事人员、普通党员、对党员的总体评价”四个方面做出评价，其答案及赋值为“普遍违法乱纪 =1；多数违法乱纪 =2；差不多一半遵纪守法 =3；多数遵纪守法 =4；普遍遵纪守法 =5”。“F22”提问为：“您认为，违反党规党纪的行为在实践中是否都受到严肃处理？”其答案及赋值为“几乎没有受到严肃处理 =1；很少受到严肃处理 =2；差不多一半受到严肃处理 =3；大多数受到严肃处理 =4；几乎都受到严肃处理 =5”。虽然解释变量涉及的都是关于党员的问项，但在中国公职人员群体中，党员的占比很高，因此该变量适恰性较高。

四　实证分析

（一）实证模型

根据前文的理论分析，公职人员清廉感知作为连续变量，为此本文采用线性回归模型分析其影响因素，实证模型设定如下：

$$CORRUPTION\ Y_{ij} = \beta_0 + \beta_j REGULATION + \mu_{ij}$$

其中，$CORRUPTION\ Y_{ij}$表示 j 县/区第 i 个人对公职人员清廉感知评价；$REGULATION$ 表示党内法规；β_0表示截距；β_j（$j=1, 2, \cdots, k$）是偏回归系数；μ_{ij}表示随机扰动项，服从经典假设。

（二）公职人员清廉感知的特征描述

描述性统计发现，2015 年中国公民对公职人员清廉感知评价均值为 3.35，换算成百分制为 67%，在及格界限之内，平均来说中国公职人员清廉感知评价比较低，具体如表 1 所示。

表 1　公职人员清廉感知的统计分析

有效样本（个）	极小值	极大值	均值	标准差
3518	1	5	3.35	0.899

进一步的占比分析发现，有效样本中有 106 人认为公职人员普遍非常腐败，占有效样本的 3%，471 人认为多数比较腐败，占 13.4%，1242 人认为差不多一半廉洁，占 35.3%，1469 人认为多数比较廉洁，占 41.8%，230 人认为普遍非常廉洁，占 6.5%。认为公职人员多数比较廉洁的人数最多，占比最高，认为差不多一半廉洁的次之。由此可以看出，在中国公众认知中，公职人员不至于严重腐败，但也还未达到普遍非常廉洁的要求。具体如表 2 所示。

表 2　公职人员清廉感知的占比统计分析

单位：人，%

类别	人数	占比	有效占比	累积占比
普遍非常腐败	106	3.0	3.0	3.0

续表

类别	人数	占比	有效占比	累积占比
多数比较腐败	471	13.4	13.4	16.4
差不多一半廉洁	1242	35.3	35.3	51.7
多数比较廉洁	1469	41.8	41.8	93.5
普遍非常廉洁	230	6.5	6.5	100.0
合计	3518	100.0	100.0	

（三）党内法规对公职人员清廉感知的影响分析

通过构建线性回归模型，笔者深入探讨了党内法规对公职人员清廉感知的影响，回归结果如表3所示。总体上，该模型的拟合优度判定系数（Adjusted R^2）为0.079，说明党内法规可以解释公职人员清廉感知7.9%的变异量。

表3　公职人员清廉感知回归模型摘要（回归方法："进入"）

类别	B	标准误差	t	Sig.
常量	2.995	0.026	114.699	0.000
遵纪守法－党组织领导	0.005	0.012	0.464	0.642
遵纪守法－党组织办事人员	0.037	0.012	2.975	0.003
遵纪守法－普通党员	−0.022	0.012	−1.799	0.072
遵纪守法－对党员的总体评价	0.081	0.012	6.522	0.000
违反党规党纪是否受到严肃处理	0.020	0.006	3.578	0.000
Adjusted R^2	0.079			
F	61.542			

党组织办事人员的遵纪守法情况对公职人员清廉感知评价有显著的正向影响，公众对党组织办事人员遵纪守法评价每提高（或减少）1个单位，公众对公职人员清廉感知评价平均提高（或减少）0.037个单位。党组织中办事人员人数规模较大，是公众日常生活中能接触到的，且接触到的概率较高，他们的活动通常展示在公众可观察的范围内，其表现可直接转化为公众对其群体遵纪守法情况的评价，并直接影响着公众对公职人员群体清廉感知评价。

党员总体的遵纪守法情况评价对公职人员清廉感知具有显著的正向影

响，党员总体的遵纪守法情况评价每提高（或减少）1个单位，公众对公职人员清廉感知评价平均提高（或减少）0.081个单位。在中国，绝大多数公职人员都是党员，党员总体遵纪守法情况很大程度上被视为公职人员群体的遵纪守法情况，党员总体越遵纪守法，公众认为公职人员越清廉，反之则反，因而能直接影响公众对公职人员群体清廉感知评价。

违反党规党纪的行为在实践中是否受到严肃处理对公职人员清廉感知有显著的正向影响，前者每提高（或减少）1个单位，公众对公职人员清廉感知评价平均提高（或减少）0.02个单位。这是因为，如违反党规党纪的行为在实践中受到严肃处理，就能威慑贪污腐败行为，并能获取公众对公职人员的信任，由此将在积极意义上影响公众对公职人员清廉感知评价。反之，如果违反党规党纪的行为在实践中没有受到严肃处理，将降低公众对公职人员清廉感知评价。基于以上分析，本文研究假设基本得证。

五　结论与政策建议

本文基于CGSS2015调查的统计分析，发现2015年中国公民对公职人员清廉感知评价均值为3.35，换算成百分制为67%，平均来说中国公职人员清廉感知评价比较低。同时，统计分析证实了党内法规对公职人员清廉感知具有显著的正向影响。其中，党组织办事人员的遵纪守法情况、党员总体的遵纪守法情况、违反党规党纪的行为在实践中是否受到严肃处理对公职人员清廉感知有显著的正向影响。该研究结论，一定程度上回答了本文所提出的疑问。从现实解读，主要有以下含义：一是公众对中国公职人员清廉感知评价比较低，群众基础是目前中国廉政建设的薄弱环节，民心向背乃此项工作的重要构成部分，不可忽视；二是党组织办事人员、党员总体的遵纪守法情况，是培育公众对公职人员清廉感知评价的重要基础，培养党组织办事人员及总体党员的遵纪守法意识，规范他们的行为具有非凡意义；三是实践中，严肃处理违反党规党纪行为，对提高公众对公职人员清廉感知评价有积极意义，因而一旦发现违反党规党纪行为，应从严从快处理，树立廉政威信，获取社会支持。

根据上述研究发现，为提高公众对公职人员清廉感知评价，本文认为中央和地方政府未来应做好以下三个方面的工作。

第一，重视公众对公职人员清廉感知评价，正视其在中国党政廉政建设中的重要地位，应从严肃党内法规出发，保证党政公职人员清正廉洁，采用正确措施提高公众对公职人员清廉感知的评价。自古以来，贪污腐败都是危害国家政权的重要因素，严重之时会引起民间暴乱，甚至导致政权更迭。公众对公职人员的清廉感知，很大程度上“影响人们的价值与态度，以众之是非为是非，习焉不察地以非为是。……使得人们倾向于认为腐败的强大、难以攻克，从而对反腐败工作的成效产生更低的评价，即使反腐败工作取得事实上的巨大进展，也可能易对反腐败成效‘视而不见’，低估甚至不愿意相信这些事实”（袁柏顺，2016），最终影响中国的廉政事业建设，严重时会影响党的执政基础。因此，中央与地方需要重视公众对公职人员清廉感知评价，科学合理地将政府反腐行为转化为公众对政府廉政建设的正面认识，而“如何切实在廉政建设的客观产出与公众的主观评价之间建立有效的正相关关系是值得深思的理论和实践问题”（邓雪琳、孙宗锋，2018）。也正是如此，惩治贪腐，树立清正廉洁形象，赢取百姓拥护，是执政者的重要工作。当前，中国正处于社会转型时期，社会环境复杂，社会问题严峻。而党在这种环境下，正肩负着复兴中华民族、实现中国梦、建设中国特色社会主义的重任。作为执政党，欲完成这些任务，在思想意识与实践行动上要做好“四个需要”的工作。首先，需要时刻警惕贪腐问题，任其发展则有亡党亡国之危；其次，需要加强党内法规建设，加强执政治理程序建设，依党规党纪办事，依法执政，依法治国；再次，需要遵从见利思义、守法循礼、仕应守廉、廉政为本的廉政道德规范；最后，需要保持警醒，时刻注意保持清正廉洁形象，赢取百姓拥护，巩固执政的合法性。

第二，重视用党内法规约束党政组织办事人员、全体党员，规范他们在执政过程中的言行举止，提高党政组织办事人员、党员总体的遵纪守法意识，形成有法必依、法无授权不可为的清正廉洁作风，树立公职人员在公众心目中的良好形象，促进公众对公职人员清廉感知评价的良性发展。整体上，这就要求党政组织办事人员，特别是窗口服务人员、一线执法人员等要遵纪守法，为公众提供优质的公共服务。同时，包括党政组织的领导层在内的全体党员也要遵纪守法，打造一支懂法、守法、高效、廉洁的社会主义国家治理团队。具体上，可深化党内法规制度化建设，针对党政组织办事人员、党员总体的遵纪守法状况，建立科学的监督机制与奖惩机制，建立定期学习党内法规和宪法法律的学习机制，从内到外形成遵纪守法的他律与自律机制。在外，由监督机制与奖惩机制约束，促使党政组织办事人员、党员总体遵纪守法；在内，由学习党内法规和宪法法律机制牵引，通过学习培训，提高思想认识，从党政组织办事人员、全体党员的内心形成自觉遵纪守法、自觉遵守行政公共道德的信念。借由他律和自律机制，获得公众对公职人员清廉形象的认同，提升公众对公职人员清廉感知评价。

第三，严肃党内法规，加强党规党纪执行力度，一旦发现违反党规党纪行为，及时给予严肃处理，以此加强党内法规的威慑功能，提升党规党纪在公众心目中的说服力与合理性，使公众明白中国的廉政建设有厚实的规章纪律依托，增强公众信心，从而正面促进公众对公职人员清廉感知评价的提升。党规党纪执行不力，发现违反行为不予以处理，或处理力度过轻，会造成公职人员有令不依、肆意妄为的局面，久而久之，会影响党的执政威望，危害中国社会主义伟大事业建设。因此，应全方位严肃党内法规，锐意进取，以大公无私的勇气，严肃处理一切违反党规党纪行为，将一切贪污腐败、横征暴敛、以权谋私、搞官僚主义和形式主义等违反党规党纪的行为，隔绝在党治理实践之外，为党树立大公无私、执政为民、风清气正的形象，为中国廉政建设与其他各项社会主义事业建设，获取坚实的人心基础。

参考文献

邓雪琳、孙宗锋，2018，《经济绩效、政府规模与腐败感知差异——基于全国 77 个地级市的调查》，《中国行政管理》第 2 期。

过勇、宋伟，2013，《清廉指数的腐败测评方法与局限性》，《经济社会体制比较》第 5 期。

李辉、呼和那日松、唐敏，2015，《民主、主观经济评价与腐败感知——基于亚洲、非洲与拉美舆情表合并数据的多层分析》，《经济社会体制比较》第 3 期。

李辉、孟天广，2017，《腐败经历与腐败感知：基于调查实验与直接提问的双重检验》，《社会》第 6 期。

李辉，2017，《患寡更患不均：不公平感如何影响民众对腐败与反腐败的认知》，《复旦政治学评论》第 1 期。

倪星、李珠，2016，《政府清廉感知：差序格局及其解释——基于 2015 年度全国廉情调查的数据分析》，《公共行政评论》第 3 期。

倪星、孙宗锋，2015，《政府反腐败力度与公众清廉感知：差异及解释——基于 G 省的实证分析》，《政治学研究》第 1 期。

孙宗锋、杨丽天晴，2016，《“打老虎”如何影响公众腐败感知差异？——基于广东省的准实验研究》，《公共行政评论》第 3 期。

袁柏顺，2016，《公众腐败感知与腐败的民间传说——基于 C 市城区公众腐败感知调查的一项研究》，《公共行政评论》第 3 期。

Abramo, Claudio Weber. 2008. “How Much Do Perceptions of Corruption Really Tell Us?” *Economics: The Open-Access, Open-Assessment E-Journal* 2: 3. http://dx. doi. org/10. 5018/economics-ejournal. ja. 2008 – 3.

Ades, A. , and R. Di Tella. 1999. “Rents, Competition, and Corruption.” *American Economic Review* 89(4): 982 – 993.

Aidt, T. S. 2009. “Corruption, Institutions, and Economic Development.” *Oxford Review of Economic Policy* 25(2): 271 – 291.

Brunetti, A. , and B. Weder. 2003. “A Free Press is Bad News for Corruption.” *Journal of Public Economics* 87(7): 1801 – 1824.

Chang, Fric C. C. , and Yun-han. Chu. 2006. “Corruption and Trust: Exceptionalism in Asian Democracies?” *The Journal of Politics* 68(2): 259 – 271.

Čábelková, I, and J. Hanousek. 2004. “The Power of Negative Thinking: Corruption, Perception and Willingness to Bribe in Ukraine.” *Applied Economics* 36(4): 383 – 397.

Davis, C. L. , R. A. Camp, and K. M. Coleman. 2004. “The Influence of Party Systems on Citizens' Perceptions of Corruption and Electoral Response in Latin America.” *Comparative Political Studies* 37(6): 677 – 703.

Fisman, R. , and R. Gatti. 2002. “Decentralization and Corruption: Evidence Across Countries.” *Journal of Public Economics* 83(3): 325 – 345.

Jong-sung, Y. , and S. Khagram. 2005. “A Comparative Study of Inequality and Corruption.” *American Sociological Review* 70(1): 136 – 157.

Keefer, P. 2007. “Clientelism, Credibility, and the Policy Choices of Young Democracies.” *American Journal of Political Science* 51(4): 804 – 821.

Kim, Soonhee. 2010. “Public Trust in Government in Japan and South Korea: Does the Rise of Critical Citizens Matter?” *Public Administration Review* 70(5): 801 – 810.

La porta, R. , F. Lopez-de-Silanes, A. Shleifer, and R. W. Vishny. 1997. “Trust in Large Organisations.” *The American Economic Review* 87(2): 333 – 338.

Leff, N. H. 1964. “Economic Development Through Bureaucratic Corruption.” *American Behavioral Scientist* 8(3): 8 – 14.

Melgar, N. , M. Rossi, and T. W. Smith. 2010. “The Perception of Corruption.” *International Journal of Public Opinion Research* 22(1): 120 – 131.

Mocan, N. 2008. “What Determines Corruption? International Evidence from Microdata.”

Economic Inquiry 46(4): 493 – 510.

Rose, Richard, and Mishler William. 2007. "Explaining the Gap Between the Experience and Perception of Corruption." https://ssrn.com/abstract=2559710.

Schopf, J. C. 2011. "Following the Money to Determine the Effects of Democracy on Corruption: The Case of Korea." *Journal of East Asian Studies* 11(1): 1 – 39.

Seligson, M. A. 2002. "The Impact of Corruption on Regime Legitimacy: A Comparative Study of Four Latin American Countries." *The Journal of Politics* 64(2): 408 – 433.

Sharafutdinova, G. 2010. "What Explains Corruption Perceptions? The Dark Side of Political Competition in Russia's Regions." *Comparative Politics* 42(2): 147 – 166.

Swamy, A., S. Knack, Y. Lee, and O. Azfar. 2001. "Gender and Corruption." *Journal of Development Economics* 64(1): 25 – 55.

Torgler, B., and N. T. Valev. 2006. "Corruption and Age." *Journal of Bioeconomics* 8(2): 133 – 145.

Treisman, D. 2000. "The Causes of Corruption: A Cross-national Study." *Journal of Public Economics* 76(3): 399 – 457.

Treisman, D. 2007. "What have We Learned About the Causes of Corruption from Ten Years of Cross-national Empirical Research?" *Annu. Rev. Polit. Sci.* 10: 211 – 244.

Villoria, M., G. G. Van Ryzin, and C. F. Lavena. 2013. "Social and Political Consequences of Administrative Corruption: A Study of Public Perceptions in Spain." *Public Administration Review* 73(1): 85 – 94.

Warren, M. E. 2004. "What does Corruption Mean in a Democracy?" *American Journal of Political Science* 48(2): 328 – 343.

Yu, C., C. M. Chen, and M. W. Lin. 2013. "Corruption Perception in Taiwan: Reflections upon a Bottom-up Citizen Perspective." *Journal of Contemporary China* 22(79): 56 – 76.

Zhu, J., J. Lu, and T. Shi. 2013. "When Grapevine News Meets Mass Media: Different Information Sources and Popular Perceptions of Government Corruption in Mainland China." *Comparative Political Studies* 46(8): 920 – 946.

【都市报告】

食品药品安全监管中一线执法人员的注意力分配逻辑

——以广州市D食品药品监督管理所为例

颜海娜　刘泽森*

摘　要： 时间对于任何组织而言都是稀缺资源，注意力分配则涉及组织对时间资源的管理策略问题，其直接影响到政策执行的效果以及公共服务提供的质量和水平。基层食品药品监管一线执法人员经常面临工作任务超载和时间有限之间的矛盾。通过对广州市D食药监管所为期三个月的参与式观察，对食品药品监管中一线执法人员的注意力分配现状进行描述与归纳，并在此基础上探究其注意力分配背后的逻辑。研究发现，一线执法人员注意力分配的层级特点鲜明、较多地体现了上级的意志，也在很大程度上受到外部因素的影响，其注意力分配是责任导向、任务导向、舆论引导、公众需求驱动以及政绩驱动等多重逻辑的综合体现。上述逻辑可以较好地解释一线执法人员在食品药品安全监管中的"趋利避害"以及选择性执法行为。

关键词： 一线执法人员　注意力分配　自由裁量权　食品药品安全监管

---

* 颜海娜，华南师范大学政治与行政学院行政学教研室主任、副教授，主要研究方向为政府监管；刘泽森，华南师范大学政治与行政学院社会管理专业研究生。

一　研究背景以及问题提出

时间是稀缺资源，对于政府管理和公共治理而言更是如此。在时间的框架下，公共事务的日趋复杂性不仅对政府的复杂性治理能力提出严峻的挑战，而且也使得政府的注意力分配问题日益凸显。政府如何有效配置注意力，直接关系到政策执行的效果以及公共服务提供的质量和水平。对于处于压力型体制下的基层食药监管机构而言，注意力分配问题是一个比较容易被遗忘且非常重要的因素。一方面，基层食药监管所承担着法律法规赋予的大量的食品药品监管职责，随着“转变政府职能，深化简政放权，创新监管方式”（十九大报告）的改革不断推进，越来越多的食品药品监管职能下沉到基层监管所，如食品药品突发事件应急处理、食品药品舆情控制、食品药品安全宣传以及各种各样的专项治理运动等；另一方面，面对越来越繁重的监管任务以及非常稀缺的时间资源，处于政策执行末梢的一线执法人员有意或无意地发展出一套应对逻辑，即注意力分配逻辑，这一套逻辑不仅支配着基层食药监管所的日常运行，而且在很大程度上折射出中国基层食品药品监管的现状及存在的普遍性问题。

那么，在食品药品监管中，一线执法人员的注意力到底是如何分配的？其注意力分配背后的逻辑是什么？这些问题都值得我们深入探究。遗憾的是，已有关于一线执法人员注意力分配的文献中，更多地从一般意义的角度来讨论其注意力分配的影响因素（练宏，2015：215－241、246），较少有人立足于某个具体领域，从微观的角度来探究一线执法人员的注意力分配问题，集中探讨食品药品监管领域中一线执法人员注意力分配的研究更为缺乏。为此，本文采取参与式观察的方法，以广州市 D 食品药品监督管理所（简称“D 食药监管所”）一线执法人员在 2018 年 2 月下旬到 5 月下旬三个多月的日常工作作为分析的对象，对其注意力分配进行归纳以及量化分析，并在此基础上探究其注意力分配背后的逻辑。

D 食药监管所是广州市 Y 区食品药品安全监管局 18 个派出机构之一，即 D 街道食药监管所。D 食药监管所正式设立于 2015 年，拥有 Y 区第一个“食品药品安全示范街”作为食品药品安全监管的试验田，其共有药品经营企业 23 家（药品批发企业 3 家、零售药品企业 9 家、药品连锁门店 11 家），医疗机构 19 家（包括医院、诊所、门诊部、保健室、服务所等），食品经营企业620家，餐饮企业479家，食用农产品场所7家。

二　文献综述与理论基础

（一）街头官僚理论

“街头官僚”这一概念最开始由Lipsky在20世纪70年代发表的《建立一个街头官僚理论》中提出来，而对于“街头官僚”这一理论的正式建立，学界普遍认为标志性的事件是Lipsky在1980年出版*Street-level Bureaucracy: Dilemmas of the Individual in Public Services*一书。Lipsky（1980）将拥有较多自由裁量权，负责将国家的意识形态落实到公民身上的公共服务雇员称为“街头官僚”，典型的“街头官僚”包括基层的执法人员（警察）、公立学校教师、社会工作者等直接面对公民的人。在中国食品药品监管领域，基层一线的行政执法人员（包括行政执法类的公务员以及辅助执法的协管员）都类属于这个概念，他们直接跟行政相对人打交道，他们的工作态度、业务素质、专业技能以及服务水平决定着食品药品监管的效能。并且，国家食品药品监管的法律法规以及政策等最终能否得到切实有效的实施，在很大程度上也取决于处于政策执行末梢的一线执法人员。此外，食药监管所的一线执法人员也扮演着“制定政策”的角色，这源自他们的自由裁量权以及相对于组织权威的自主权。在食品药品监管过程中，一线执法人员经常面临如何解释行政法规的问题，因为许多法规可能是模糊不清甚至是相互冲突的，在将那些法规运用于具体的行政相对人或案件的过程中，一线执法人员必须在不同的情境下对不同的规则进行判断和选择。并且，相对于中国严峻的食品药品监管环境以及公众对于食品药品安全的期望值而言，基层监管所的监管资源总是稀缺的，尤其是在时间资源上，作为专业人员的食药一线执法人员只有拥有一定的自由裁量权，才能决定如何利用有限的资源优先满足哪些服务对象的需求以及应对上级的哪些工作任务，从而最终实现组织的目标。

（二）注意力分配理论

对于任何人来说，注意力都属于一种珍贵的资源，而在食品药品安全监管中，一线执法人员的注意力分配对于食品药品监管而言更是属于一种稀缺资源。最先将注意力一词引入组织学管理决策领域的是美国学者西蒙，他认为决策者对信息的处理能力以及有限的理性，使得决策者不能追求价值最大化，只能在有限理性范畴进行选择，这就是西蒙的有限理性决策理论。马奇（2013）则在西蒙的有限理性决策理论的基础上，站在经济学的角度对注意力的内涵进行丰富，扩大到决策者的心理活动分析，将其注意力归因到决策主体对行为发生的原因搜寻。尽管西蒙跟马奇对于注意力研究的偏重不同，但是他们均指出决策者的决策行为受到注意力分配的影响。注意力在两位学者看来，都是一种稀缺的资源，而所谓的注意力分配就是指行为主体在决策的时候受到客观因素和主观因素的影响。

在关于注意力分配与政府决策的研究中，大多数学者认为政府注意力分配体现政府在进行政策议题决策时外部存在的因素的影响，如民主政府决策过程中，公众的偏好、民主系统信息反馈等因素，均会使政府把注意力聚焦在公众身上，进而做出行为选择，亦即“政府注意力分配影响着政府行为的选择”（琼斯，2010）。当然也有学者认为决策者对于决策选择的偏向中最为缺乏的不是信息，而是决策者注意力分配的有效配置（李宇环，2016：122－127）。政府由于科层规则、集团利益和外部压力等多种因素相互作用、相互影响，在处理相同问题时却采取不同行为方式以及具有不同行为特征等（代凯，2017：107－112），同时政府决策者注意力分配的有效性和及时性也是评价决策者做出行为选择的重要因素（黄健荣，2010：101－107）。

对于一线执法人员注意力分配的研究，学者们更多的是偏向于研究驱动基层政府行政人员在具体操作过程中做出行为选择的因素，主要从内部因素以及外部因素两个方面进行分析。韩志明（2017：35－40、127－128）认为一线执法人员在实际工作过程中，工作量是相对的，但由于受到不同的时间规则的影响，一线执法人员必须得在有限时间内完成任务，而一线执法人员是直接与公众打交道的群体，公众的偏好、舆论必然会使得一线执法人员的注意力分配发生倾斜，也就是说一线执法人员的注意力分配受到来自公众、媒体舆论等外部因素的影响；同时也有学者认为一线执法人员由于有对晋升的追求，必须得向上级领导部门寻求政治支持，进而获得晋升的机会，而在工作过程中最便捷的途径便是通过迎合上级领导部门的行为喜好，亦即在满足公共的基本需求上，把更多的注意力分配集中到上级领导部门中去，这就是内部因素对于一线执法人员注意力分配的影响

（杨爱平、余雁鸿，2012：105－126、243－244）；颜海娜、聂勇浩（2013：58－61）认为绩效也是影响一线执法人员在日常工作中进行选择性执法、运动式治理的因素之一，同时一线执法人员的注意力分配也受到管理目标、公众需求等多种因素的影响。本文所指的注意力分配，是指为了更好地落实食品药品安全监管职责，保障公众吃上或用上安全放心的食品药品，一线执法人员基于一定的监管执法情境，按照一定的逻辑对有限的时间与精力进行配置。基层食药监管所在实际的食品药品安全监管中，承担着对“四品一械”监管、行政执法等职能，一线执法人员需要与公众、商铺打交道，工作环境充满了挑战，具有一定的不确定性，工作任务繁重，工作压力也比较大，其决策、行为等受到多种因素的影响。一线执法人员的注意力分配在一定程度上反映了其工作效率、工作状况以及行为选择偏好。一线执法人员的注意力分配恰当，会促进食品药品安全监管工作取得成效；若注意力分配不恰当，会产生不利的影响。为此，本文以食药监管所的日常工作为研究对象，归纳出其注意力分配的现状、特点及其背后的逻辑。

三　一线执法人员的注意力分配现状

（一）职能梳理

对一线执法人员工作职责的梳理是对其注意力分配划分的重要依据，根据 D 食药监管所的上一级食药监管部门制定的工作职责以及 D 食药监管所实际工作中的内容动态，笔者梳理出 D 食药监管所的基本职能类型（见表 1）。同时，为了更加客观地收集数据，笔者根据梳理出来的职能类型对 D 食药监管所工作人员的工作行为进行了一周的预观察与记录，并向该所的工作人员咨询记录是否合理，探讨在实际的食药品监管工作过程中的职能类型有无遗漏或者补充。最终根据笔者记录的工作人员工作内容、上级组织对 D 食药监管所的工作职责划分以及该所工作人员的建议，将其日常工作性质分为 9 大类注意力分配类型，对其工作人员的职位（见表 2）以及注意力分配类型（见表 3）进行代码代入。

表1　职能类型

序号	职能类型
1	“四品一械”的日常监督
2	稽查执法、打假和突发事件应急处置工作
3	实施安全检查工作计划
4	负责行政许可事项的初审工作
5	负责报送食品药品案件监管数据和信息
6	协助开展食品药品监督抽检和专项监督检查工作
7	协助开展辖内食品药品法律法规宣传、安全教育等培训工作
8	完成上级食品药品监管行政机关和街道党工委、办事处交办的其他工作

表2　人员职位代码

职别	所长	副所长	科员一	科员二	科员三	协管一	协管二	协管三
代码	A1	A2	B1	B2	B3	C1	C2	C3

表3　注意力分配类型

类别	代码	内容
一	a	内部会议（所里会议）
二	b	外部会议（局、街道会议）
三	c	专项整治检查
四	d	日常检查（食品药品）
五	e	接待、协助检查
六	f	公众业务办理/咨询
七	g	内部沟通、汇报请示
八	h	投诉案件处理
九	i	资料整理、其余工作（内勤）

（二）数据收集情况

笔者在三个多月的观察中发现，D食药监管所工作人员在日常工作中，面对许许多多琐碎的事情，往往完成一件事情需要花费的时间是以半天来计算的。该所一名工作人员说道：“在我们的日常的工作中，无论是对‘四品一械’的日常监管、案件处理还是公众业务的办理，这些看似简单的事情，但是要将它们落实下来就会伴随着许多琐碎事情的产生，如你出去处理公众投诉案件，前期你要走系统、跟投诉人与被投诉人联系，然后现场查看还要填写各种各样的表格，和商家配合就要半天了，最后还要走系统、跟投诉人联系等，一个案件走下来花费一天能完成就不错了，其他的工作也这样琐碎，基本上没有办法同时开展多项工作。”（来源A2），所以笔者为了更加科学地将数据进行处理以及呈现、分析，将该所的工作人员的工作内容按照半天记录一次来进行数据录入。在数据收集的过程中，为了让数据有更好的代表性，笔者在从2018年2月下旬到5月下旬的三个多月时间里，不间断地进行参与式观察以及记录，笔者以半天为1个单位，将该所的工作人员日常工作内容按照注意力分配类型来进行归类。在三个多月的时间里，笔者对D食药监管所8名工作人员的日常工作行为进行记录，得出有效的信息记录1066条，再根据表3所梳理出来的注意力分配类型，将每个单位的每个数值对应每位工作人员进行归类，平均对该所每名工作人员的日常工作进行为期近70天的观察记录，该所日常工作的注意力分配情况如表4所示。

（三）人均观察时间

通过对D食药监管所工作人员的日常工作的观察以及记录，我们可以得到表4，表中对每个人有效的观察记录时间几乎没有太大的差异，除了没有对在工作日期间进行休假或者请假的个别人员的工作内容进行记录，其余人员的工作内容均记录在案，每个人有效的数据（见表5）是按照日常工作和职能梳理出来的注意力分配9大类型加总所得。

通过统计发现，每个工作人员的有效工作时间都集中在64～68天，没有较大的波动。根据笔者的了解，其中在正常工作日内请假的人员主要是由于家庭原因，B2和B3两位较为年轻的且家里这两年添加了二孩的工作人员（见表5），经常因为家里发生一些突发的状况需要请假，而进行补休的人员多是由于晚上或者周末需要加班，如整治一些无证经营并且只在晚上、周末营业的商铺，开展创文活动或上级领导来巡查等。除此之外，A2在笔者观察的三个多月时间里，有接近1个月时间的早上都在局里执法大队参加技能培训会议，将其列入外部会议，可能会使得注意力b的平均水平拉高，但是根据A1所说的“基本上每次到局里或者街道开会，都需要我们两个负责人（A1、A2）到场，所里的一些工作自然就开展不了了”（来源A1），将A2在局里参加的培训会议列入注意力分配b对数据的处理以及分析没有较大的影响。

表 4 注意力分配情况

单位：半天，%

类别	a	b	c	d	e	f	g	h	i	总数
A1	14	27	11	28	8	1	19	6	18	132
A2	16	40	7	16	10	7	10	17	11	134
B1	13	11	14	29	5	10	12	22	20	136
B2	12	13	9	22	12	15	7	24	14	128
B3	12	6	7	28	10	12	9	30	15	129
C1	13	6	7	37	6	7	5	21	33	135
C2	13	8	5	27	7	9	6	4	57	136
C3	12	3	0	1	0	8	4	1	107	136
总数	105	114	60	188	58	69	72	125	275	1066
占比	9.9	10.7	5.6	17.6	5.4	6.5	6.8	11.7	25.8	100

（四）职能的耗时占比

笔者通过对 D 食药监管所的职能、人员的日常工作行为进行梳理，得出表 4 的注意力分配情况，从中我们可以看出该所工作人员在日常工作中的注意力主要聚焦在什么方面、在哪些地方消耗的时间比较多等。

统计表明，该所过去的注意力关注点占比最高的为 i（内勤），时间支出超过 1/4，达到 25.8%，根据笔者的观察，其中最为主要的组成部分为资料整理，包括投诉打假案件资料、商家申请资料、日常检查材料等，这部分也是协管员的主要工作内容。排名第二的则为 d（日常检查），占比达到 17.6%，其主要是该所人员履行对“四品一械”的日常监管职责。排名第三的 h（投诉案件处理）和排名第四的 b（外部会议）占比差距小，分别占 11.7% 和 10.7%，其中 h 主要是针对职业打假人的职业打假投诉，b 主要是由局里的学习会议和街道的培训会议组成。注意力分配占比排名第五位的是 a（内部会议），主要是所内的例会、传达学习文件精神、安排任务等。注意力分配占比较少的四类分别为 c（专项整治），主要包括特殊时期的一些“运动式”治理，如回应舆论、应对领导检查、重大活动保障等，e（接待、协助检查）包含了迎接领导检查和协同其他部门检查，如中央环保督察组的“回头看”、查处无证经营等，f（公众业务办理/咨询）主要指商家申请办理证照、公众来访检测等，g（内部沟通、汇报请示）包括了跟上一级食药监管局相关部门咨询、跟街道相关单位进行沟通等。

表5　有效工作时间采集情况

类别	A1	A2	B1	B2	B3	C1	C2	C3
年龄（岁）	36	41	44	34	35	25	24	28
有效时间（半天）	132	134	136	128	129	135	136	136
总天数（天）	66	67	68	64	64.5	67.5	68	68

（五）注意力分配的特点

笔者对所观察的D食药监管所工作人员的行政职务进行划分，一共分为A、B、C三个行政职务，可以从表4看出A、B、C不同等级的行政职务人员注意力分配存在较大的差异，担任统筹职务的A级别公务员，更关注整个食药监管所处于什么样的政治生态环境、社会舆论以及整体方向中，表4的注意力分配类别中的b和g都高于其他级别的人员。处于B级别的公务员则是将更多的注意力聚焦在对“四品一械”的监管以及处理公众投诉案件中，如表4中B级别的公务员对注意力分配类别中的c、d和h都投入大量的人力资源。而处于C级别的协管员，则是把更多的注意力分配在各种各样的资料整理上，通过表4我们可以看出i中C级别的占比明显高于其余所有级别的人员，其次注意力分配较多的就是d，笔者发现其更多的是协助A/B级别的公务员外出进行日常检查。综合来看，基层食药监管所一线执法人员的注意力分配有以下三个特点。

1. 注意力分配的层级特点鲜明

尽管一线执法人员位于行政体系的最底层，但在履行具体的职能时，其注意力分配还是体现了鲜明的层级划分特点。食品药品安全监管中，一线执法人员内部也划分为A、B、C三个层级，其中，A层级的一线执法人员注意力分配是辐射型的，包括内部的组织因素、政治生态环境，外部的公众、媒体以及自身的情感因素；B层级的一线执法人员则偏重于将注意力分配集中在与商家、公众互动以及个人情感因素上，而较少地关注其他方面；C层级的一线执法人员则更多地把自身的注意力分配在内部因素以及个人情感因素，其中最主要的就是跟D食药监管所人员的互动，而较少关注到基层所以外的地方。

2. 注意力分配的上级意志鲜明

马克斯·韦伯的官僚制理论认为，在科层组织中，每一位成员都有其自身的定位，上下级之间的职权关系都有明确的等级规定，该权限一般是由规则来制定的，即法律或者规章制度，以至于组织的运行和每个成员的行为都必须受到严格的规则约束。基层食药监管所作为国家食品药品监督管理组织体系延伸到街道层级的、最末梢的执法机构，主要肩负执行食品药品相关法律法规、政策文件以及上级命令的职责，其一线执法人员的注意力分配也更多地体现了上级意志和层级节制的特点。例如，A 层级的一线执法人员注意力分配占比最大的是来自体系内部的交流，超过总比例的 30%，而且该注意力分配是直接影响整个食品药品安全监督工作成效的重要因素；B 层级的一线执法人员注意力分配虽然在体系内部占比远远比不上 A 层级的一线执法人员，但是也占了其注意力分配的大部分比例，同时其处理业务的注意力以及行事准则多是来源于 A 层级的一线执法人员；C 层级的一线执法人员注意力分配占比最明显的是内勤以及与 A、B 两个层级一线执法人员的互动，但是由于 C 层级的一线执法人员处于最底层，其所完成的每一件事情几乎会看到上级一线执法人员的意志以及身影。

3. 注意力分配的外部影响因素显著

组织作为一个完整的系统，时刻受到来自体系内部以及外部因素的双重影响，外部因素也称为外部环境，其一般包括政治、经济、文化、社会、技术五方面的因素。在食品药品安全监管中，一线执法人员主要面对的外部环境因素来自商家、公众以及媒体等，体现在日常监督、业务受理、投诉举报等几个方面，这使得无论是 A 层级还是 B、C 层级的一线执法人员都要花费大量的时间以及精力来处理这些与公众息息相关的事情。相对于作为行政相对人的商家而言，一线执法人员是代表所在的食药监管所进行监管执法，往往处于强势的地位，其更多的注意力是在规范商家的自律。但是相对于公众与媒体而言，一线执法人员往往处于被动的状态，其注意力更多地放在如何避免出现执法“瑕疵”，由于一线执法人员所处的外部治理环境比较复杂，问责的压力来自多方面，他们的注意力分配也自然地有“趋利避害”的选择偏好。

四　多视角下的一线执法人员注意力分配逻辑

（一）责任导向下一线执法人员的注意力分配逻辑

广东省食药监管局 2014 年下发的《食品药品网格化监管试点工作指导

意见》就提及“试点工作按照省、市、县、乡（镇）分级划分了四级监管网格”，各级网格的职责要明确，责任到人。D食药监管所根据上级的有关要求，落实责任到人的网格化监管意见，在实际操作过程中按照“条块结合、以块为主、重心下移、实施监督”的原则，确保事权清晰、责任明确，将辖区划分成为三个片区进行网格化管理（见表6），对于每一个片区所采取的是A、B岗形式，也就是说三个片区中的每一个片区都有一位主要负责人（A岗），同时他们也相应地成为其他片区的B岗。

根据表6的网格职责划分，每位工作人员在实际工作中的注意力分配均有一定的差异，B1、B2、B3的职责更多的是完成自己负责片区的食品药品安全监管工作，亦即履行“四品一械”的监管职责，所以其注意力分配更多的是进行日常监管，如表4所示，该级别的公务员在注意力分配类别中d（日常检查）的时间支出最多，紧随其后的便是注意力分配类别中的h（投诉案件处理），当下的每一个投诉案件都在系统上走流程，如果在规定的时间内不能解决该投诉案件，上级部门将对其进行警告或者处罚，同时也会对其业绩考核有影响。与此相对应的A1、A2，其职责的划分就使得其注意力分配有所偏重，在协调所内的各种工作之余，积极与上一级领导机关、同级的有关部门进行沟通，所以我们从表4中就可以明显看出来A级别的工作人员注意力分配类别中的b和g都高于其他级别工作人员的平均情况。而C级别的协管人员，由于自身不具备执法权限，更多的是起到协助公务员进行案件处理、日常检查以及文件整理等工作的作用，所以在表4中也可以看出C级别的一线执法人员在注意力分配中，将最多的注意力集中在资料整理、其余工作（i），其次便是协助具有执法权的公务员进行日常检查（d）。笔者在对D食药监管所一线执法人员的日常工作观察中也发现，尽管一线执法人员位于行政体系的最底层，但其行为准则依赖于相对来说较为稳定的层级规矩而不去打破，使得一线执法人员的注意力能够在规矩的框架下进行有效的分配。无论是在案件的审批还是投诉的处理方面，一线执法人员都严格按照法律法规以及上级的意志来实行。在政府体系中，从中央到地方都在推行组织机构的改革，越来越多的权力正在下放到基层，组织的架构、运转更加公开透明，能够为公众提供更加全面的公共服务（周志忍、徐艳晴，2014：66－86、205－206），一线执法人员的注意力分配行为也将朝着更加科学合理的方向发展，以进一步提升食品药品监管的成效。

表 6　网格化管理职责划分

类别	A 岗	B 岗	职责
所长	A1	/	全面主持工作，协调食药监管所与街道、辖区内有关单位和部门之间的关系、积极支持服务辖区经济发展
副所长	A2	/	分管各项工作、协助所长分管行政许可事务，负责食药所承担的有关行政许可事务的审核、审批（经授权）事项的签署
第一片区	B1	A2	负责达道北社区、五羊北社区、寺右社区、幸福社区、乐景社区食品药品安全监管岗位职责
第二片区	B2	B3	负责达道南社区、五羊南社区、五羊东社区、明月社区食品药品安全监管岗位职责
第三片区	B3	B2	负责新河浦社区、德安社区、培正社区、小东园社区的食品药品安全监管岗位职责

（二）任务导向下一线执法人员的注意力分配逻辑

在食品药品安全监管中，食药监管所作为基层的执法所，其面向社会的职能是多元的，但是在实际的监管过程中，很多案件的处理是需要多部门合作进行的，而这种合作往往是任务型导向的，是上级领导部门或者街道安排的任务。例如，2018 年 5 月的中央环保督察组“回头看”检查，其“回头看”商家名单上刚好有几处落在 D 食药监管所负责的范围内，对此上级通过层层的行政手段将具体的任务落实到下面的基层所。

当然很多时候基层所要处理大量的事情，或者有些案件要到期限，接到上级的紧急任务而不得不去完成，其间便会存在一些妥协，如上级领导部门同意通过走流程来对案件进行延期处理；或者有些要提交的表格、材料也会适当地在完成任务后进行延期提交。遇上情况特殊的时期，一线执法人员则通常通过加班加点来完成任务，笔者发现一线执法人员虽然很不愿意加班，但是有时候因为上级领导部门的任务安排而不得不加班，“很多时候我们也想回家陪陪家人，谁愿意晚上或者周末加班啊，尽管有补休，但是手头上的案件积压在那里、业务还没处理完，你还是得回来接着做”（来源 A2）。这在一定程度上折射出当下行政体制内部的办事流程以及规章制度还有待完善，也正因如此，一线执法人员在任务导向下应对自身积压的工作时有更大的自主空间，而该空间的来源正是上级权力部门的妥协。

（三）舆论引导下一线执法人员的注意力分配逻辑

在这个新媒体与自媒体盛行的时期，传播力量是巨大的，传统媒体失语导致主流意识形态宣传的困境（陈家喜，2017：12－18），一线执法人员在日常的工作过程中面临不可预期和变化极快的社会，其注意力分配在一定程度上受到舆论的影响，使得他们不得不采取相应的措施去提防、回应舆论，同时也会影响上一级领导部门对其的任务安排。笔者发现投诉应急案件中，食药监管所如果接到媒体的舆情报道或者收到紧急投诉，一线执法人员会将注意力集中在该投诉应急案件中去，在上级领导部门规定的3天回复期限内集中注意力处理案件并在系统上进行答复。以2018年4月新闻媒体报道的D食药监管所辖区内的学校周边“五毛零食”（辣条、油炸食品都算是“五毛零食”）盛行为例，舆论瞬间便把D食药监管所推上了风口浪尖，局里也要求其尽快处理，但是至今没有明文规定什么是“五毛零食”以及销售“五毛零食”是违法行为，同时新华社的一篇推送又肯定了我们的辣条生产民族企业，所以最后只能由D食药监管所与学校周边商家（根据认知）协商部分零食下架，以回应媒体舆论以及完成上级领导安排的任务。从这里我们也不难看出来，在面对社会媒体舆论的情况下，一线执法人员必须集中注意力对其进行回应，并且该回应是按照舆论宣传的逻辑来进行的（来源A1）。但总的来说，在食品药品安全监管中，一线执法人员最关注的外部因素莫过于与自身密切相关的来自社会方面的因素，包括公众、媒体舆论等。这也从侧面反映出人民对美好生活的向往愈发强烈，人民开始慢慢地从行政相对人转向管理主体（刘进军等，2017：30－34），这是我们在食品药品安全监管中打造新时代下共建共治共享的社会治理格局时所发生的美好一面。

（四）公众需求驱动下一线执法人员的注意力分配逻辑

党的十九大以来，越来越多的食品药品监管职能下沉到基层监管所，包括应对公众的来访、业务办理、投诉案件等，一线执法人员的自由裁量权增大，但是在面对极多的案件处理以及业务办理方面，D食药监管所一线执法人员采取的是选择性应对的方法。作为最基层的食药监管部门，D食药监管所每天都会接到公众的电话咨询或者上门来访和案件投诉，针对这些情形，D食药监管所采取选择性执法的方式。这里主要有两类处理问题的方式。一类是普通公众办理业务，一线执法人员会偏向于耐心详细的解答，并辅以材料进行说明，此类业务花费的时间往往不是很多，如表 4 所示，f（公众业务办理/咨询）所占的时间不是很多，但是如果公众不满意则有可能会上访，这也导致一线执法人员被批评警告；另一类则是职业打假人所进行的业务办理，该类人员办理的业务都是关于打假方面的，平均每一个月都能接到二十多单职业打假人投诉，如果每一件都认真处理的话，则会花费大量的时间，以至于其余的任务不能正常进行，并且职业打假人都是利益驱动型的，一切“向钱看”，为了谋取利益而进行大量的案件投诉，这也会大大增加一线执法人员的处理成本，所以一线执法人员偏向于延期处理或者选择增加职业打假人投诉成本让其自动销案，这一方法也得到上一级管理部门的认可，如 A2 所说的“现在我们基层的工作不容易做啊，各种工作加班加点之余，公众还不理解我们，并且还有很多职业打假人搞得我们很头痛，他们往往直接把资料交上来让我们来筛选合不合适，花费我们大量的时间，又不能不受理，只能反反复复跟局里诉苦，可能其他单位也是，然后局里也就对职业打假人的打假行为保持一定的戒备之心，也有专门应对职业打假人的内部办法”（来源 A2）。

（五）政绩驱动下一线执法人员的注意力分配逻辑

美国学者戴维·麦克利兰在 20 世纪 50 年代提出成就需要理论，他认为人在安全、生理需求得到满足了之后，就开始寻求成就、权力和情谊三个方面的需求。特别是在面对等级森严的组织架构时，如何从层级中寻求往上升迁的途径已经成为公务员对成就需求最为直观的体现。虽然在食品药品安全监管中的一线执法人员处于行政金字塔的最底层，但是其也有追求成就的需要，而面对狭窄的升迁路径，政绩对其来说无疑是最有力的通行证，所以这也会使一线执法人员在食品药品安全监管中将注意力过多地集中在可以进行量化的成果上，如进行一些短期内效果显著的“运动式”治理、面子工程迎检等。因此，在食品药品安全监管中，一线执法人员除了完成“四品一械”的日常监管工作、完成上级交代下来的一些紧急任务外，更偏向于将更多的注意力分配于政绩工程。笔者发现，D 食药监管所执法人员的注意力偏向基层所主导的专项整治行动。食品药品安全监管政府部门自上而下地采取专项整治的手段，这在短期内效果是显著的，虽然“阵风式”的执法并不能产生持续性的作用，往往是专项整治时限刚刚结束，各种乱象继续盛行，使得原来已取得的成果消失殆尽，但是上一级领导偏向于看到可量化的成果，而专项整治正是最好的可以进行量化、形成书面报告的手段。基层的食药监管所在完成基本的业务之后，为了迎合上级领导的偏好，将其注意力大量投入专项整治中。当然这类的专项整治行动占比较少，一般是以上级部门的行文报告为依据而开展的，如表 4 中的注意力分配类别中的类别 c 只占了 5.6%。

根据笔者的观察，基本上每次的专项整治行动，D 食药监管所的一、二把手都会来抓，参与行动的人员规模占所内工作人员比例最高，并且行动结果会形成一定的成果报告。但是专项整治所取得的成果没有其他具体的手段来巩固，所以在“一阵风”过后，乱象丛生。以校园饭堂专项整治行动为例，领导要来检查学校饭堂，对此上级要求保障学生用餐安全，该所一线执法人员便在有效的时间内，对其进行整治或者突击检查，要求学校饭堂严格按照规章制度改进，在领导检查学校之前积极主动去进行监管，但是成果验收之后亦即领导检查过后，未建立长效的监管机制，只是片面地要求企业自觉。

五　结论与讨论

通过对 D 食药监管所三个月的参与式观察，笔者发现，一线执法人员在食品药品监管中，其注意力分配的层级特点鲜明、较多地体现了上级的意志，也在很大程度上受到外部因素的影响，其注意力分配是责任导向、任务导向、舆论引导、公众需求驱动以及政绩驱动等多重逻辑的综合体现。在上述逻辑的支配下，一线执法人员的日常注意力分配有明显的“趋利避害”以及选择性监管的行为偏好。基层食品药品安全监管实践中出现的缺位、错位以及越位现象，可以说多多少少都跟一线执法人员的注意力分配有关。

（一）一线执法人员注意力分配的行为偏好

十九大以来，尽管政府对于民生工程的关注与投入增多，一线执法人员拥有越来越多的自由裁量权，但对处于压力型体制下的一线执法人员而言，其工作环境必定是复杂的，不可能只受到单一因素的影响，还受到来自体制内部的科层组织规矩、外部环境以及内部工作环境等的影响。一件事情吸引一线执法人员的注意之后，一线执法人员首先联想到的是来自科层组织规矩方面的约束，其次根据内部人员因素，最后才依据社会、媒体等外部环境进一步将事情落实。然而当一件事情面临的外部环境压力大于预期的时候，一线执法人员不单依据组织规矩行事，同时会将大部分的注意力分配在该类事情上。例如，处于案件投诉时期，一线执法人员会集中注意力，将多个案件整合在一起直接进行现场检查、笔录、走系统等，而其他文书则会在现场检查过后才通知商家到所里来补相应的材料，这显然违背了《中华人民共和国行政处罚法》中关于案件办理流程的规定。一线执法人员的注意力分配随着组织内部和社会外部环境的变化而变化，面对有限时间和庞大的信息，一线执法人员需要随时根据不同情况来进行注意力分配。

（二）一线执法人员注意力分配的“无奈之举”

正如笔者观察，一线执法人员在平常工作中处理案件的涉及商家利益时，尽管商家在事实上已经违背了相关规定，一线执法人员还是会谨慎处理，对于一线执法人员来说，他们在工作之余更多的是生活在这一片区域的成员。确实当事情的发展可能会影响一线执法人员八小时之外的生活之时，其注意力分配便会受到极大的影响。每一个独立的个体本身就是作为复杂的社会人存在的，一线执法人员每天除了要与体制内部人员进行沟通，还要与形形色色的人互动，当一线执法人员内部诉求得不到满足时，他们只能通过与外部人员的不断沟通以及寻求八小时外的情感寄托来满足自己作为一名复杂社会人的需求。因此，如何引导一线执法人员合理地进行注意力分配，提高其在食品药品安全监管中的有效性，如何在规范一线执法人员自由裁量权的同时，构建以及完善一线执法人员的权利保障机制，这些问题都需要进一步的探讨。

参考文献

陈家喜，2017，《从风险网络到执政网络：信息化背景下的政党适应性》，《中共中央党校学报》第2期。

代凯，2017，《注意力分配：研究政府行为的新视角》，《理论月刊》第3期。

韩志明，2013，《街头行政：概念建构、理论维度与现实指向》，《武汉大学学报》（哲学社会科学版）第 3 期。

韩志明，2017，《街头官僚的时间政治——以基层执法人员的工作时间为例》，《甘肃行政学院学报》第 2 期。

黄健荣，2010，《政府决策注意力资源论析》，《江苏行政学院学报》第 6 期。

李宇环，2016，《邻避事件治理中的政府注意力配置与议题识别》，《中国行政管理》第 9 期。

练宏，2015，《注意力分配——基于跨学科视角的理论述评》，《社会学研究》第 4 期。

刘进军、毛斌、刘译鸿，2017，《社会治理创新中政府与公民合作治理研究》，《广州大学学报》（社会科学版）第 6 期。

马奇，詹姆斯，2013，《决策是如何产生的》，王元歌、章爱民译，机械工业出版社。

琼斯，布赖恩，2010，《再思民主政治中的决策制定：注意力、选择和公共政策》，李丹阳译，刘新胜、张国庆校，北京大学出版社。

全国人民代表大会常务委员会，2016，《中华人民共和国公务员法》。

西蒙，赫伯特，2013，《管理行为》，詹正茂译，机械工业出版社。

颜海娜、聂勇浩，2013，《基层公务员绩效问责的困境——基于“街头官僚”理论的分析》，《中国行政管理》第 8 期。

杨爱平、余雁鸿，2012，《选择性应付：社区居委会行动逻辑的组织分析——以 G 市 L 社区为例》，《社会学研究》第 4 期。

叶丽娟、马骏，2003，《公共行政中的街头官僚理论》，《武汉大学学报》（哲学社会科学版）第 9 期。

周志忍、徐艳晴，2014，《基于变革管理视角对三十年来机构改革的审视》，《中国社会科学》第 7 期。

Lipsky, Michael. 1980. *Street-level Bureaucracy: Dilemmas of the Individual in Public Services*. New York: Russell Sage Foundation.

智能垃圾分类系统的实施成效及推广可行性分析

——基于广州市两所大学的调查比较

陈淮聪　李晓雪[*]

摘　要： 随着城市居民物质消费水平的提高，城市垃圾处理逐渐成为一个愈发严峻的公共问题。在垃圾分类重要性日益显现与城市生活垃圾分类效果未达预期的矛盾下，智能垃圾分类系统随物联网与智能化的发展而受到关注。本文通过对使用智能垃圾分类系统的广东轻工职业技术学院与实行传统垃圾分类的广州大学的对比研究发现，智能垃圾分类系统对使用者的行为意愿以及垃圾分类的效果有积极影响，同时，智能垃圾分类系统也存在容量较小、奖惩措施不力等缺陷。此外，广州大学日常产生垃圾的相关数据与类型与广东轻工职业技术学院基本一致，学生对垃圾分类的认知也相当，因而在广州大学推行智能垃圾分类具有一定的可行性。

关键词： 垃圾分类　智能垃圾分类系统　可行性

一　研究背景与研究方法

（一）中国垃圾分类现状和智能垃圾分类系统的引入

近几十年来，中国经济飞速发展，城市化进程加快，居民物质消费也

* 陈淮聪，广州大学公共管理学院学生；李晓雪，广州大学公共管理学院学生。

日益增长，随之产生大量日常生活垃圾。“据统计，中国城镇人口每人每天的垃圾产生量约为1.5kg，每人440kg/年，全国垃圾量约为10亿吨/年。”（李秀丽等，2014：62-65）面对日益严峻的垃圾围城困境，在以传统的填埋、焚烧、堆肥方式处理之前对垃圾进行分类收集，“可以提高回收物资的纯度和数量，减少需要处理的垃圾量，有利于城市垃圾的资源化和减量化”（陈晓艳、杜波，2009：64-67），但目前垃圾分类在中国实施的整体效果却仍处于较低水平。

2000年，北京、上海、广州等八个城市成为第一批垃圾分类试点城市，由此中国进入了城市垃圾分类的规范化与法制化进程。在中国垃圾分类实施相对较晚、城市垃圾分类体制与规定不健全、国民垃圾分类意识整体水平较弱的国情下，尽快落实与完善垃圾分类的举措，对中国生态文明保护与城市可持续发展具有不言而喻的必要性和重要性。

传统垃圾分类模式依赖城市出台相关的规范性文件规范居民的垃圾投放行为，垃圾分类的收集设施以印刷不同垃圾种类的标志作为区分，需要人工定时定点进行清理工作，功能单一。通过人工对居民垃圾分类行为进行判断并记录的效果较差且成本巨大，而垃圾分类行为记录的缺失使得根据投放行为对垃圾投放者进行有效奖惩的举措无法实现，因而，在对居民垃圾分类行为无强制执法权的情况下，城市管理部门在奖惩方面对垃圾分类行为的规范与激励是无力的，所颁布的关于垃圾分类的规范性文件也难以落到实处。而基于物联网的智能垃圾分类系统利用自身对垃圾的自动识别功能，对垃圾投放者投放信息的录入功能，通过对信息处理、传输和管理者的有效协调，很好地解决了上述问题，实现了对垃圾分类行为的全程信息化控制。

智能垃圾分类系统可按成本、技术水平、使用者实际需求等进行差异设计与制造，但其核心构件与运作方式相似。其主要硬件模块包括三个。（1）垃圾收集桶。桶身携有不同垃圾种类标识。（2）智能感应芯片。通过近场通信（Near Field Communication，NFC）等技术实现系统对用户信息的识别与记录，通过测重器模块获取垃圾的重量信息。通过“RFID芯片，让垃圾回收箱有了‘身份’，用户在哪个地方，哪个垃圾箱丢的垃圾，都会被该芯片记录下来”（梁琴等，2015：50-51、59）。（3）太阳能发电供能系统。“太阳能电磁板将光能转换为电能经过充电控制器，深循环蓄电池组，逆变器等处理输出电流，再通过ACM的体内电网为各耗能系统供能”（杨秀秀等，2015：82-84）。除此之外，系统也可配置个性的辅助硬件，如以各种方式激活的自动桶盖、语音提示播放器与桶体内部具有除臭功能的活性炭材料等。这些辅助硬件起到更好地规范投放者的投放行为与改善投放体验与环境的功能。

该系统的核心软件部分包括两个。（1）移动端实时监控系统。其“能够帮助环卫人员及时了解垃圾分类桶中的垃圾收集情况，并根据实际垃圾情况做出相应处理，以使垃圾分类桶的应用效果更理想”（黄丽丽、黄李丽，2017：101）。（2）移动终端的自媒体平台。生产及负责运行管理的单位可通过自媒体平台与系统使用者进行交互，一方面，运营主体向使用者推送配套的公告通知和优惠活动信息；另一方面，用户进行身份信息绑定之后，也可在平台上对自己投放的相关信息进行查询和用积分兑换奖励。

智能垃圾分类系统的研发及应用在互联网与智能化双潮流的推动下快速兴起，2017 年国务院办公厅转发的《生活垃圾分类制度实施方案》中明确了 46 个生活垃圾强制分类的试点城市，这个契机也使智能垃圾分类系统得以在多个城市快速落地推广。北京市朝阳区、济南市历下区、杭州市江干区、长沙市岳麓区、广州市黄埔区与深圳市罗湖区等地都推广使用智能垃圾分类系统，其配套的积分兑换商品、免费领取环保垃圾袋、可回收垃圾直接兑现等活动使当地居民表现出对垃圾分类的极大兴趣，大大提升了垃圾回收率。

广州市是 2000 年中国第一批实行生活垃圾分类的试点城市，也是 2017 年中国强制实施生活垃圾分类的先行城市，广州于 2012 年开始试行并逐步推广智能垃圾分类系统。2013 年，广东轻工职业技术学院（以下简称“广轻工”）和广东拜登网络技术有限公司就“广州市城市生活垃圾智能分类项目”先后开始在广轻工佛山南海、广州校区试行，其采用的政府支持、企业出资、学校参与研发、学生和居民参与使用的“四位一体”的模式，创新性地为城市垃圾分类注入“共建、共治、共享”的社会治理理念。在政府鼓励高等职业学院参与社会创新治理的背景下，广轻工的试点具有典型性与示范性。

作为工业设计上的一项新发明、城市垃圾治理在分类环节上的新模式，智能垃圾分类系统于广轻工推广应用四年后，其垃圾分类投放情况是否能达到预期、系统设计是否存在缺陷与不足、系统管理是否具有应对设计缺陷与新需求的改进能力、系统应用对其使用者的垃圾分类行为的影响及该系统在其他高校乃至社区推广的可行性等问题值得我们进一步深入探讨。

准备推广智能垃圾分类系统的广州大学（此处及下文均特指广州大学大学城校区）位于广州大学城内，该校目前以传统垃圾分类模式为主。在地理位置、人员数量与结构、垃圾分类模式及相关环卫人员工作模式与流程等方面，广州大学在广州大学城乃至广东省实施传统垃圾分类的各高校中具有一定代表性。因此，以广州大学为例对智能垃圾分类系统在各高校落地推广的可行性进行分析具有科学性与现实意义。

（二）研究调查设计

1. 调查目的

通过对推行智能垃圾分类系统的广轻工与应用传统垃圾分类模式的广州大学进行比较研究，了解智能垃圾分类系统推行的成效与存在的问题，探讨智能垃圾分类系统在广州大学推行的可行性，主要解决以下问题：（1）推行智能垃圾分类系统是否有助于提升垃圾分类知识水平；（2）推行智能垃圾分类系统是否有助于提升垃圾分类行为；（3）推行智能垃圾分类系统是否有助于提升垃圾分类效果；（4）智能垃圾分类系统推行中学生的体验如何，有哪些需要解决的问题；（5）智能垃圾分类系统可否在广州大学推广。

2. 调查样本分布与分析方法

本次调查共收集广轻工大一至大三各年级学生有效问卷526份，广州大学大一至大四各年级学生及研究生有效问卷500份。为确保问卷数据在统计学上具有统计意义，我们对问卷的部分选项进行数值化处理。同时，问卷数据的处理采用在社会调查统计中较为常用的SPSS统计分析软件，运用样本均值间的显著性检验等方法对数据进行对比分析。

二　智能垃圾分类系统推行的成效与存在的问题

（一）推行智能垃圾分类系统对提升垃圾分类知识水平的影响

垃圾分类的认知水平的高低直接决定了垃圾投放者是否能按垃圾分类的要求正确投放垃圾，因为垃圾分类的特殊性，少量的错误分类垃圾会对整个垃圾分类及后续的处理产生巨大的负面效应，往往挑拣少量错误分类垃圾的成本接近于将垃圾重新分类，因此提高投放者垃圾分类知识水平是提升垃圾分类效果的基础。

广轻工所投放使用的智能垃圾分类系统具有智能语音提醒功能，为了解该系统对广轻工学生垃圾分类知识水平的影响，我们对广轻工与广州大学两校学生的相关知识来源与水平做了对比统计分析，以确定其影响的显著性。我们对两校学生进行了内容与评分标准相同的知识测评，为分析两校学生垃圾分类知识的来源情况，我们将最终所有样本评测的总分分为3个组别，第一组为1~4分，第二组为5~8分，第三组为9~12分，然后与不同来源渠道进行交叉分析，得出表1。

表1　广轻工学生知识来源与评测总分水平

单位：人，%

知识的主要来源		总分水平（满分12分）			总计（响应）
		1~4分	5~8分	9~12分	
新媒体	计数	1	41	213	255
	占比	0.4	16.1	83.5	
智能垃圾分类系统的宣传	计数	3	39	196	238
	占比	1.3	16.4	82.4	
学校或个人教育	计数	3	40	245	288
	占比	1.0	13.9	85.1	
社区公告栏、普通垃圾箱等日常情境	计数	4	23	148	175
	占比	2.3	13.1	84.6	
总计（个案）	计数	7	83	436	526

据表1可知，在广轻工学生垃圾分类知识来源中，响应次数最多的是学校或个人教育，而且在选择各种来源渠道并且得分在9~12分的学生中，学校或个人教育所占的比例依旧为最高，在选择学校或个人教育的288名同学中，高达85.1%的学生得分在9~12分。说明广轻工在对学生的教育方面涉及较多垃圾分类的相关知识，并且起到良好的作用。同时不可忽视的是，智能垃圾分类系统及其配套的新媒体平台在垃圾分类知识的宣传教育中起到一定的作用。

根据表2可知，在广州大学学生垃圾分类知识来源中，响应次数最多的来源渠道为网络、电视等新媒体，共有280次，说明大多数学生会从网络上获取相关的垃圾分类知识。但是在选择各种来源渠道并且得分在9~12分的学生中，学校和个人教育渠道所占的比例最高，为82.4%，代表在知识来源

表 2　广州大学学生知识来源与评测总分水平

单位：人，%

知识的主要来源		总分水平（满分 12 分）			总计（响应）
		1～4 分	5～8 分	9～12 分	
网络、电视等新媒体	计数	0	54	226	280
	占比	0.0	19.3	80.7	
智能垃圾分类系统的宣传	计数	1	20	63	84
	占比	1.2	23.8	75.0	
学校或个人教育	计数	1	42	202	245
	占比	0.4	17.1	82.4	
公告栏、普通垃圾箱等日常情境	计数	0	49	213	262
	占比	0.0	18.7	81.3	
其他渠道	计数	0	9	15	24
	占比	0.0	37.5	62.5	
总计（个案）	计数	1	98	401	500

注：占比及总计是以应答者为基础，在值 1 处表格化的二分法群组。

为学校或个人教育的 245 位学生中，82.4% 的学生得分在 9～12 分，这个比例高于其他来源渠道的学生，说明通过学校或个人教育渠道获得的垃圾分类知识更为准确，而广州大学对学生关于垃圾分类知识的教育不足。

为了解智能垃圾分类系统对使用者的垃圾分类知识水平的提升程度，我们分别对两个学校学生关于可回收垃圾、厨余垃圾、其他垃圾、有害垃圾以及分类图示的了解进行了相关测试。其中可回收垃圾与厨余垃圾评测为多选题，共 3 个正确选项，评分标准为答对一个选项得 1 分，每道题最高为 3 分。其他垃圾和有害垃圾评测为单选题，答对得 1 分，每道题最高为 1 分。垃圾分类图示测评部分答对一个图示为 1 分，最高得 4 分。因此评测部分最高得分为 12 分。两个学校学生的最终得分如表 3、表 4 所示。

表 3　广州大学学生各垃圾种类得分情况统计

	（测）可回收垃圾	（测）厨余垃圾	（测）分类图示	（测）其他垃圾（厕纸、面纸巾）	（测）有害垃圾（废弃化妆品、药品）	评测总分（满分 12 分）
平均数	2.07	2.08	3.84	0.65	0.80	9.45
变异数	0.241	0.377	0.368	0.227	0.168	1.615

表 4　广轻工学生各垃圾种类得分情况统计

	（测）可回收垃圾	（测）厨余垃圾	（测）分类图示	（测）其他垃圾（厕纸、面纸巾）	（测）有害垃圾（废弃化妆品、药品）	评测总分（满分 12 分）
平均数	2.02	2.10	3.77	0.74	0.83	9.44
变异数	0.232	0.424	0.682	0.193	0.148	2.133

从表 3、表 4 中我们发现，在可回收垃圾、厨余垃圾、分类图示、其他垃圾、有害垃圾以及评测总分的平均分上两个学校均未显示出太大差异。为研究两个学校学生垃圾分类知识水平是否存在显著差异，我们在 $\alpha=0.05$ 的水平下采取双因素 T 检验方法对两个学校的评测总分进行研究。

假设 H_0：广州大学与广轻工的垃圾分类知识评测总分的差异不显著

H_1：广州大学与广轻工的垃圾分类知识评测总分存在显著差异

在表 5 中，观察第一个 Sig. 值，它是对方差齐性的假设的检验，Sig. = 0.224 >0.05，说明满足方差齐性，因此我们认为方差是齐性的。这种情况下，我们需要看第一行数据的第二个 Sig.（双尾）值来判断是否有组间差异。Sig.（双尾）=0.971 >0.05，所以接受原假设得出以下结论：广州大学与广轻工的垃圾分类知识评测总分的差异不显著。

表 5　广轻工与广州大学评测总分的独立样本检验结果

<table>
<tr><th colspan="2" rowspan="3"></th><th colspan="2">Levene 的变异数相等测试</th><th colspan="7">针对平均值是否相等的 t 检验</th></tr>
<tr><th rowspan="2">F</th><th rowspan="2">Sig.</th><th rowspan="2">T</th><th rowspan="2">df</th><th rowspan="2">Sig（双尾）</th><th rowspan="2">平均差异</th><th rowspan="2">标准误差</th><th colspan="2">95% 差异数的信赖区间</th></tr>
<tr><th>下限</th><th>上限</th></tr>
<tr><td rowspan="2">评测总分</td><td>采用相等变异数</td><td>1.480</td><td>0.224</td><td>0.037</td><td>1024</td><td>0.971</td><td>0.003</td><td>0.086</td><td>-0.165</td><td>0.171</td></tr>
<tr><td>不采用相等变异数</td><td></td><td></td><td>0.037</td><td>1016.117</td><td>0.971</td><td>0.003</td><td>0.085</td><td>-0.164</td><td>0.171</td></tr>
</table>

（二）推行智能垃圾分类系统对提升垃圾分类行为的影响

在研究智能垃圾分类系统对垃圾分类行为的影响中，我们通过对广轻工学生与广州大学学生在垃圾分类参与情况及参与意愿方面的对比分析，研究该系统对使用者的行为与意愿是否有积极影响。

由图 1 可知，在广州大学 500 名被调查者中，51% 的学生曾经参与过垃圾分类，另外49%的学生没有参与过垃圾分类。但是在参与过垃圾分类的学生中，只有40.4%的学生长期坚持进行垃圾分类，即广州大学坚持垃圾分类的学生比例大约为20.6%。

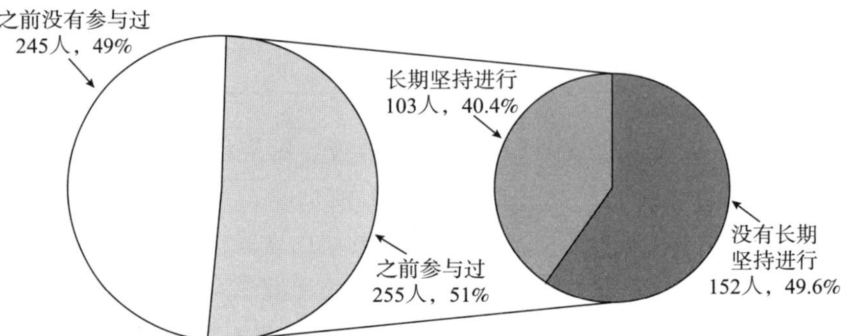

图1　广州大学学生参与垃圾分类状况

从广轻工学生接触智能垃圾分类系统前后坚持垃圾分类的人数比例饼状图（见图2、图3）中可以发现，推行智能垃圾分类后广轻工坚持进行垃圾分类的人数比例达70%，高于应用传统垃圾分类模式的广州大学49.6%，可见智能垃圾分类系统的使用带动了学生的垃圾分类行为。将广州大学参与过垃圾分类的人数比例与广轻工学生接触该系统前参与过垃圾分类的人数比例相比，发现广轻工相应比例高出23%，即广轻工学生即使在未接触该系统之前，其对垃圾分类的体验与接触程度也高于广州大学。

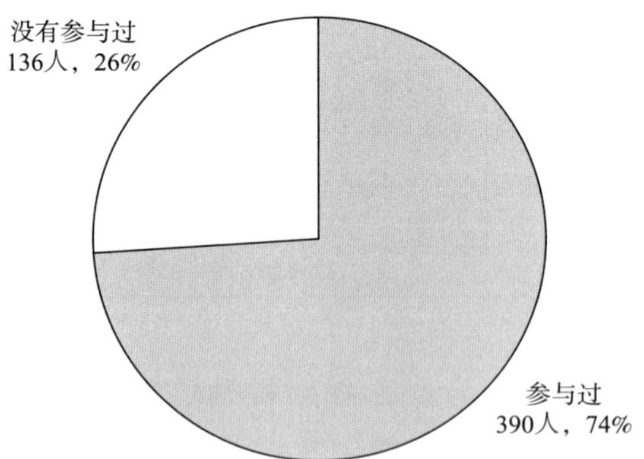

图2　智能垃圾分类前广轻工学生参与垃圾分类状况

从智能垃圾分类系统对广轻工学生的垃圾分类意识影响调查中可以看到该系统对使用者投放垃圾行为的促进作用（见表6）。

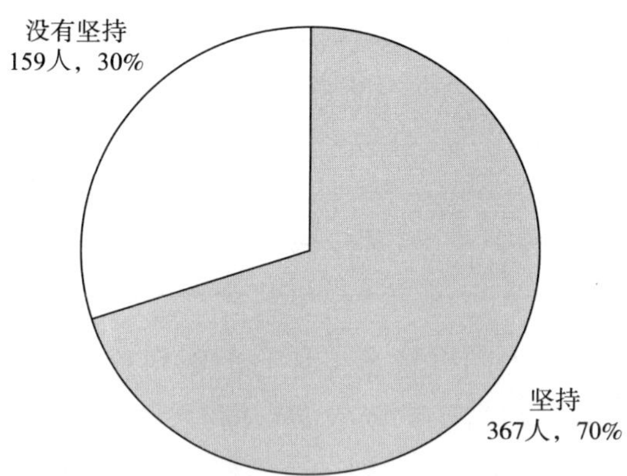

图3　智能垃圾分类后广轻工学生坚持垃圾分类状况

表6　智能垃圾分类系统对垃圾分类意识影响的分类统计

单位：人，%

意识变化	计数	比重
有显著增强	264	50.2
增强不明显	219	41.6
没有变化	41	7.8
促成逆反心理，意识变弱	2	0.4

（三）推行智能垃圾分类系统对提升垃圾分类效果的影响

垃圾分类效果是检验某一垃圾分类模式是否符合要求的最重要的标准，本次调研中，我们通过对广轻工与广州大学学生对学校各主要区域的垃圾分类效果打分进行对比统计分析，打分分值根据分类效果从差到优依次为0～10分，得出该智能垃圾分类系统的运用效果与传统垃圾分类模式下的分类效果的差异（见表7）。

表7　广轻工与广州大学主要区域垃圾分类的实施效果

单位：人，分

		N	平均分
实施效果（宿舍区）	广州大学	500	3.978
	广轻工	526	7.589

续表

		N	平均分
实施效果（街道）	广州大学	500	4.610
	广轻工	526	5.620
实施效果（教学楼）	广州大学	500	4.784
	广轻工	526	6.067

通过比较两个学校不同区域学生评分的平均数，我们发现广轻工各区域的垃圾分类实施效果均高于广州大学。同时，在一个学校内的不同区域，实施效果也不尽相同，下面我们将对各个学校不同区域的实施效果进行分析。

1. 广州大学

广州大学在学校宿舍区、街道与教学楼实施不同的垃圾分类措施，其中宿舍区与教学楼未进行垃圾分类，而在街道区域则采用传统的以单一功能垃圾箱为主体的垃圾分类模式。在数据处理方面，通过表 7 中的平均值我们直观地发现宿舍区的效果要远远低于教学楼和街道。为了防止抽样误差造成影响，我们将运用单因素方差分析和多重比较来进行更为详细的研究。

单因素方差分析：

假设 H_0：广州大学不同区域的实施效果的差异不显著；H_1：广州大学不同区域的实施效果差异显著。

得出表 8。

表 8　广州大学各区域分类效果的单因素方差分析结果

	平方和	df	平均值平方	F	显著
群组之间	179.889	2	89.945	10.823	0.000
在群组内	12440.380	1497	8.310		
总计	12620.269	1499			

根据表 8，因为 Sig. <0.05，所以我们拒绝原假设，认为广州大学不同区域之间的垃圾分类实施效果差异显著。

为了更详细地了解是哪些因素之间存在显著差异，我们需要对不同区域之间进行多重比较。首先进行对方差齐性的假设的检验，得出表 9。

因为 Sig. <0.05，所以不满足方差齐性。选择 Tamhane's T2 多重比较，得出表 10。

表 9　广州大学变异数同质性测试

Levene 统计资料	df1	df2	Sig.
17.034	2	1497	0.000

表 10　广州大学各区域的多重比较

	(I) 区域	(J) 区域	平均值差异 (I-J)	标准错误	Sig.	95% 信赖区间	
						下限	上限
Tamhane	宿舍区	街道	-0.63200*	0.18100	0.002	-1.0649	-0.1991
		教学楼	-0.80600*	0.19106	0.000	-1.2630	-0.3490
	街道	宿舍区	0.63200*	0.18100	0.002	0.1991	1.0649
		教学楼	-0.17400	0.17453	0.684	-0.5914	0.2434
	教学楼	宿舍区	0.80600*	0.19106	0.000	0.3490	1.2630
		街道	0.17400	0.17453	0.684	-0.2434	0.5914

注：* 表示平均值差异在 0.05 水平显著。

根据表 10 可知，广州大学宿舍区与街道、宿舍区与教学楼之间的实施效果差异是显著的。

2. 广轻工

通过实地考察，广轻工仅在宿舍区楼下设置智能垃圾分类设施，而在街道区域设置与广州大学相同的功能单一的传统垃圾分类收集装置，在教学楼则未进行任何垃圾分类，各类垃圾混装处理。在数据分析中，广轻工实施效果最好的地区是宿舍区，平均分为 7.589。其次是教学区，平均分值为 6.067，最后为街道，平均分为 5.620。为了防止抽样误差造成的影响，我们将运用单因素方差分析和多重比较来进行更为详细的研究。

单因素方差分析：

假设 H_0：广轻工不同区域的实施效果的差异不显著；H_1：广轻工不同区域的实施效果差异显著。

得出表 11。

表 11　广轻工各区域分类效果的单因素方差分析结果

	平方和	df	平均值平方	F	Sig.
群组之间	1121.750	2	560.875	94.967	0.000
在群组内	9301.926	1575	5.906		
总计	10423.676	1577			

根据表11，因为 Sig. <0.05，所以我们拒绝原假设，认为广轻工不同区域之间的实施效果差异显著。

为了更详细地了解是哪些因素之间存在显著差异，我们需要对不同区域之间进行多重比较。首先进行对方差齐性的假设的检验，得出表12。

表12　广轻工变异数同质性测试

Levene 统计资料	df1	df2	Sig.
24.585	2	1575	0.000

因为 Sig. <0.05，所以不满足方差齐性。选择 Tamhane's T2 多重比较，得出表13。

表13　多重比较

	(I) 区域	(J) 区域	平均值差异 (I-J)	标准错误	Sig.	95%信赖区间	
						下限	上限
Tamhane	宿舍区	街道	1.96958*	0.14109	0.000	1.6321	2.3070
		教学楼	1.52281*	0.14634	0.000	1.1728	1.8728
	街道	宿舍区	-1.96958*	0.14109	0.000	-2.3070	-1.6321
		教学楼	-0.44677*	0.16139	0.017	-0.8327	-0.0608
	教学楼	宿舍区	-1.52281*	0.14634	0.000	-1.8728	-1.1728
		街道	0.44677*	0.16139	0.017	0.0608	0.8327

注：* 表示平均值差异在0.05层级显著。

根据表13可知，宿舍区与街道、宿舍区与教学楼、街道与教学楼之间的实施效果差异均是显著的。

综合对两校及其不同区域垃圾分类效果的评分及方差分析，我们可知智能垃圾分类系统对提升垃圾分类效果具有显著影响。

（四）智能垃圾分类系统推行中需进一步解决的问题

智能垃圾分类系统相比传统垃圾分类设施所体现出的优越性在上文已经有所阐述，为了解该系统在实际应用中出现的问题，我们通过对广轻工学生进行调查发现，智能垃圾分类系统最突出的问题是容量小，其次是相关宣传力度不够及电子故障频发（见图4）。

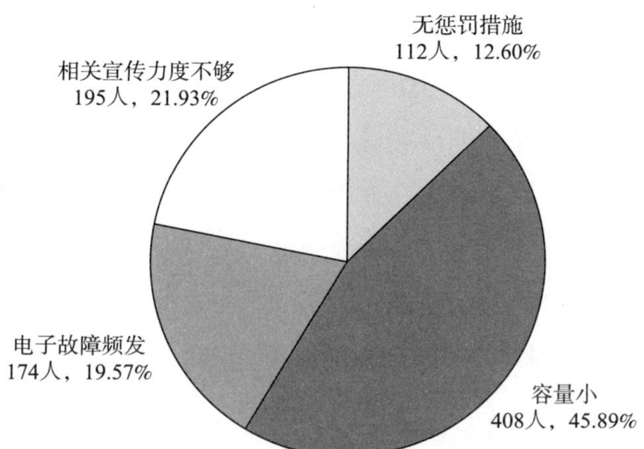

图 4　智能垃圾分类系统存在的问题

而在对广轻工学生关于智能垃圾分类系统意见反馈的调查中，我们通过统计发现，楼层内的垃圾收集设施的缺失与奖惩制度的不完善为学生主要的关注点，具体数据如表 14 所示。

表 14　广轻工学生关于智能垃圾分类系统的反馈意见统计

单位：次，%

建议与意见	次数	占比
增加设施数量，设施引入宿舍楼层	36	15.3
加大奖励，增加惩罚措施	27	11.4
加强相关宣传	72	30.5
设施分类应更符合实际需要	21	8.9
加大设施的容量	31	13.1
增加设施清理的次数	12	5.1
提高垃圾与信息卡识别能力	21	8.9
缩短垃圾投放的时间	9	3.8
消除气味	2	0.8
做到及时回馈信息	3	1.3
及时维修损坏	2	0.8
总计	236	100

三　广州大学推行智能垃圾分类系统的可行性

为进一步深化广州生活垃圾分类工作，促进生活垃圾分类源头减量，提高广州生活垃圾处理减量化、资源化、无害化水平，广州市选取了大学城作为实行生活垃圾强制分类制度试点区域之一。那么广州大学是否能够学习借鉴广轻工的做法，在广州大学投放智能垃圾分类设施呢？

（一）广州大学与广轻工垃圾数量比较

垃圾分类收集装置容量的需求受垃圾产生数量的直接影响，也与垃圾合理的清理频率相关，在传统垃圾分类模式下，有时也直接影响后期人工再次挑拣分类的工作量。对两校垃圾产生数量的对比分析有利于研究智能垃圾分类系统对垃圾产生数量的影响，并进一步了解两个学校垃圾产生数量的情况。在此项统计分析中，我们以宿舍为样本统计单位，两个学校一宿舍中居住学生的数量同为 6 人。表 15 为两校宿舍垃圾产生情况。

表 15　广州大学、广轻工宿舍垃圾产生情况统计

		N	最小值	最大值	平均数
广州大学	宿舍产生垃圾数量（袋/天）	500	0.3	7.0	1.798
	宿舍扔垃圾频率（次/天）	500	0.0	10.0	1.366
广轻工	宿舍产生垃圾数量（袋/天）	526	0.0	9.0	1.759
	宿舍扔垃圾频率（次/天）	526	0.0	10.0	1.262

从表 15 对比中我们可以看出，广州大学每个学生宿舍在垃圾产生的数量与扔垃圾的频率方面均略高于广轻工，但相差不大。

（二）广州大学与广轻工垃圾类型比较

为了比较两个学校学生产生垃圾种类的区别，我们分别调查了两个学校学生日常垃圾产生状况，在调查问卷中，对应题目为排序题，被调查学生需要按照日常垃圾产生的情况，将各类垃圾按数量从多到少进行排序。在分析中，我们根据填写者对选项的排序情况计算选项平均综合得分，该得分反映了选项的综合排名情况，得分越高表示综合排序越靠前，也表示该种垃圾产生数量最多。

计算方法为：选项平均综合得分 = （Σ 频数 × 权值）/本题填写人次。权值由选项被排列的位置决定。例如，有 3 个选项参与排序，那排在第一个位置的权值为 3，第二个位置权值为 2，第三个位置权值为 1。例如，一个题目共被填写 12 次，选项 A 被选中并排在第一位置 2 次，第二位置 4 次，第三位置 6 次，那选项 A 的平均综合得分 = （2 × 3 + 4 × 2 + 6 × 1）/12 ≈ 1.67 分。这里分数和选项个数是有关系的。

该题有 9 个选项来进行排序，排第一位的得分就是 9 分，且这个分数不受“请选择 * 项来排序”的影响。计算的平均综合得分如表 16 所示。

表 16　广州大学与广轻工垃圾产生种类的对比统计

单位：人，分

		观察值		平均数	变异数	总和
		有效	遗漏			
广州大学	纸质印刷品	500	0	5.558	8.508	2779.0
	食物残渣	500	0	7.006	5.541	3503.0
	饮料瓶（包括金属、塑料、玻璃质地）	500	0	4.834	8.283	2417.0
	废旧衣物	500	0	2.230	5.809	1115.0
	废弃纸巾	500	0	7.442	5.049	3721.0
	废旧电子产品	500	0	1.838	4.429	919.0
	过期药品、化妆品	500	0	1.850	4.577	925.0
	快递包装	500	0	5.500	6.367	2750.0
	其他	500	0	0.024	0.076	12.0
广轻工	纸质印刷品	526	0	5.249	9.094	2761.0
	食物残渣	526	0	6.730	6.403	3540.0
	饮料瓶（包含金属、塑料、玻璃质地）	526	0	6.831	5.078	3593.0
	废旧衣物	526	0	2.441	5.458	1284.0
	废弃纸巾	526	0	6.989	6.826	3676.0
	废旧电子产品	526	0	1.899	4.228	999.0
	过期药品、化妆品	526	0	1.952	4.536	1027.0
	快递包装	526	0	5.760	6.567	3030.0
	其他	526	0	0.048	0.377	25.0

根据表 16 可以看到，广州大学学生产生垃圾数量排名前五的依次为废弃纸巾、食物残渣、纸质印刷品、快递包装和饮料瓶；广轻工学生产生垃圾数量排名前五的依次为废弃纸巾、饮料瓶、食物残渣、快递包装和纸质印刷品。两个学校排名前五的垃圾种类一致，废弃纸巾是产生最多的垃圾，且 5 类中涉及 3 类可回收垃圾，1 类其他垃圾，1 类厨余垃圾。为了更清晰地对两个学校的垃圾结构进行对比我们绘制了雷达图。从图 5 中我们可以更为直观地发现，除饮料瓶外，两个学校其余垃圾产生数量的结构基本相同。

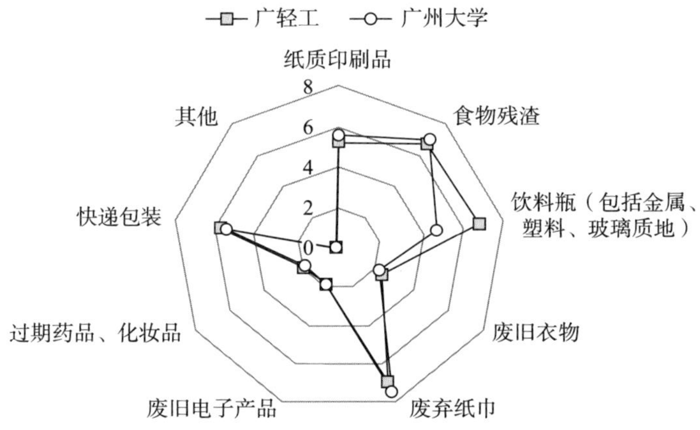

图 5　广州大学与广轻工垃圾产生种类

（三）智能垃圾分类系统推行中的用户体验

智能垃圾分类系统自身仍然具有一般系统产品在用户体验方面的相关特性，系统的用户体验与系统使用者的满意度、认可度紧密相关。智能垃圾分类系统的用户体验影响着使用者垃圾分类的积极性，进而影响垃圾分类的最终效果。对智能垃圾分类系统用户体验方面的研究分析建立在使用该系统时排队情况、损坏情况、易用程度、奖励看法、分类看法等方面上，并以对该系统态度作为满意度标准。

根据表 17 可知，从态度看，95.1% 的学生均表示支持智能分类系统在学校的投入使用；在使用方面，该设施在排队情况、损坏情况上都反映出较差的用户体验；在奖励方面，虽然有 52.3% 的学生表示支持，但仍有 25.5% 的学生表示未接触过积分兑换，可知奖励制度对学生的激励尚有很大的提升空间。同时，该系统并未制定相关违规行为的惩处措施，使整体的奖惩制度作用较弱；在垃圾投放类型的划分上，该设施基本能够满足日常投放需求。

表 17　智能垃圾分类系统的使用情况

单位：人，%

		计数	比重
对系统态度	支持	500	95.1
	不支持	2	0.4
	无所谓	24	4.6
排队情况	从来没有	219	41.6
	偶尔有	271	51.5
	经常有	24	4.6
	几乎每次都有	12	2.3
损坏情况	从来没有	142	27.0
	偶尔有	323	61.4
	经常有	57	10.8
	几乎每次都有	4	0.8
易用程度	操作简单	421	80.0
	操作步骤有点烦琐	96	18.3
	操作步骤太过复杂	9	1.7
奖励看法	支持，有一定激励作用	275	52.3
	优惠力度小，不太满意	117	22.2
	不知道，没有兑换过	134	25.5
	其他	0	0.0
分类看法	分类种类过多，难以落实	126	24.0
	分类合理，能满足垃圾投放的需求	294	55.9
	分类种类过少，有些种类没有包括	106	20.2

在对广州大学学生对智能垃圾分类系统所期望体验功能的调查中，我们可以发现广州大学的体验需求倾向。该题目共收到 1493 份响应，调查发现学生最期望的体验是简单便捷的操作，其次是垃圾收集设施的除臭功能（见表 18）。

表18　广州大学学生对智能垃圾分类系统的期待功能

单位：人，%

希望具有的功能*	回应		观察值占比
	N	占比	
可除臭	354	23.7	70.8
发放垃圾袋	203	13.6	40.6
有力的奖励措施（如积分兑换、增加学分等）	179	12.0	35.8
有趣的语音提示	226	15.1	45.2
简单便捷的操作	392	26.3	78.4
处罚违规投放行为	131	8.8	26.2
其他	8	0.5	1.6
总计	1493	100	298.6

注：*表示在值1处表格化的二分法群组。

四　结论与建议

通过对广州大学与广轻工学生进行垃圾分类调研，我们发现两个学校的学生对垃圾分类的认知水平在基于 $\alpha = 0.05$ 的水平下的t检验分析中并无显著差异。在认知水平十分相近的前提下，广轻工坚持进行垃圾分类的人数比例约为70%，可见智能垃圾分类系统对其使用者垃圾分类行为的促进作用十分显著。在智能垃圾分类系统运用对垃圾分类的实际效果方面，我们看到广轻工学生对宿舍区、街道、教学楼等学校主要区域的垃圾分类效果评分均高于广州大学，其中使用智能垃圾分类系统的广轻工宿舍区在评分上高出广州大学宿舍区约3.611分，而街道与教学楼区域的评分差则分别只有1.01分与1.283分。同时，使用智能垃圾分类系统的广轻工宿舍区垃圾分类效果评分也分别高出其校内使用传统垃圾分类桶的街道与未进行垃圾分类的教学楼区域约1.969分与1.522分，可见智能垃圾分类系统的运用对垃圾分类效果的显著提升。

同时，在调研中我们也看到智能垃圾分类系统在使用中产生了一些问题。在对智能垃圾分类系统局限的调查中，有45.89%的学生认为垃圾收容设施容量较小，而易发故障、无惩罚措施等问题也有所显示。在系统的用户体验方面，则有如设施垃圾收入方式不合理、用户身份识别程序烦琐、设施气味较大和相应媒体平台宣传不足等问题。在相关环卫人员的访谈中，我们发现智能垃圾分类系统对校园环境的确有一定改善，但在实际的垃圾处理中，环卫人员仍常需要对系统所收集垃圾进行二次分类。由此可知，智能垃圾分类系统垃圾识别功能仍有所欠缺，无法在垃圾收入环节上对垃圾达到强制分类效果，因而在无法做到全部使用者严格按规定进行垃圾分类的情况下，垃圾分类的效果会大打折扣。

通过对两校学生垃圾分类认知水平、行为与实际效果分析显示，两校学生宿舍垃圾数量和类型相似，学生对垃圾分类的认知基本一致，智能垃圾分类系统在广州大学推广具有可行性。但在推广中，广州大学应注重智能垃圾分类系统的便捷操作体验与除臭功能，同时做好推广前期的相关使用知识宣传工作，确保系统顺利落地推广，降低系统与用户磨合过程中产生的成本。

参考文献

陈晓艳、朴波，2009，《城市生活垃圾处理技术的现状与发展趋势》，《内蒙古环境科学》第 1 期。

黄丽丽、黄李丽，2017，《物联监控智能垃圾分类桶的设计探析》，《化工管理》第 13 期。

李秀丽、周明远、樊丽、张文、朱学峰，2014，《城市生活垃圾智能分类收集系统的探索研究》，中国环境科学学会学术年会论文，四川成都。

梁琴、何杏娃、刘嘉娴、冯显超、黄展鹏、祁鸣鸣、李馨雨，2015，《基于物联网垃圾分类智能管理系统的探索》，《信息与电脑》（理论版）第 23 期。

杨秀秀、马利兵、孟春阳、王瑶、项鹏、赵川，2015，《智能分类垃圾箱系统设计》，《黑龙江科技信息》第 24 期。

【社会保障】

组合赋权视角下贫困退出的多维识别研究*

——基于贵州3个村277户农户的实证分析

伍国勇　张丽婧　任　秀**

摘　要：解决贫困问题的前提是要精准识别。本文使用多维度测评的组合赋权模型，基于贵州277份问卷的数据，对贫困识别进行微观分析，发现全部贫困家庭皆能通过测评模型进行准确评分并判断其贫困程度，其中83.8%的家庭位于贫困线以下。从贫困识别的多维度测评的发展状况看来，本文的组合赋权方法对贫困数据的处理具有现实参考价值。

关键词：贫困识别　组合赋权　多维测度

引　言

贫困一直是困扰全世界的难题，各国的经济学家们都致力于探求造成

* 2014年贵州大学文科重大项目"农业生态安全问题的经济学研究"（编号：GDZT201401）、2016年国家社科基金重点项目"IAD框架下主动协商型扶贫开发模式研究"、2016年贵州省软件科学项目"农村产权改革与精准扶贫的对接研究"、2017年贵州大学农林经济管理国内一流学科建设项目（编号：GNYL［2017］002）。

** 伍国勇，博士，教授，贵州大学中国喀斯特地区乡村振兴研究院执行副院长、管理学院副院长，从事农村发展、生态经济问题研究；张丽婧，浙江大学农业经济管理专业硕士研究生，从事农村产权改革、扶贫问题研究；任秀，贵州大学农村与区域发展专业硕士研究生，从事农村贫困问题研究。

贫困的原因、贫困的实质、贫困测度以及如何消除贫困。近年来，对于贫困的研究从单一的收入维度研究发展到多维度研究。联合国在《2000 年人类发展报告》《2010 年人类发展报告》《联合国千年宣言》《千年发展目标》中强调了贫困的多维性，运用 HDI（人类发展指数）和 MPI（多维贫困指数）对各个国家的人类发展状况进行评估和测度。可见，多维贫困的研究已经成为国际研究热点。各地区贫困识别标准的不一致性、扶贫工作人员的主观评判性，导致在贫困识别过程中真贫困户被排斥和非贫困户挤占扶贫资源，最终造成贫困识别（包括退出识别）不精准。另外，为简化工作，在识别过程中大都以经济收入作为单一量化指标，同时辅以主观判断指标。指标简单化、不统一化在社会中产生了较大的“寻租空间”，使得扶贫评价结果存在一定的非客观性、非公平公正性。著名的经济学家舒尔茨曾说过：“世界上大多数人是贫穷的，如果我们懂得穷人的经济学，也就懂得许多真正重要的经济学原理。”贫困识别标准的不统一以及在实际操作中受到主客观因素的影响导致贫困识别出现偏差、扶贫资源配置不合理、非贫困户排挤贫困户的现象。刘坚（2006）指出贫困识别存在目标偏离的现象，主要是由于非贫困户排挤贫困农户并从扶贫资源中获取收益。为了提高识别的精准度，对贫困程度进行精确估计，减少识别过程中产生的偏差，国内学者做了很多创新和尝试。汪三贵、王姮、王萍萍（2007）利用 OLS 和 Logistic 模型对中国农村贫困家庭进行识别，利用这两个模型都可以准确识别出 50% 以上的贫困家庭。综合比较发现，由于 Logistic 模型可以选择合适的概率切割点，对于贫困识别具有更大的精准度和优势。汪三贵、Albert Park（2010）的研究发现，由于国家统计局和民政部识别贫困人口的标准不一样，国家统计局估计的是低于贫困标准线的贫困人口数量，民政部估计的是丧失劳动能力的人口数量，而这些人口中有一部分人的收入并不低于贫困线。识别标准的不统一，基础数据的偏差，瞄准对象的失误导致扶贫资源利用效率低下，减贫效果不乐观，亟须在全国建立统一的贫困识别标准。多维贫困识别、加总和分解方法是 Alkire 和 Foster（2011）提出的，是一种用于计算 MPI 的方法。陈琦（2012）借鉴 MPI 以及《中国农村扶贫开发纲要（2011—2020）》的目标建立了健康、教育以及生活水平三个维度的多维贫困指标体系，利用 AF 多维贫困测量方法对该地区的贫困状况进行综合测量，得出武陵山片区贫困范围广、规模大、贫困程度深、贫困类型多样的结论。高艳云（2012）参照 MPI 的构造，利用 CNKI 中 2000 年至 2009 年东、中、西部9个省份的调查数据，从教育、健康以及生活水平这三个维度对农村贫困程度进行测度，分析结果发现，这些省份的极端贫困状况有所改善，但是农村贫困状况依然严重于城市，因此，农村扶贫仍然是政府扶贫工作的重点。在扶贫过程中，不仅要重视提高人们的收入水平，更要重视相关基础设施的建设。侯风涛（2013）利用中国健康与营养调查（CHNS）的数据，采用AF方法探讨影响农村贫困的因素，发现单纯地从收入维度去测度贫困无法全面反映农村贫困状况，医疗卫生保障、教育成为影响多维贫困发生的重要因素。史志乐、张琦（2018）对中国家庭追踪调查（CFPS）2010～2014年的微观数据进行比较，发现贫困户在进行多维贫困测量时存在较大的脆弱性，且贫困持续性强、脱贫难度大、返聘隐患大，多维贫困测量方法能够多方面、深层次反映农户的贫困状况。

因此，中国亟须从多维角度建立一个完善的贫困识别评价指标体系，并将贫困指标进行标准量化，构建一个成熟的贫困量化工具。查阅相关文献资料可知，中国扶贫方式多以区域性瞄准为主，从而实现整村脱贫，构建指标体系也是从宏观方面入手，如对国家贫困和区域贫困进行测度，而对微观层面的指标构建相对较少。因此，从微观角度出发对农村家庭的贫困程度进行识别是一种新的尝试和探索。在中国精准扶贫的大背景下，对贫困家庭进行识别和测量贫困程度是当前扶贫开发工作的基础和关键。笔者从农民家庭户出发，建立微观多维式贫困识别指标体系，探索兼具实用性和可操作性的贫困识别和测度的方法。本文用实证的方法验证组合赋权模型的实用性和可操作性，为扶贫工作者提供了一个规范、可操作贫困量化工具，帮助扶贫工作者更好地识别贫困。

一　指标选取与模型设定

（一）贫困识别指标选取

开展贫困识别，只有确定贫困识别的相关指标，建立指标体系，才能进行量化研究，从而进一步确定贫困标准线。这样才可从客观公正的角度去进行贫困识别，减少识别偏差。在实践中，单纯地从收入这一个维度去识别贫困是片面和不恰当的，因此本文建立一个多维贫困识别指标体系，从多个角度综合考虑一个家庭的贫困状况是十分必要和可行的。

国内有关贫困指标体系建立的文章有很多，但是大多数是从宏观层面出发对一个国家或者地区的贫困程度进行评价，而本文从微观角度，选择更为具体的指标对农村家庭贫困程度进行评价。在指标的选择上，既要考虑指标能否真实地反映本文研究的主题，又要考虑指标体系的简明性以及所需数据的易收集性和易整理性。构建指标的过程中综合参考田飞（2010）《贫困指标体系问题研究》、王荣党（2006）《论农村贫困测量指标体系的构建》以及罗小兰、曹艳春（2010）《基于 AHP 方法的中国城市家庭贫困程度测度指标体系、设想与实证分析》这三篇文章，从物质资本、人力资本以及生活环境三个维度构建农村家庭贫困识别的指标体系。本文构建指标体系的思路有以下几点。

第一，要选取能够正确而且恰当反映我们所研究主题的指标，并且能够反映农村家庭的经济状况。学者对贫困的研究是从居民收入开始的，收入低于某一个值，就判定他是贫困的。因此，人均纯收入也是我们必须要考虑的一个指标。同时通过阅读相关文献，结合社会实践经验，我们发现能够反映家庭经济状况的除了收入还有其他指标，比如住房条件、人均耕地面积等。

第二，在“贫困识别”过程中，地方政府总结了许多“土政策”，这些政策是基层扶贫工作者多年扶贫经验的总结，因此具有较高的参考价值。文章在构建贫困识别指标体系时，应该要综合考虑地方经验。比如贵州省毕节的“四看法”：一看房、二看粮、三看有无读书郎、四看劳动力强不强。因此，我们要构建相关指标来反映“四看法”。比如：“一看房”这个指标，我们可以用房屋主要结构和人均住户面积来反映；“二看粮”这个指标，可以用人均耕地面积和家庭人均纯收入来综合衡量；“四看劳动力强不强”这个指标，可以利用家庭总劳动力数、家庭中重病或残疾人口数来量化计算。

第三，本文从多维贫困的角度来研究农村贫困识别问题，我们所定义的贫困不再是单一的经济贫困，而是多维的综合贫困。因此，在选择指标的时候，不仅仅要考虑经济指标，还要考虑其他因素，以此来丰富指标体系的内涵。比如王荣党（2006）《论农村贫困测量指标体系的构建》一文从贫困基础、社会经济、人文发展以及生存环境这四个维度构建了区域贫困指标体系的基本框架。因此，在借鉴经验的同时，可将生活环境加入农村贫困识别的指标体系中。

（二）贫困识别指标体系构建

根据研究的主题、指标构建思路和要遵守的构建指标体系的实事求是、可行性以及可计量性、易操作性原则，在经过专家讨论之后，最终确定了物质资本、人力资本以及生活环境3个二级指标，以及家庭人均纯收入、家庭总劳动力数、入户路类型等12个三级指标。农村家庭贫困识别指标体系如表1所示。

表1　农村家庭贫困识别指标体系构建

一级指标	二级指标	三级指标
农村家庭贫困识别指标	物质资本（E）	家庭人均纯收入 E1
		家庭拥有耐用品数量 E2
		人均耕地面积 E3
		人均住户面积 E4
		房屋主要结构 E5
	人力资本（L）	家庭总劳动力数 L1
		家庭中重病或残疾人口数 L2
		家庭平均受教育年限 L3
	生活环境（I）	入户路类型 I1
		饮水是否困难 I2
		家庭中享有医疗保险人口比重 I3
		家庭中享有养老保险人口比重 I4

（三）建立确权模型

查阅相关文献资料发现确定指标权重的方法有很多，本文在AHP以及熵值法的基础之上，建立组合赋权模型求出各个指标的综合权重。

1. AHP 层次分析法

（1）构建各指标间的层次结构模型。参照罗小兰、曹艳春（2010）《基于AHP方法的中国城市家庭贫困程度测度指标体系设想与实证分析》和田飞（2010）《贫困指标体系问题研究》这两篇文章，选择物质资本、人力资本、生活环境作为中间层要素，从这三大方面对贫困程度进行识别，然后再对中间层进行分层。因此，该模型一共设置3个中间层要素，12个子指标。建立的层次结构模型如图1所示。

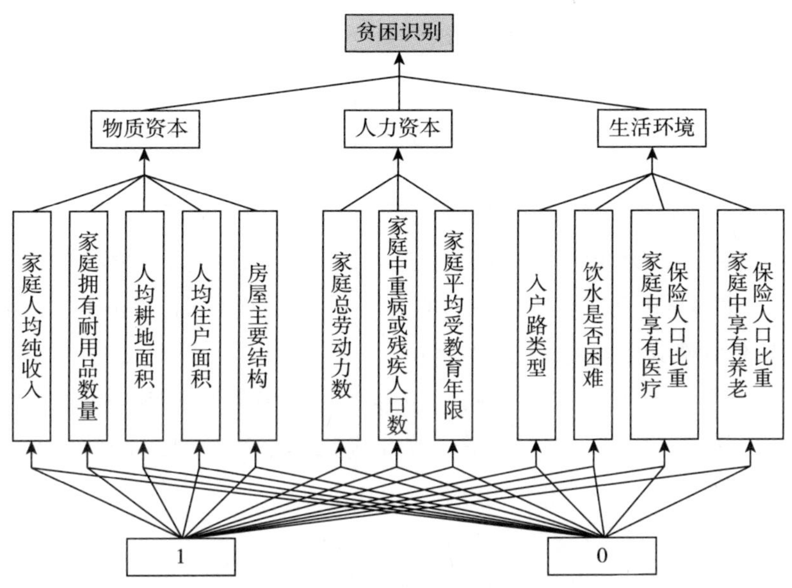

图 1　农村家庭贫困识别指标体系

（2）构造判断矩阵。层次分析法将主观赋权和客观数学计算结合起来，在完成层次结构模型的构建之后，由专家对指标的重要性进行两两比较，确定指标间的相对重要性，并对这种重要性进行打分，从而构建判断矩阵。判断贫困程度的 12 个识别子指标分别是：家庭人均纯收入、家庭拥有耐用品数量、人均耕地面积、人均住户面积、房屋主要结构、家庭总劳动力数、家庭中重病或残疾人口数、家庭平均受教育年限、入户路类型、饮水是否困难、家庭中享有医疗保险人口比重、家庭中享有养老保险人口比重，分别用 C1 ~ C12 表示，构造判断矩阵 A 以及具体的打分表（见表 2）。

$$\text{矩阵} A = \begin{Bmatrix} C_{11} & \cdots & C_{112} \\ \vdots & & \vdots \\ C_{121} & \cdots & C_{1212} \end{Bmatrix} \tag{1}$$

表 2　Saaty 的 1 ~ 9 分打分表

标度	含义
1	两个因素相比，两个因素同样重要
3	两个因素相比，其中一个因素稍微重要
5	两个因素相比，其中一个因素比较重要

续表

标度	含义
7	两个因素相比，其中一个因素十分重要
9	两个因素相比，其中一个因素绝对重要
2、4、6、8	表示重要程度介于 1、3、5、7、9 这几个相邻的标度之间

$C_i : C_j \Rightarrow C_{ij}$，表示元素 i 相对于元素 j 对评价目标的重要性程度。本文采用 Saaty 的 1 ~9 分打分表，C_{ij} 的值是专家们根据打分表给出的，再根据针对性的软件计算出各项指标的权重 S_j。

（3）一致性检验。在构建判断矩阵 A 后，需要检验其一致性，确定 A 的不一致范围，分为层次单排序一致性检验和层次总排序一致性检验。计算公式分别是：

$$CI = \frac{\lambda_{\max} - n}{n - 1} \tag{2}$$

$$RI = \frac{CI_1 + CI_2 + \ldots + CI_n}{n} \tag{3}$$

$$CR = \frac{CI}{RI} \tag{4}$$

其中，CI 表示层次单排序的一致性，CR 表示层次总排序一致性检验。在层次单排序一致性检验中，不一致的成对比较矩阵，采用矩阵对应的最大特征根 λ 的特征向量来检验，当且仅当 $\lambda = n$ 的时候，A 为一致矩阵。当 $CI = 0$ 时层次单排序具有一致性，CI 的值接近 0 时表示具有满意的一致性，CI 的值越大表示层次单排序的一致性就越差，模型效果就越不好。在层次单排序一致性检验的基础上，对层次总排序进行检验。一般地，我们将 $CR = 0.1$ 作为临界值，当 $CR < 0.1$ 的时候，我们可以认为矩阵通过一致性检验。但是由于存在数据误差或者专家意见的主观性，有时候 $CR > 0.1$，那么这个时候我们就要重新调整某些元素的取值，使 $CR < 0.1$，即为通过了一致性检验。

2. 熵值法

本文采用 Excel 软件对数据进行处理。假设一共有 m 个评价对象 j 项指标，在表格中表现为 m 行 j 列。m 个评价对象的每一项指标的原始数据计为 N_j，运用公式（5）计算出 P_{ij} 形成矩阵 A_{ij}（A_{ij} 表示在 j 项指标中，每个评价对象在指标评价中所占用的权重)。

$$P_j = \frac{N_j}{\sum_{j=1}^{m} N_j} \tag{5}$$

$$A_{ij} = \begin{Bmatrix} P_{11} & \cdots & P_{1j} \\ \vdots & & \vdots \\ P_{i1} & \cdots & P_{ij} \end{Bmatrix} \tag{6}$$

最后算出 $E_j = -k \cdot \sum_{i=1}^{m} P_{ij} \cdot \ln(A_{ij})$ (E_j 表示 j 指标的不确定性，也就是我们所说的熵值。E_j 越大，表示指标的不确定性越大，包含的信息越少，j 指标所占权重就越小)。形成一个新矩阵 B_{ij} ，这就是熵值矩阵。k、D_j 、W_j 的值可以由（7）、(8)、(9）求出。其中，W_j 就是我们最后需要的每个指标的综合权重。

$$k = \frac{1}{\ln j} \tag{7}$$

$$D_j = 1 - E_j \tag{8}$$

$$W_j = \frac{D_j}{\sum_{j=1}^{n} D_j} \tag{9}$$

3. 组合赋权法

AHP 层次分析法属于主观赋权法，借助专家打分对原始指标的重要性进行主观排序，通过数学计算求出权重，推算的结果受到专家个人因素的影响，欠缺客观性；熵值法属于客观赋权法，是基于样本数据进行权重计算，对样本数据依赖性比较大，指标自身的重要性和价值不能体现在数据中，即无法考虑指标与指标间的横向影响，欠缺经验分析。所以为了使数据分析结果更为精准，本文运用组合赋权的方法将 AHP 层次分析法和熵值法的计算结果根据合理的公式，计算出综合权重。既考虑了专家意见和经验判断，又将实证分析的客观结果结合起来，减少了在确定指标权重过程中的不确定性因素的影响。这种主观经验与客观数据相结合的方法，不仅避免了双方的主观性和局限性，而且汲取了每一种权重确定方法的优点，使得确定的综合权重更加科学合理有效，分析得出的评价结果更为客观公正。本文采用的组合赋权公式是：

$$Z_j = \frac{S_j \cdot W_j}{\sum_{j=1}^{n} S_j \cdot W_j} \tag{10}$$

其中 Z_j 表示综合权重，S_j 表示 AHP 层次分析法计算出来的基础权重，W_j 表示运用熵值法计算出的权重。

二　农村家庭贫困识别实证分析

为了验证指标体系的可操作性和实用性，本文以贵州省黔南地区 277 户家庭情况调查结果作为样本进行实证分析。

（一）指标赋值规则

运用实证分析对 277 户家庭的贫困程度进行识别，首先确定指标权重，然后运用各个指标的数值乘以相应的指标权重得出每个指标的权数，再加总，最终得到每个家庭贫困程度的总分。为了便于计算打分，在确定各个指标的具体数值时，需要设立一定的指标赋值规则。赋值指标规则参考了罗小兰、曹艳春（2010）《基于 AHP 方法的中国城市家庭贫困程度测度指标体系设想与实证分析》一文的赋值原理。这 12 个指标可分为 3 种类型。第一种是以家庭人均收入为代表的连续型指标，这一类型的指标包括家庭拥有耐用品数量、人均耕地面积等。第二种是比例型指标：家庭中享有医疗保险人口比重、家庭中享有养老保险人口比重。第三种是二值型指标：饮水是否困难。三种类型的指标不具备可比性，因此需对指标进行无量纲化处理从而确定指标权数。

从指标的性质来看，这 12 个指标中既有正向型指标，比如家庭人均纯收入、人均耕地面积等，也存在负向型指标，比如家庭中重病或残疾人口数。为了统计和分析的方便，本文对房屋主要结构和入户路类型进行赋值。针对房屋主要结构，本文将杈杈房、茅草房、土窑洞定义为 1，将木板房、砖瓦砖木房定义为 2，将砖混房定义为 3，将钢筋水泥房定义为 4。针对入户路类型，将乡间小道定义为 1，将毛路、普通泥土路定义为 2，将沙石路、普通公路定义为 3，将硬化路、沥青路定义为 4。显而易见，这两个指标是越大越好型。由于评价指标性质不一样要对它们进行调整，本文统一将负向型指标调整成正向型指标。最终得分越高就表示家庭贫困程度越低，得分越低表示贫困程度越高。具体的赋值规则有以下几个。

（1）家庭人均纯收入。黔南州长顺县的贫困标准线是 2968 元。该指标的赋值规则是：每个家庭的人均年纯收入/2300 元，计算出两者的比值。这样就将指标的值调整到［0，1］。

（2）家庭拥有耐用品数量。针对这一个指标，可以先设定指标最大值。对于农村家庭来说，常见的耐用品有摩托车、彩色电视机、手机、农机具、洗衣机、电冰箱、电脑。因此，这个指标的最大值是 7。这样这个指标值可以转变成：该指标数值/7。

（3）人均耕地面积。黔南州人均耕地面积为 0.129 公顷。那么一项指标的赋值规则可以设定为：家庭人均耕地面积/黔南州人均耕地面积。

（4）人均住户面积。由于统计年鉴中没有包括该项指标的社会平均值，本文利用该项指标的最大值来进行估计。在被调查的 277 户家庭中，该项指标最大值是 120 平方米。

（5）房屋主要结构。将房屋结构类型赋值为 1、2、3、4，一共四个等级。我们可以采用等级之间间距相等的方式将该项指标值映射到［0，1］。因此，1 映射到［0，1］是 0.25，同理可得 2、3、4 的权数为 0.5、0.75、1。同理可将入户路类型映射到［0，1］。

（6）家庭平均受教育年限。最高受教育年限按小学 6 年、初中 3 年、高中 3 年、大学 4 年、研究生 3 年、博士 3 年，一共 22 年来计算。因此该项指标可以赋值成：指标值/22。

（7）家庭中重病或残疾人口数。为了将指标转变成比例型，可以首先计算该指标的最大值，也就是家庭人口数。因此，可以转换成该指标数值与家庭总人口数的比值：家庭中重病或残疾人口数/家庭总劳动力数，然后再通过 1 -（家庭中重病或残疾人口数/家庭总劳动力数），将负向型指标转换成正向型指标。

（8）家庭总劳动力数指标的赋值规则为：家庭总劳动力数/家庭总人口数。

（9）家庭中享有医疗保险人口比重、家庭中享有养老保险人口比重这两个指标本身就是比例型，取值范围在［0，1］，因此无须调整。

（10）饮水是否困难这一指标属于二值型。将 0 定义为否，1 定义为是。

这样就统一了各项指标的性质，同时将连续型指标转变成了比例型指标，便于文章后续的计算。

（二）指标综合权重

1. AHP 层次分析法确权结果

将专家调查表整理好之后，运用 Yaahp 软件对专家意见进行数学处理和分析，得出贫困识别相关指标的权重 S_j，结果如图 2 所示。

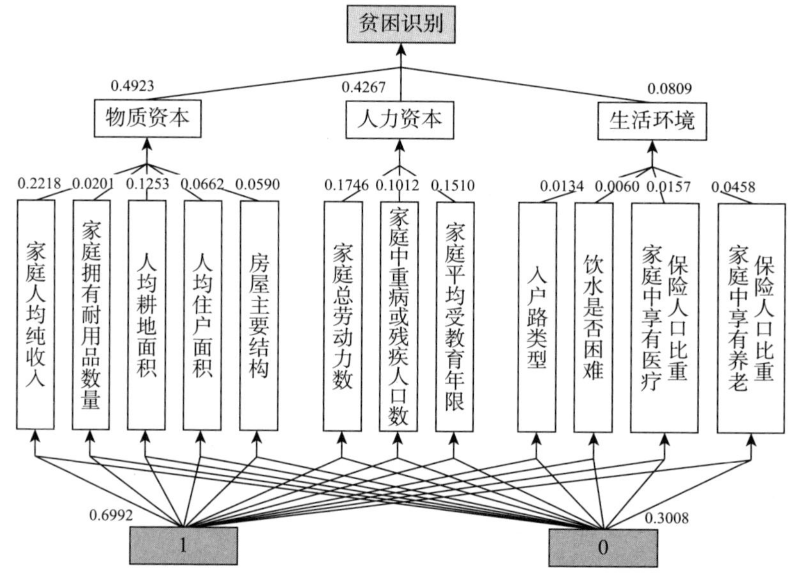

图 2　AHP 权重结果

计算出 S_j 的结果之后进行一致性检验。由于输入数据累计的小误差导致判断矩阵不一致，本文利用最小改变法进行自动修正，修正后的层次总排序一致性比率 $CR = 0.0961 < 0.1$，$\lambda_{max} = 3.0999$，我们可认为层次总排序通过了一致性检验。

在贫困识别中，我们一般从家庭拥有的物质资本和人力资本两大方面来评价和测度一个家庭的贫困程度。从模型结果我们可以清楚地看出，专家们赋予物质资本、人力资本以及生活环境的权重分别是 0.4923、0.4267、0.0809。专家赋予物质资本和人力资本较大的权重，可推测，在贫困识别中家庭拥有的物质资本和人力资本需要重点考虑。在物质资本中，家庭人均纯收入占据的权重是 0.2218，说明家庭人均纯收入依旧是贫困识别中的重要标准，收入的高低反映了一个家庭的富裕程度和创收能力。但是，在贫困识别中，我们很难收集到家庭收支真实而准确的数据，导致对家庭人均收入的判定也难以精准。所以仅考虑家庭收支情况存在局限性，很难精准识别贫困户，在识别过程中，也容易出现“识别偏差”。因此，我们还要综合考虑其他因素对物质资本的影响，比如人均耕地面积、人均住户面积以及房屋主要结构这几个指标的值。

2. 熵值法确权结果

本文以贵州省黔南州长顺县的 277 个家庭结果为样本，用熵值法对这 277 份问卷的数据进行处理，计算出各个指标的权重。结果如表 3 所示。

表 3　熵值法权重分析结果

指标	熵值	权重
家庭人均纯收入	0.9462	0.1402
人均耕地面积	0.9623	0.0986
人均住户面积	0.9608	0.1021
房屋主要结构	0.9664	0.0877
家庭平均受教育年限	0.9489	0.1334
家庭总劳动力数	0.9518	0.1260
家庭中重病或残疾人口数	0.9930	0.0183
家庭中享有医疗保险人口比重	0.9870	0.0341
家庭中享有养老保险人口比重	0.9514	0.1268
饮水是否困难	0.9898	0.0266
入户路类型	0.9804	0.0512

从表 3 可以看出，家庭人均纯收入、家庭平均受教育年限、家庭总劳动力数、家庭中享有养老保险人口比重的数据熵值小离散性大，其权重相对较大，这说明在贫困识别中，这四个指标至关重要，是我们判断一个家庭是否贫困的关键。家庭平均受教育年限是衡量贫困家庭受教育程度的指标，所占权重较高，是 0.1334，由此指标我们可以分析整个家庭的平均文化程度和综合素质。家庭受教育水平越高，越能够较快地接受新知识、新科技，成为新型职业农民，更好地实现致富目标。

3. 组合赋权法确权结果

利用组合赋权模型得出各项指标权重结果如表 4 所示。

表4　组合赋权法权重分析结果

指标	AHP 权重	排序	熵值法权重	排序	组合赋权权重	排序
家庭人均纯收入	0. 2218	1	0. 1402	1	0. 2888	1
家庭拥有耐用品数量	0. 0201	9	0. 0550	8	0. 0103	9
人均耕地面积	0. 1253	4	0. 0986	6	0. 1147	4
人均住户面积	0. 0662	6	0. 1021	5	0. 0628	5
房屋主要结构	0. 0590	7	0. 0877	7	0. 0481	7
家庭平均受教育年限	0. 1510	3	0. 1334	2	0. 1871	3
家庭总劳动力数	0. 1746	2	0. 1260	4	0. 2043	2
家庭中重病或残疾人口数	0. 1012	5	0. 0183	12	0. 0172	8
家庭中享有医疗保险人口比重	0. 0157	10	0. 0341	10	0. 0050	11
家庭中享有养老保险人口比重	0. 0458	8	0. 1268	3	0. 0539	6
饮水是否困难	0. 0060	12	0. 0266	11	0. 0015	12
入户路类型	0. 0134	11	0. 0521	9	0. 0065	10

从表4我们可以看出，AHP和熵值法计算的权重虽各有侧重，但是也存在某些一致性。家庭人均纯收入、家庭总劳动力数、家庭平均受教育年限、人均耕地面积、人均住户面积这几个指标在组合赋权模型中的地位处于前五位，其中，家庭人均纯收入权重达到0. 2888。所以在进行贫困识别对贫困户家庭的生活情况各方面打分的过程中，要重点考虑这几个指标。

（三）家庭贫困得分

在确定各项指标赋值和权重的基础上，运用贫困总得分等于各项指标赋值和各项指标权重相乘的加和计算每个家庭的贫困总得分，计算结果如表5所示。

参考罗小兰、曹艳春（2010）的方法将贫困情况分为五个等级：不贫困、初级贫困、比较贫困、严重贫困以及极度贫困。对样本结果进行处理，贫困等级分布情况如表6所示。

从表6、图3可以看出，整个样本呈现中间大两头小的正态分布。其中处于比较贫困的家庭数量最多，占据了样本的32. 9%。初级贫困和严重贫困的家庭比例分别是22. 7%和21. 3%，剩下6. 9%的家庭处于极度贫困，16. 2%的家庭处于不贫困。

表 5　家庭贫困总得分

单位：分

编号	家庭贫困总得分	编号	家庭贫困总得分
1	0.5391	268	0.2975
2	0.6808	269	1.8555
3	0.665	270	5.9596
4	0.6007	271	0.6258
5	0.5902	272	1.1517
6	0.5339	273	0.8695
7	0.5758	274	0.7364
8	0.3298	275	0.5277
9	0.7362	276	0.4351
10	0.6202	277	0.3518
……			

表 6　贫困等级分布

等级	贫困指标体系得分（分）	贫困程度	家庭数量（户）	家庭数量所占比重（%）
第一级	>0.7	不贫困	45	16.2
第二级	0.6～0.7 分	初级贫困	63	22.7
第三级	0.5～0.6 分	比较贫困	91	32.9
第四级	0.4～0.5 分	严重贫困	59	21.3
第五级	<0.4	极度贫困	19	6.9

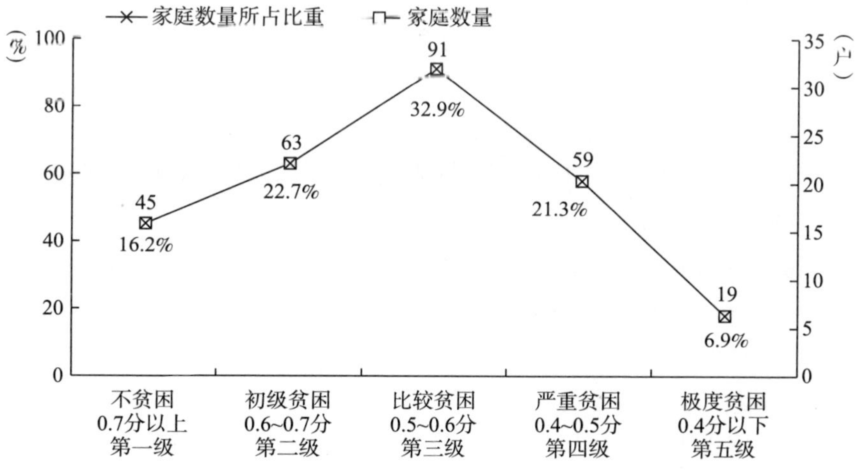

图 3　家庭贫困得分情况

结合调研经验和数据结果，我们发现在调研的家庭中，大部分属于贫困家庭，收入渠道窄，家中基本无外出务工人员，主要依靠农业生产来获得收入，人均耕地面积低于黔南州平均水平，家庭拥有的物质资本少。在这 277 个家庭中，有 6.9% 的家庭处于极度贫困，在这些家庭中，大部分居住在交通极为不便、生态环境恶劣的大山沟里，生活在破旧的杈杈房或是土坯房里，家里没有任何像样的家具，家庭成员中老弱病残较多，劳动力极度缺乏，平均受教育程度低，医疗和教育的开支也巨大。在不贫困的家庭中，一部分家庭是通过外出务工或外出做生意实现脱贫，另一部分是通过发展地方特色产业，实现农业规模经营提高家庭收入。

三　结论与讨论

本文在指标体系的建立以及评分标准的确定方面，虽然借鉴了相关文献的评价方法，但是仍然具有一定的主观性，还需要得到相关专家的进一步论证。同时，本文只是提供识别贫困的一种思路和方法，从多维贫困角度建立一个可以实际运用的贫困评分标准，这是一种尝试和创新。在实际运用中，指标的选取和评分标准可以根据当地的实际情况、政府的相关政策和要求进行微调，具有较强的灵活性。从长远来看，贫困量化工具的使用能够减少在贫困识别中主观因素的干扰，使评价结果更加客观合理。所以这种多维测度的组合赋权方法还需要进一步的实践检验和探索更为科学有效的模型。

从单一收入维度对家庭的贫困状况进行识别，往往会存在较大的局限性。通过研究我们认为在贫困识别过程中，很难获取农民真实的人均纯收入数据以计算一个家庭的年人均纯收入。所以，单纯地依赖收入这一个指标去识别一个家庭贫困与否，在可能出现一个家庭为获取国家扶贫资金谎报、瞒报家庭收入的情况下，很容易造成识别不精准、识别出现偏差，导致扶贫资源浪费，无法惠及真正的贫困户。

精准识别是精准帮扶的前提，建立一个多维贫困识别指标体系，既避免了由单一收入评价带来的识别偏差风险，又将多重影响因素考虑进去，使得评价指标体系更加科学合理。因此，本文运用组合赋权的方法对贫困指标进行测度，得出实证结果：83.8% 的农村家庭处于贫困线之下，其中极度贫困的家庭占据 6.9% 左右，277 户家庭皆能通过测评模型进行评分，准确判断贫困程度。组合赋权模型的运用使得贫困测度的评分更公平公正、科学合理，并且整个评价指标体系更具有实用性和可操作性，对于新阶段的精准识别具有较大意义。

第一，运用恰当的方法，采用量化工具对贫困进行识别。在调研中，我们发现，地方政府在对贫困家庭进行识别时，主要依靠经验法，也就是所谓的“土政策”。最为典型的识别方法就是“一看房，二看粮，三看有无读书郎，四看劳动能力强不强”的评价方法。这种方法具有较强的主观性和随意性，在评价过程中哪些指标是需要着重考虑的，在经验法中都没有提到。评价指标和方法的主观性，必然会带来评价结果的主观性。再者评价标准的主观性很容易导致在评价过程中出现“恶意排斥”。“恶意排斥”指的是开展贫困识别的工作人员，为了私利优厚亲友，将贫困指标分配给自己的关系户，非贫困户挤占贫困户的扶贫资源，降低扶贫效率。因此，要想提高识别结果的客观性，就需要采用客观公正的评价方法，确定评价指标，对贫困程度进行识别打分，使评价结果更具客观性，在实际操作过程中，可以将地方“土政策”和量化标准结合起来，提高评价的精准度。

第二，贫困识别中要重点考虑收入因素，综合协调其他因素。传统的贫困识别中，将收入作为唯一衡量标准。但是，随着多维贫困理论的发展，贫困不仅仅表现为收入贫困，还包括人力资本贫困、教育贫困、健康贫困等。在识别过程中，选择显著特征，比如收入、健康状况、家庭劳动力强弱作为评价指标，根据具体权重的分配确定家庭贫困程度。

第三，综合评价致贫原因，才能实现精准扶贫。2013 年 11 月，习总书记在湘西考察的时候，提出“精准扶贫”。提出推进扶贫工作的“六个精准”，即“对象精准、项目安排精准、措施到户精准、因村派人精准、脱贫成效精准”（习近平，2015：6）。扶贫工作人员可以根据单项指标得分来确定家庭的致贫因素，根据贫困的原因，对症下药，实现“靶向治疗”，避免减贫措施简单化，扶贫项目与贫困家庭的实际需求不相符，改变之前“一刀切”的扶贫方式，使扶贫更加精细化。综合评价致贫原因是实现精准扶贫的基础和前提。

参考文献

陈琦，2012，《连片特困地区农村贫困的多维测量及政策意涵——以武陵山片区为例》，《四川师范大学学报》（社会科学版）第 3 期。

邓维杰，2014，《精准扶贫的难点、对策与路径选择》，《农村经济》第 6 期。

杜志雄、詹琳，2015，《实施精准扶贫新战略的难题和破解之道》，《中国发展观察》第 8 期。

高艳云，2012，《中国城乡多维贫困的测度及比较》，《统计研究》第 11 期。

侯风涛，2013，《中国农村多维贫困测度研究》，硕士学位论文，东北财经大学。

黄凤、王兆君，2010，《基于层次分析法和熵值法的企业管理型人力资本价值的计量》，《学术交流》第 2 期。

刘坚，2006，《新阶段扶贫开发的成就与挑战——〈中国农村扶贫开发纲要（2001—2010 年）〉中期评估报告》，中国财政经济出版社。

罗小兰、曹艳春，2010，《基于 AHP 方法的中国城市家庭贫困程度测度指标体系设想与实证分析》，《中央财经大学学报》第 6 期。

史志乐、张琦，2018，《我国农村居民家庭的多维贫困测度及动态变化研究》，《当代经济管理》第 40 期。

田飞，2010，《贫困指标体系问题研究》，《学术界》第 11 期。

汪三贵、Albert Park，2010，《中国农村贫困人口的估计与瞄准问题》，《贵州社会科学》第 2 期。

汪三贵、王姮、王萍萍，2007，《中国农村贫困家庭的识别》，《农村技术经济》第 1 期。

王荣党，2006，《论农村贫困测量指标体系的构建》，《经济问题探索》第 3 期。

王秀峰，2006，《喀斯特地区农业可持续发展理论及其应用研究》，博士学位论文，武汉理工大学。

习近平，2015，《携手消除贫困　促进共同发展：在 2015 减负与发展高层论坛的主旨演讲》，人民出版社。

Alkire，S. 2007. “Choosing Dimensions：The Capability Approach and Multidimensional Poverty”. In The Mang Dimensions of Poverty，edited by N. Kakwani，and J. Silber，pp. 89 – 119. New York：Palgrave Macmillan.

UNDP. 1990. Human Development Report 1990. http：//hdr. undp. org.

国家与社会关系中的“第三域”：医疗改革政策下的县级医院

张安彤*

摘　要：在“国家—社会”理论被引入中国后，许多学者针对原理论的缺陷进行了理论的补充与本土化的处理，“第三域”理论就是其中翘楚。在2009年新医改的序幕拉开之后，一系列公共政策的出台与落实，对中国的医疗机构体系各层级的职能划分进行了一系列的调整，县级医院在体系中的功能也发生了很大的变化。本文以对X县人民医院的调研为材料，分析县级医院在国家与社会中所处的位置，认为其具有一定意义上“第三域”的特征，继而针对其受到的分别来自国家、社会的影响，在一定层面上分析目前县级医院所遇到的困境，尝试为目前医患关系日益紧张的现状理清思路。

关键词：“国家—社会”理论　“第三域”　医疗体制改革

导　言

医疗问题，作为与生命安全直接相关的问题，作为对象范围面向普通民众的问题，在近十几年愈发受到政府重视。2013年的十八届三中全会上通过的《中共中央关于全面深化改革若干重大问题的决定》就明确指出：“统筹推进医疗保障、医疗服务、公共卫生、药品供应、监管体制综合改革……改革医保支付方式，健全全民医保体系。”与此同时，社会对医疗问题的关注也越

* 张安彤，现为中山大学政治与公共事务管理学院政治学研究生。

来越多，医疗问题成为热议的社会话题。

本文以 X 县人民医院为个案，呈现县级医院在开展剖宫产手术过程中所处的现状，从而总结出在国家和社会关系之间县级政府开展工作时所面临的一定程度上的困境。本文所使用的案例材料来自 X 县人民医院的相关会议文件资料以及笔者对数位医生、医院领导的访谈。

一　理论对话

县级医院一方面属于政府体制中基层政府的事业单位，医院医生作为工作人员受到政府的管理、受到行政体制约束，另一方面医生群体直接与患者打交道，自身工作性质与社会群体的身体健康状况直接相关。鉴于县级医院分别与国家层面和社会层面之间存在直接联系这一特点，本文选择通过“国家—社会”视角与县级医院进行对话。

（一）社会中心论

“国家—社会”理论究其理论渊源，是受西方宗教哲学以及近代社会契约论的影响发展而来。在这种影响下，早期学者对政治现象的解释是从公民权利角度出发的，在社会结构变化与社会分工发展的条件之下，利益集团被认为是各主体之间的连接点。由是，在很长一段时间，国家在西方政治理论研究中是一个社会各集团互动的场所，甚至是一个需要缩小与限制的“必要的邪恶”。近代的自由主义国家与社会关系理论更是将个人权利的目的性与公众权利的工具性作为逻辑起点。

通过以社会为中心对国家与社会关系进行分析，我们可以解释利益集团间的互动与竞争、有限资源下不同利益集团的价值分配。这种分析视角将国家视为外部因素，从而使我们能够更加透彻地研究社会内部关系，为社会学研究提供极好的研究基础。社会中心论视角主张发展的根本动力来源于社会，国家作为一种限制性力量应较少干预社会。

（二）国家中心论

然而，当套用社会中心论的理论框架去研究具体的权力运转时，不可避免地会发现一些问题，如政府可以独立地制定政策，并且无法解释为何公开政策会对经济产生消极影响等。国家尤其是政府的层面具有自主性，并且国家自身是可以通过权力来控制与改变社会的。从霍布斯在个人权利与国家权力的对立之中对于国家权力的倾向，到黑格尔将社会看作历史的产物、将国家视为最高目的，再到马克斯·韦伯的科层制与官僚机构保障了国家主导地位的框架，国家自身的逻辑和利益受到的关注越来越多，并通过回归国家学派得以发扬。

在将国家看作具有相对自主性的行动者视野之下，可以看到之前被忽略的因素，也可以看到政治过程对于社会经济过程而言的独特性，国家自主性、国家能力的相关概念在研究的推进中被提出、被研究，从而也解释了在国家与社会目标相悖时，国家的行为对于结果的重要作用。

二　研究视角：国家与社会间的“第三域”

在国家与社会关系的框架被完善的同时，社会中心论和国家中心论都受到一定程度的批判。例如，豪尔认为：“无论是国家中心论者还是社会中心论者，他们考察国家与社会之间的互动仅仅从单方面入手的做法都是片面的。”因此部分学者将目光转移到国家和社会的交汇点。在国家中心论与社会中心论两极之中，许多学者针对两者之间的互动过程，提出了新的符合中国国情的理论框架作为外延。

相关学者也为这一理论的发展进行了一系列的尝试，如黄宗智（2003）在中国农村研究中提出的“第三域”理论。该理论认为国家与社会之间存在第三空间，这个空间将两者进行连接，在这样的“第三域”中，国家权力与社会力量之间或是进行互动合作，或是进行抗争冲突，“第三域”借双重对象的特点，在具体的政策执行操作中发挥重大作用，也因具体情境的不同而展现出不同的形态。

“国家—社会”理论在多年发展的过程中暴露了一定的问题，比如有许多学者指出研究中容易出现“国家”的概念模糊不清的问题。所以在本文中，笔者将“国家”定位于政府中分管卫计的职能部门，即县级的卫计委；“社会”的概念定位于患者群体。

患者群体流动性大、成分构成极其复杂，在接受医疗诊治过程中，存在对医疗技术知识的信息掌握不对称的情况，故该群体呈现的特征为个体之间疏离、独立，没有形成相应组织结构，在面对自身的病患与外部一系列医疗流程时具有一定脆弱性。

县级医院可以在一定程度上被看作“国家”与“社会”之间的“第三域”，县级医院具有行政系统的特征与制度框架，但是其日常工作面向广大的社会群体，并且极具专业性与结果不可预计性，故也存在很强的社会特征。由此，通过国家—社会视角发展而来的“第三域”理论对于县级医院具有一定的解释力。

三　县级医院工作运转情况：以X县剖宫产技术的引进与控制为例

X县人民医院为华东地区的一家县级“二级甲等”综合性医院，有医疗临床、教学、科研和康复中心。医院拥有500多名职工，其中主任医师1名、副主任医师24名、中级职称技术人员120余名，年门诊量近27.6万人次，收住院病人20689人次，医疗工作量居全县之首。在2013年新病房大楼正式投入使用后，医院又购置了一系列的先进设备，广泛开展各种常见病、多发病、疑难危重病例的诊治和各类各级较为复杂的手术，医疗服务质量在全县居领先水平。

该院妇产科被卫生局指定为县孕产妇危急症抢救中心，1996年该院被授予“爱婴医院”称号，2001年该科室被评为“巾帼文明示范岗”。能熟练开展妇科、产科、计划生育等各项手术，其中也包括新式剖宫产术。

新式剖宫产又称为Stark剖宫产，或是快速剖宫产，于1996年开始被引进中国并广泛流行。然而，新医疗技术的出现固然可以给产妇带来福音，但是由于技术发展的有限性，新式剖宫产也有一定的局限性，诸如产后的并发症、婴儿身体健康存在一定的风险。世界卫生组织建议剖宫产率不超过15%，以5%~10%较为合适（陆彩玲、贾孟春，2015），但是中国的剖宫产率却在很长一段时间保持在50%以上并且其增长的趋势较难遏制。对此政府采取了各种措施以降低剖宫产率，2014年印发的《国家卫生计生委关于做好新形势下妇幼健康服务工作的指导意见》和《爱婴医院复核标准》均将控制非医学需要的剖宫产率列为重要考核指标，并积极探索降低剖宫产率的有效途径。

政府层面一系列的措施确实降低了中国的剖宫产率，2014年中国的剖宫产率为35%，与2010年的46.2%相比较，出现了明显的下降趋势。X县人民医院2017年1~7月的剖宫产率维持在30%左右（见图1），X县人民

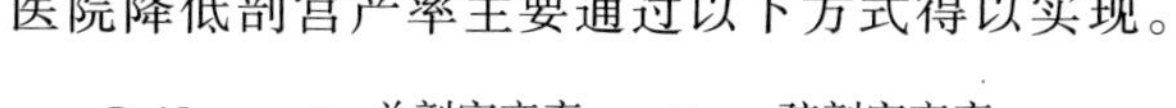
医院降低剖宫产率主要通过以下方式得以实现。

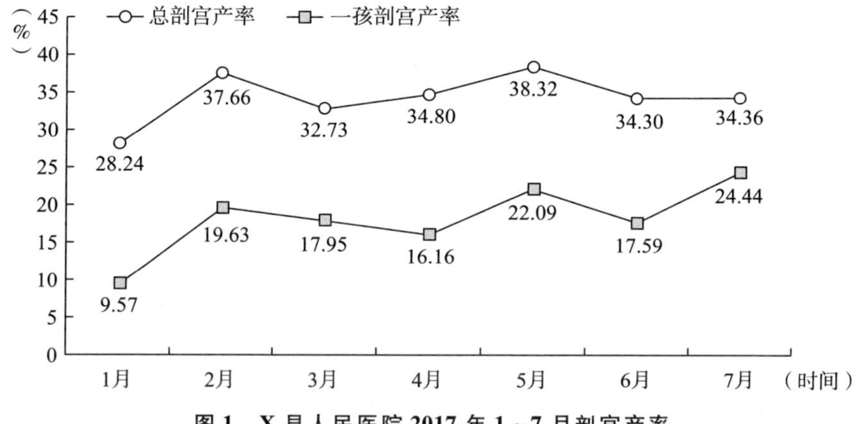

图1　X县人民医院2017年1～7月剖宫产率

资料来源：2017年1～7月X县人民医院剖宫产手术管理情况内部文件。

第一，从纵向上来看，X县人民医院在降低剖宫产率上受到来自“压力型体制”下的激励。一方面，中国的剖宫产率的居高不下使政府对于剖宫产率进行了有具体数字的限制，这一控制在政策执行中与绩效考核挂钩，在基层实施时直接与经济利益相关：在《X县进一步降低剖宫产率的工作安排》里就明确规定“对剖宫产率超过预警线的助产机构，县合管中心每月继续按超出比例部分（超出比例不足1人的，按1人计算）每人扣2000元，并按月上报当月处罚单位及金额数”。另一方面，根据调研发现，从中央到省再到市，相关卫计部门所要求的剖宫产率是越来越低的，如2017年在省卫生厅提出将剖宫产率控制于40%的要求时，X县卫计委提出的工作目标是控制在30%以下。这一种情况也造成了最终下达到县级医院的要求极其严苛，实现的难度颇高。随着时间的推移，来自上级部门的压力越来越大，X县人民医院收到的相应指标要求是2015年剖宫产率控制在60%以下，2016年控制在45%以下，2017年控制在30%以下。同时，随着二孩政策的开放，二孩产妇对剖宫产的需求有时成为一种必要，在剖宫产的需求增加的同时对剖宫产的比例限制却依旧没有降低，这给医院的手术开展带来不小的压力。

第二，从横向上来看，X县的剖宫产手术管理一定意义上是“晋升锦标赛”的模式，根据调研，最短每隔半年的时间，X县都会与其他同级的县级医院就剖宫产手术的管理情况向市级卫生局进行定期汇报；剖宫产手术管理工作是“爱婴医院”创建、机构评先评优的必要条件，各个县的剖宫产手术管理工作被纳入年度目标考核，其中一孩剖宫产率和非医学指征剖宫产手术控制情况是每年的重点考核指标；市级不定期对各县（市、区）剖宫产手术实施情况进行抽查评审，对剖宫产率居高不降、剖宫产手术实施不合理的县（市、区）的助产机构及医务人员予以通报批评。在各县（市、区）的剖宫产率每每通过最为直观的统计图的形式互相进行比较的情况下，县卫生局必然会对 X 县人民医院进行施压，通过降低该院的剖宫产率来提高自身的考核成绩，从而在其他县的竞争中获取竞争优势以获得来自各方面的利益。

第三，从数据上来看，政策的下达使 X 县人民医院的剖宫产率有了很大幅度的降低，然而当医院面对患者、妇产科医护人员面对产妇群体之时，医院方却极其容易受到社会方的谴责。

四　医疗体制改革中的县级医院：多重冲突下的工作困境

中国的医疗体制改革最早可追溯至 1994 年国务院在江苏、江西对社会医疗保险制度进行经验探索。近几年来，随着《中共中央　国务院关于深化医药卫生体制改革的意见》《中共中央关于全面深化改革若干重大问题的决定》的颁布，中国的医疗体制改革的进程不断被推进。X 县人民医院在对医改中的职能定位、行政定位等不断进行调整的过程中，着实解决了一部分的问题，但是也面临一系列的问题与困境。

（一）分级的诊疗体系服务功能定位带来的压力

从 2007 年十七大报告中明确提出医疗卫生领域的“四大体系”开始，国家进行医疗体制改革往往围绕公共卫生服务体系、医疗服务体系、医疗保障体系、药品供应保障体系四个方面来进行。在公共卫生服务体系、医疗服务体系中，县级医院的定位得以明确。这种定位变化带给医院的压力主要体现在以下两个方面。

第一，在一系列服务体系的建设上，公共卫生服务体系、医疗服务体系这两种体系的改革主要依托分级诊疗政策推进，根据目前中国的分级诊疗政策，县级医院主要提供县域内常见病、多发病诊疗，以及急危重症患者抢救和疑难复杂疾病向上转诊服务，级别低于 X 县人民医院的基层医疗卫生机构只提供护理服务与临时诊治的服务。由是，县级医院成为农村医疗卫生服务体系中最高的一级，也成为基层医疗卫生服务体系中唯一可以提供综合医疗卫生服务即承办较高层级手术的一级。在国家的将县域内就诊率提高至90%左右的“大病不出县”的要求之下，X县人民医院承担了全县领域绝大部分的临床手术，X县全县范围的剖宫产手术基本上是在X县人民医院进行的。

第二，在医院管理和综合监管上，目前国家对医改结果的评估和要求，往往是将直观的数据作为评判的方式。这种形式固然简单明了，但是医疗诊治中形形色色的诊治情况却不是数字可以说明的。比如，在调研过程中，笔者得知，政府针对医生瞒报、不报药品不良反应与器械使用不良反应事件的情况，要求X县人民医院每年必须上报180例的药品不良反应事件、60例的器械使用不良反应事件，医院再将这一要求下放到各个科室。然而，因为许多科室一年之内实际的不良反应病例比没有达到要求上报的数量，所以这给科室的医生带来了很大的困扰，一些科室最后通过编造病例与数据的方式来草草解决上级的指标要求。从瞒报到虚报，明确的指标要求解决了信息的有效性问题，但依旧不能解决信息真实性的问题。前文提到的对于剖宫产率的限制要求在很大程度上也出现了这种情况，剖宫产技术被引进以来逐渐被患者群体所接受，政府发现存在风险后通过指标的强制要求令医院短期内将数量控制在低水平之内，导致医院在具体的诊治过程中产生了“在不危及生命安全时尽量顺产”的取向，一系列的冲突也就随之产生。

在前文关于X县人民医院现状的分析中，可以看出当卫生局在行政体制中面对“压力型体制”的压力和“晋升锦标赛”的竞争时，其所管理的医院便是这一系列诉求的直接执行者；在医疗改革过程中，X县人民医院的工作任务量被加大，并且其工作的开展也成为医疗服务体系中至关重要的一环，其自身的压力也陡然增大；同时，医院还会面临政府对技术认知、社会价值取向认知的滞后与下达的政策生效的即时性之间的冲突带来的一系列问题。种种压力在一定程度上可以为X县人民医院这样的县级医院带来规范管理、提高医疗水平等方面的正面激励，然而，当医院发展的速度无法追上压力的增速时，许多问题便无法避免。

（二）县级医院医生群体的社会角色

在社会系统中，每一个社会群体都有着符合社会要求的行为模式，即每一个社会群体都有相应的社会角色要求，医生这一群体作为医院机构在开展医疗诊治工作中的最重要的执行人员，其社会角色在不同层面却具有不同的定位，甚至这些不同的定位之间可能产生矛盾冲突。

第一，从患者乃至大部分社会群体的视角来看，医生群体是医疗服务的提供者。一方面，医生群体需要向患者在就诊过程中提供有效的诊治，在这一流程上患者与医生就专业知识方面存在信息不对称问题，这就给医生与患者之间的沟通带来了一定的麻烦。诸如剖宫产手术，在相应的调查中，中国产妇自主选择剖宫产的比例在 2001 ~ 2002 年高达 49.7%（杨菊华等，2012），在榆林孕妇跳楼事件引发的社会讨论中，也有数量众多的女性表达了选择剖宫产的意愿，这些都反映了社会对剖宫产手术的接受甚至是倾向。然而，不囿于指标考核，仅从医理上出发，出于产后并发症及婴儿健康考虑，医生往往建议产妇进行顺产，这就极容易造成患者对医生的误解与不满。另一方面，患者也对医护人员的服务态度有一定的要求。在几乎每一次的医疗纠纷事件中，都会有患者指出医护人员态度冷漠、不近人情的问题，并且这一问题也着实影响了社会对于医生这一群体的看法。然而，偏向于专业化的有效救治的医疗服务可能在概念上并不能等同于广泛意义上的服务，当患者群体以对第三产业从业人员的服务态度要求来接受医疗服务时，难免会产生落差。

第二，就医生这一群体的自身认知而言，在调研中发现，很多医生对自身的职业认知为医疗技术的提供者，认为因其掌握丰富的医学知识与专业的技术，可以通过自己对知识技术的运用掌握来处理病患问题，将诊治过程中因为药物、手术带来的身体伤害降至最小，在有限的资源里尽可能最大效度地开展治疗。

> 如果真的要把手术里的所有知识、所有环节的方方面面全都讲清楚，还要确定病人真的听懂了，一天看不了几个病人的。（访谈记录）

医疗改革过程中，在国家多次强调提高医疗服务水平的情况下，医生群体确实在一定程度上开始注意诊治时的态度，但是在强度极大并且依然有增长趋势的工作任务与不同患者各自复杂的身体状况面前，医生群体也只能在有限的时间里尽量提供重要知识要点的解释，这也是造成许多患者及家属对医生群体工作产生误解的原因之一。

第三，就国家层面对医生群体的定位来看，医生群体的功能定位十分模糊。在国家的职称评定中，医生职务为专业技术职务，有明确职责、任职条件和任期，并需要具备专门的业务知识和技术水平才能担任，而且，医生诊治结果经常存在不可逆性，操作失误可能无法补救，这一特征更是让医生这一职业在专业技术职务中尤为特殊。如是，或许医生群体自我认知的职业定位更加符合这一标准；但与此同时，在新医改的改革方案中，“医疗服务”与“公共服务”是体系建立的关键词，但是国家并没有对“医疗服务”这一概念进行具体的阐释，社会群体对于医生群体的角色认知又更加符合这一概念。在社会与医生群体自身的认知出现矛盾时，政府并没有明确概念，在不同的体系定义下，医生群体的角色职能更加混乱。

综上所述，对于医生乃至医务工作者这一群体，社会认知为医疗服务提供者，自身认知为医疗技术提供者，国家层面对于其在医疗服务和专业技术上的定位极其模糊。医生乃至医务工作者的社会角色存在多重性，并且角色之间会相互产生冲突，而作为医疗诊治过程中的具体执行者，这种冲突也必然造成困境和矛盾的产生。

X 县人民医院的妇产科在日常工作中也多多少少会遇到这些矛盾。例如，曾经有患者在不了解具体医疗流程的情况下对医院产生误解，因为医院将样本送交至专业机构需要时间，并且医生诊疗过程中态度冷漠，故孕妇认为医院虽号称将其血液送检，但实际是消极办公、耽误时间，并且怀疑医院伪造检查结果，并通过本地的网络论坛对医院进行谩骂。即使医院通过论坛回帖的方式对于具体情况进行了客观、理性的解释，也得到大多数网民的理解与支持。医院本身的处理规范、科学，且提供了有效的检查结果，但是依然会因为患者的相关知识欠缺以及对服务态度的不满而受到攻击，医院中医生群体由于多重角色之间的冲突而受到的不良影响可想而知。

（三）特殊的“第三域”位置

诚然，X 县人民医院是国家体系的组成部分，在诸多方面受到政府行政体系的管理。然而在医院的正常运行中，医护人员对疾病进行诊断和治疗的活动占据了绝大部分的工作比重，而由于这一群体工作的专业性，国家无法通过政策控制其对工作的具体开展情况，只能通过指标控制其工作结果，兼之医护人员与社会各方面的人员接触，可以发现，医院一方面受到国家层面的不全面管控，一方面与流动性极大的社会群体接触。在一定意义上，诸如X县人民医院可以被看作一个“第三域”，国家的权力与社会的力量都在这一领域得以展现。

在“第三域”的理论当中，“第三域”可以是国家与社会交会的地带，也可以是国家与社会争夺权力的地带，“第三域”可以用来让国家与社会在交会地带沟通，从而通过非正式行为解决制度框架内无法解决的问题，也可能成为国家与社会两者相互竞争、产生冲突的场所。

然而，对于X县人民医院这样的“第三域”空间而言，医院却成为国家与社会之间的“夹心饼干”。一方面，在面对国家的政策要求时，医院的解决路径通过自身的操作来满足上级的要求；另一方面，在面对了解有限的患者群体时，医生群体与之的沟通时间受到限制，同时医生群体受到来自患者群体的舆论威胁、暴力威胁的风险不断增大。这一种“第三域”没有达成国家与社会之间的沟通与对话，而是成为国家与社会两方施压的对象，甚至当遇到重大医疗事故时，医院是国家的主要问责对象，也是社会的集中攻击对象，从而造成了县级医院乃至一系列医疗机构陷入困境。

在这种困境之下，县级医院的处境颇为艰难，然而，在访谈中，却有医生提到：

> 政府、医生、患者，其实想起来每一方都有自己的可怜之处，但也都有自己的可恨之处，但如果真要做一个比较的话，还是患者最可怜，在医生治疗过程被耽误的时候，最后伤害最大的还是他们。（访谈记录）

在这种“第三域”的空间之中，或许医院是国家与社会之间矛盾的缓冲地带，又或许医院是国家与社会双方释放压力的过渡地带，但是通过这一“第三域”，政策效果的最终对象依旧是广大的社会群体，在体制改革的政策转型中，在广大人民群众的切实需求前，国家依旧任重道远。

结　语

医疗改革问题是全球关注的问题，也是一直无法解决的问题。新医改出台的一系列新的公共政策虽然解决了一定的问题，但是随着部分问题的解决，新的问题得以凸显。陷入困境的县级医院，一边面对因政策转型而日益增大的国家压力，一边承受一直存在并且不断上升的社会压力，这一难题有必要被纳入未来医疗改革的重点改革对象。县级医院作为国家与社会之间的“第三域”，在面对自上而下与自下而上的双方压力带来的困境时，如何正常地发挥其正面作用，从而给人民群众带来更好的医疗卫生环境，将是一个巨大的挑战。

与此同时，“第三域”在之前往往被视作一个国家与社会之间的交会点，或是作为国家下达政策时一个缓和的过渡地带，是一个场所性的理念。然而，从本文的研究中可以看出，“第三域”是存在自身的意愿价值取向判断的，在本文的案例中，“第三域”中的医生群体面对强大的国家权力与范围极广的社会力量，“第三域”的自主性被压制，其价值判断虽然存在但是极度缺乏话语权。其实作为两方力量的交会点，有时候来自“第三域”的声音反而是解决问题的途径，所以，给“第三域”降压，让“第三域”的群体的声音可以被听到，或许也是解决问题的一个途径。

参考文献

段涛，2008，《剖宫产临床应用现状与思考》，《中国实用妇科与产科杂志》第10期。

韩鹏云，2012，《乡村研究视阈中的国家与社会关系理论——脉络检视与范式反思》，《天津行政学院学报》第6期。

何俊志、杨季星，2003，《社会中心论、国家中心论与制度中心论——当代西方政治科学的视角转换》，《天津社会科学》第2期。

黄宗智，2003，《中国研究的范式问题讨论》，社会科学文献出版社。

刘兆佳，1998，《低度整合的香港官僚政府和华人社会》，载张静主编《国家与社会》，浙江人民出版社。

陆彩玲、贾孟春，2015，《世界卫生组织关于剖宫产率的声明》，《生殖医学杂志》第11期。

庞金友，2006，《近代西方国家与社会关系理论的逻辑与特点》，《天津社会学》第6期。

孙翎，2013，《中国社会医疗保险制度整合的研究综述》，《华东经济管理》第2期。

杨菊华、庞汝彦、钱军程、刘鸿雁、覃民、张莹、郭静、唐元红、冯碧波、翟建军、何川，2012，《畸高的中国剖宫产率：问题与对策》，《人口与发展》第5期。

【珠江书评】

变革时代的他者叙事

——阅读《大都市涉外社区治理》

陈 潭*

众所周知，“走西口”“闯关东”“下南洋”给中国的人口流动和移民史研究留下了宏大的历史篇章。在漫长的中国历史中，移民现象时有发生，大规模的人口迁移运动不可避免。经过康雍乾三世的恢复发展，乾隆时期全国人口突破了三亿大关。由于人口增长所导致的人地矛盾越来越尖锐，大量贫民迫于生计选择迁移，于是形成了“走西口”“闯关东”“下南洋”近代三股大规模的移民浪潮。在中华民族的历史上，一段悲壮的谋生运动就是一部辛酸的移民史，也是一部艰苦奋斗的创业史。

一 千年商埠的历史转身

毫无疑问，岭南大地深深地记刻着华夏先民长时间、远距离迁移的悲情烙印。由于灾荒、瘟疫、战乱和帝国的行政驱使，岭南成为古代中原子民陆地逃遁的“最后的地盘”和“不得已的选择”。历史叙述显示，历经“八王之乱”、“五胡乱华”和“南北朝混战”，中原汉人为逃避战乱而开始了第一次长时间的扶老携幼式的大规模南迁。同时，由于北方游牧民族入侵而引起的长时间战乱，再次引发了自南宋开始直到清朝初年才结束的中原农耕汉人的第二次大规模南迁。七百年前，陆秀夫的“负帝投海”和文

* 陈潭，广州大学公共管理学院院长，教授，博士生导师。

天祥的“零丁洋叹”，让崖山成为宋王朝生命绝唱里的最后“哭墙”。经过长时间的历史演化，分布在珠三角、粤北、粤西的广府人，粤东南潮汕平原的潮汕人，粤东北梅州惠州河源的客家人，全部是不同时期、不同地区南迁汉人的后代。从发生学意义上来说，广府文化、潮汕文化、客家文化所形成的岭南文化仍然是中原汉文化的“融媒体”。曾经任职于广东省计划生育委员会的朋友告诉我，广东是中华民族五十六个民族最全的地方。可以想见，自南越王赵佗的不愿北归开始，中原地带的金戈铁马、土客之争的族群械斗和南蛮之地的官宦流放，苏东坡的“试问岭南应不好，却道：此心安处是吾乡”给予了我们流寓美学的客家想象和吾乡认同。在岭南历史的另一面上，明末清初大批不愿臣服的汉人纷纷离开故土而“下南洋”。大量难民、被清兵打散的农民军、抗清失败的明军余部及明朝遗民，掀起了移民东南亚的高潮。这场移民运动持续了数百年，也在一定程度上奠定了当今东南亚国家的人口格局。毋庸置疑，历代封建王朝末年大多伴随着农民起义、外族入侵和王朝更替，不堪战乱的普通百姓和权力旁落的前朝贵族纷纷逃亡、流落甚至移居海外。由于地缘上的毗邻关系、西方列强殖民统治下的劳工需求和个人或家族命运的改变，东南亚成为华夏移民距离最近的迁徙地和避难所。那个时候“下南洋”的，既有对未来充满希望者，也有在家乡故土待不下去的人。然而，不管是“移进来”还是“迁出去”，岭南大地的“开放包容”和“族群融合”至今仍不褪色。

《汉书·地理志》记载，“中国往商贾者多取富焉，番禺，其一都会也”，“香犀花海、宝货充盈”。自唐代以来，作为华南门户、岭南中心的广州一向是中国最重要的商港之一。1757 年，大清统治者乾隆皇帝诏告天下，关闭沿海海关，专门划定广州“十三行”为全国唯一对外贸易的口岸，史称“一口通商”。于是，“十三行”成为鸦片战争前广州港口官府特许经营对外贸易的商行，也成就了大清经营进口洋货和出口土货的中介贸易商行。“十三行”对官府负有承保和缴纳外洋税饷、规礼、传达政令及管理外洋商务人员等义务，也享有对外贸易特权。那时的广州不仅对海外商人有着巨大的吸引力，对国内商人也有着巨大的向心力。和洋商打交道的“十三行”商人，都不愿意别人知道自己的真实名字，据说伍秉鉴等富可敌国的不少富商就是从福建移居来的。“金山珠海，天子南库”，作为广州的一段辉煌记忆，“十三行”不仅缔造了一批在国内外都光芒四射的粤商，也促进了中外工艺、技艺乃至艺术的交流和融合。在《白银资本：重视经济全球化的东方》一书中，西方学者贡德·弗兰克写道：1800 年以前，中国具有异乎寻常的巨大和不断增长的生产能力、生产效率、竞争力及出口能力，这是全球其他地区都望尘莫及的。由于中国强大的经济力量，特别是工业生产的力量，中国的出口也占据世界领先的地位。

根据贡德·弗兰克的研究，在 1800 年以前，中国垄断了世界瓷器贸易市场。大约占全国瓷器输出总量 80% 以上的中低档产品从广州输往亚洲各地，占 16% 的高档产品输往欧洲。19 世纪初期，广东是整个东亚最大的铁器生产地。北至日本，南至今天的印度尼西亚诸岛，东亚诸地都要购买广东铁器，连自认工业技术领先东方人一筹的欧洲殖民者亦不例外。棉布也是清代中期中国最主要的出口商品之一，但国产棉花产量不足，于是从印度进口，先运至广东织成布，再卖到英国和美国去。非常有意思的是，那时候的广东一边输入棉花，一边输出棉布，已经有点“世界工厂”的味道了。

1957 年，中国政府决定在广州创办一年两届的中国出口商品交易会，此时距离“十三行”官办正好两百年。作为“中国第一展”的“广交会”，成为中国历史最长、规模最大、商品种类最全、到会客商最多、成交效果最好的综合性国际贸易盛会。作为早期国家形象工程之一的“广交会”，在很长一段时间里向世界展示了社会主义国家的伟大成就。作为中国最早接触世界的城市，作为海上丝绸之路的发源地，从往昔“十三行”到今日“广交会”，不管国运如何变幻，政治如何跌宕，广州始终连通着中国与世界的贸易，凸显了强大的包容性和和谐力，广州人民也最先接受外来文化。

1978 年中国实行改革开放后，广州又引领风气之先，率先在全国开办“三资”企业，率先通过合资合作的方式兴建白天鹅宾馆等五星级酒店……吸引了一批又一批的外来投资者在广州开工厂、建楼房、设总部。一时之间，这座有两千年历史的古老城市，借着“广交会”所带来的八方商贾，以及改革开放所吸引而来的全球投资客，迅速成长为一座既有古老历史，又散发着迷人色彩的大都市。

作为全国商贸中心城市，广州除了蜚声国内外的“广交会”这一贸易平台外，还有大量的专业批发市场。据不完全统计，2018 年广州市大约有专业批发市场 1000 个，总建筑面积达 900 多万平方米，涵盖了 40 多个商品门类，形成了较为齐全的批发市场体系。这些专业批发市场具有功能清晰、区域性强、产品集中、数量充足、门类齐全等特点，因而闻名中外。广州也因此吸引着来自国内外的客商。

除了商贸发达，这座古老而年轻的城市，也不断奋进。截至 2018 年，广州吸引了全球 130 多个国家和地区的投资者前来投资创业，累计 3 万家外商投资企业在广州落户，实际利用外资总额超过 850 亿美元，297 家世界 500 强企业在广州设立 921 个项目。

同样，这座有着两千年历史的港口城市，在传承其城市历史特质的基础上，借着改革和创新，再创辉煌，2016 年全球化与世界城市研究组织 GaWC 将广州评价为世界城市 Alpha－级，广州也由此进入世界一线城市行列。弹指间，素有“中国第一展”之称的“广交会”已走过六十余载。从 2017 年开始承办的《财富》全球论坛，再到 2018 年的世界航线大会，以及 2019 年的世界港口大会，这座古老而又奋进的城市正阔步迈向世界舞台的中央。如今，它在锐意改革中正坚定地向国际空港枢纽、国际港口枢纽以及铁路交通枢纽迈进。凭借着优越的营商环境和创业环境，广州正阔步前行。

二　来自非洲的“广漂”和他们的“中国梦”

城市的属性，不仅仅依靠经济、依靠产业来体现。城市的特质，城市的温度，也通过独有的城市文化、城市人口等要素来体现。

活力四射的古城广州，吸引着国内大量的淘金者。广州成为中国最大的农民工流入地之一，以广州为中心的珠三角“世界工厂”，其名号响彻全球，湘南人所谓的“上广东”成为 20 世纪 80 年代以来新一轮劳动力移民造就的流动景观。到 20 世纪 90 年代，农民工已成为珠三角众多生产线上不可或缺的主要劳动力，广东省成为中国流动人口第一大省。来自 2017 年 7 月 10 日由广东省卫生计生委主办、广东省人口发展研究院承办的“关爱流动人口　建设健康广东——2017 年第 28 个世界人口日专题座谈会”数据显示，截至 2017 年 7 月 11 日“世界人口日”，广东省流动人口达 4048 万人，其中省内流动人口达 1105 万人，省外流动人口达 2943 万人。其中，广州户籍人口达 888.83 万人，流动人口达 713.41 万人，可见广州的流动人口占据了广州人口总数的“半壁江山”。根据 2005～2010 年流动人口的数据分析，湖南、广西、湖北、四川、江西、河南、重庆、贵州、福建、安徽等地成为广州外来人口的省籍来源地。由是，从“走西口”“闯关东”“下南洋”

到“上广东”，流动性成为变革时代的不可逆元素。作为全国规模最大的制造业中心，珠三角凭借政策先行、投资拉动和区位优势，不但吸引着成千上万农民工的流入，而且，随着全球化的深入发展，广州也吸引了大量的境外客商，欧美人、日韩人、阿拉伯人、非洲人随处可见。据广州市公安局的数据，截至 2014 年 10 月 25 日，在广州市居住超过 6 个月的外籍人士为 11.8 万人。根据《羊城晚报》2016 年 7 月 16 日报道，广州每天实有外国人数量在 8 万人至 12 万人，高峰出现在“广交会”期间，接近 12 万人。可以看出，全球化贸易加速了人口的跨国流动，广州作为中国中心城市和国家重要的商贸城市，不仅吸引着大量国内流动人口，也吸引着大量跨国流动人口。

在众多的跨境流动人口中，最为典型的是，大概在 20 世纪 90 年代，东南亚金融危机后，西非人开始组团来到中国经商，将珠三角的中国服饰、原材料和中国制造的工业品带回非洲销售。经过 20 多年的发展，非洲人在广州从经商扩展到教育、体育、劳务、服务等行业和领域。聚集地从迦南、御龙、天秀大厦等几座大型中非贸易城，扩展到淘金路、小北路、登峰街、三元里、番禺、东圃等地，慢慢地形成了非洲人聚居的“飞地”，也称为“巧克力城”。毫无疑问，数量庞大的非洲人来到广州经商和定居，促进了中非贸易发展，他们参与和融入了广州的日常生活，加强和促进了中国和非洲之间的联系。

也因为非洲人聚居数量众多，广州被越来越多的人戏称为“第三世界首都”，而小北路一带也成为广州这个大都市里非洲风情最浓郁的地方。安哥拉妇女头顶着装满商品的大塑料袋，穿着长袍的索马里人忙着兑换货币，刚果的商人们从中国商铺成批订购内衣，尼日利亚籍的男人们在非洲酒吧里喝着珠江啤酒，吃着湖南米饭。在这里，英语、法语、西班牙语、阿拉伯语混合着广府话、客家话、潮汕话以及各地口音的普通话从耳边飘过。很多洋面孔操着半生不熟的中文跟酒店服务员、小店老板问询和砍价。他们经常用那生硬的中文表达他们对广州、对中国的好感。“我喜欢广州、喜欢中国，我想在这儿待下去，能待多久是多久！”“我已经很中国了！”在这里，喧嚣的街市、花的海洋和各色人等共同构成了五光十色、自由随性、开放包容的绚丽大都市。同时，“非洲人在广州”也不断吸引着世界的目光。凤凰卫视 2009 年 9 月 12 日《走读大中华》栏目的《黑色迷城：非洲人在羊城》，对非洲人在广州的活动进行了比较率性的记录和评说。卡塔尔海湾时报网站2013年9月20日刊登了题为《在中国取得成功的非洲人》文章，文章称至少有2万名非洲人在广州居住，其中不少人通过娶中国女人为妻加深同这座城市联系，中非关系逐渐加深。2017年4月1日，在非洲工作多年的电影人巴杰利和她的合作者马库斯通过纪录片《广州梦工厂》把镜头对准了中国广州：非洲移民的“中国梦”。这部纪录片聚焦于这些移民者本身的生活，试图改变西方主流媒体对非洲人的“刻板”印象，展现出他们与世界上许多其他地方的移民一样充沛的活力和经商的天分。

广州这座古城，在全球化的浪潮中，被塑造成为一个多国别人口、多文化交汇、多元族群社区的世界城市。无论是闻名国内外的“小北巧克力城社区”，还是白云区远景路的“韩国人社区”，以及毗邻广州大道的欧美白人聚居区，都构成了广州鲜活生动的世界城市镜像。当然，在这些外国人社区中，最完善、最富异国风情的当属越秀区的小北非洲人社区。小北非洲人社区，地处越秀区小北地区建设街、登峰街、虹桥街一带。以广州市环市东路为中心的秀山楼、淘金路、花园酒店、建设六马路、建设大马路等一带，居住着来自53个国家的非洲人，他们以从事贸易为主。广州到底有多少非洲人？目前没有官方数据。有学者认为“人数可能以10万计”，也有人认为“至2008年初，广州约有8万非洲裔居民”，也有研究者“采‘10万’这个数字……给读者以非洲人在广州人数很多的概念”。无论是8万还是10万，都表明广州确实居住着不少的非洲人。

由于大量非洲人的涌入，小北非洲人社区已形成一个完整的非洲人社区生态。社区有完善的生活设施，非洲各国风味的餐厅、方便非洲客人聊天交友的咖啡馆随处可见，商店里售卖着色彩鲜艳夸张的非洲国家服饰，美发店里忙着为非洲妇女梳理“脏辫”的美发师，等等。当然，所有这些社区设施，其户外广告牌、LED灯箱上，都打着英语、法语、阿拉伯语和汉语四种语言。这些文化景观、社区镜像加上三三两两的非洲人，让人有恍若置身于非洲某国的错觉。

类似的外国人社区在塑造广州世界城市的同时，也需要广州的城市建设者来思考如何治理这些全球化再生产出的外国人社区。

三　面向全球化时代的涉外社区治理

全球城市必然存在移民的流动性治理——“飞地治理”等治理任务。

新移民研究是政治学、社会学、历史学、传播学、人类学、法学、管理学需要持续介入的研究领域。众所周知，美国社会学芝加哥学派托马斯和弗洛里安·兹纳涅茨基合著的《身处欧美的波兰农民》是移民史研究的一部经典著作。它反映的是 19 世纪末 20 世纪初美国“进步时代”移民到美国的大批波兰人，构成了一个相对独立的移民社区的历史场景。通过收录较有代表性的四个家庭信件和让外来移民自己讲述自己的生活故事来对部分波兰移民进行考察，为读者重现了特定年代社会变迁对波兰人传统文化、生活方式的冲击以及伴随移民活动而出现的美国社会的混乱，并对波兰移民社区中的种族问题进行了评析。它不仅正确评价了外来移民对美国文化的潜在贡献，还试图从移民自己的角度去理解他们的文化，对美国的思想和社会政策的影响一直持续到 20 世纪末期。

作为广州新移民的境内“他者”，笔者于 2011 年 7 月从湘江边来到珠江边，从岳麓山下搬迁到麓湖旁，在离小北区域不远的麓景东路居住了六年，亲眼见证了非洲人在广州的一些行为活动，亲身感受了非洲人在广州的一些喜怒哀乐。刚住麓景东路 61 号的时候，笔者对两个事物很不适应且很不习惯：一是广州艺术博物院广场上的广场舞；二是空气中充盈的香水味。一年之后，由于附近居民的强烈反对，艺术博物院和麓湖公园门口的广场舞被限定到晚上 10 点止。但是，小北路、麓景路、童心路的香水味却从来没有减弱过，久而久之笔者也便习惯了。不过，论对“非洲人在广州”的熟悉情况，我肯定比不上同事王亮博士。她是大西北人，本科毕业以后就早早地来到广州读研究生，毕业以后就在广州工作了。除了担任广州大学公共管理学院的教职以外，她还担任着广州市开心社会工作发展中心的负责人，从事登峰街道外国人居留的社会服务工作已有三四年时间。她根据多年来的观察、亲历、对话和记述，于 2017 年 9 月出版了《非洲人在广州：跨境迁移者的口述史》，而《大都市涉外社区治理》则是其在口述史基础上完成的“理论版”。

《大都市涉外社区治理》是地处南中国广州的非洲人群体的跨境移民志，它的出版为读者呈现了境外他者在全球化时代在中国的族群镜像。当然，《大都市涉外社区治理》也通过对这群跨境迁移的非洲人所居住的社区——小非洲社区的深度解剖，从小非洲社区的社区结构、族群结构、族裔经济、社区形态全面而比较深入地向读者呈现了广州在全球化场域下再生产出的这一新型社区，并结合小非洲社区的问题予以治理对策的探讨。

“格力穷方进，功夫老始知。尽教人贬驳，唤作岭南诗。”似懂非懂地吟着游走岭南大地的南宋诗人刘克庄的诗，承蒙王亮作者的嘱咐，写着似序非序的散乱言语，目的在于期待《大都市涉外社区治理》和《非洲人在广州：跨境迁移者的口述史》像《身处欧美的波兰农民》一样，成为理解跨境迁移者生活史的最为精彩的时代篇章。

基层治理创新的艺术：图景与逻辑

——读《寻求基层治理中的结构平衡》

姜　涵*

基层治理是国家治理体系的基础，基层不牢，地动山摇。习近平总书记多次在讲话中强调："重视抓基层、打基础，任何时候、任何情况下都不能放松。"创新基层治理，构建良善的基层治理体系，是巩固和增强政权合法性的内在要求，是构建和谐社会的重要内容与保障，也是进一步深化改革的有力推手。

四十多年来，各地积极探索基层治理的创新模式，基层治理创新取得诸多成效。在城市，社会组织参与社区管理成为创新工作的要点，并形成两种基层治理创新模式，即上级政府有意扶持与地方自主探索的创新（张小劲、于晓虹，2012）。在农村，伴随农村综合改革的日益深入以及乡村振兴战略的实施，农村基层治理创新不断涌现，逐步形成三种主要的创新模式：一是"下沉模式"，乡村治理单元向下延伸，形成以村民小组为代表的自治创新；二是"整合模式"，将村庄进行合并，扩大治理单元；三是"重组模式"，对乡村治理单元予以重新规划（刘金海，2016）。总体来看，中国基层治理创新逐渐进入微观和细化的具体层面，形成"微治理"创新；依法治理更加制度化、科学化、系统化和精细化；权力清单制度在基层快速普及；基层公共服务创新不断深化；等等（赵秀玲，2017）。

作为改革开放的桥头堡，广东省是全面深化改革的先行地，基层治理创新也走在全国前列。经过多年努力，广东积累了一系列丰富的基层治理

---

* 姜涵，中山大学政治与公共事务管理学院博士研究生，从事社会治理、中国传统政治思想与文化研究。

创新经验，并形成多点开花、多线出击、全面推进的格局。由广州大学蒋红军副教授和广东省委党校陈晓运副教授等合作的《寻求基层治理中的结构平衡——广东探索基层治理创新》，对广东基层治理创新进行了系统研究。该书围绕领导权、行政权、经济权、自治权和参与权等“五权”建构了关于基层治理的整体分析框架，梳理和总结了大量的广东基层治理体系和治理能力创新实践经验，对于全面深化新时期基层社会治理改革，推进国家治理现代化提供了有益启示与借鉴。

一　直面问题的基层治理多样态创新

改革开放以来，广东一直以其开放、创新、探索的精神姿态为世界所瞩目。然而，由于省内经济与社会发展的不平衡问题较为突出，在社会转型时期，各种社会矛盾日益凸显，基层治理在思想观念、主体定位、模式创新和治理手段等方面都面临诸多挑战（谭炳才、张燕，2015）。如何进一步推动基层治理创新，实现基层治理的现代化，成为摆在各级政府部门面前的重要问题，并引起学术界的广泛思考。

《寻求基层治理中的结构平衡——广东探索基层治理创新》一书认为，广东基层治理创新面临的核心问题是基层治理主体混乱，并且主体间存在多重紧张关系（蒋红军、陈晓运等，2017：4）。该书指出，当前广东基层公共事务领域存在五大治理主体：基层党组织、基层政府、村（居）自治组织、村（居）集体经济组织和村（居）民。五大主体都拥有各自的权能，但由于受历史和现实条件影响，在界分和互动时经常会出现模糊和混乱，形成多重紧张关系。如何理顺各主体职能，化解各主体间的紧张关系，直接驱动着广东基层治理创新。

第一，基层党组织及其领导的权威性仍待加强。十九大报告指出：“党政军民学，东西南北中，党是领导一切的。”在基层治理中，党组织主要负责统筹和引领工作，凝聚多重力量实现发展。然而，在广东基层治理中，党组织及其领导权的核心地位面临挑战。一是党组织建设和管理方式滞后于急剧转型的经济社会结构。表现在单一而封闭的以行政为依托的行政化组织设置方式难以适应转型后农村多元、开放的经济社会发展形势，党员干部素质难以满足农村经济社会发展的要求、党员干部队伍得不到有效管理等。二是党群关系疏离，农村党组织存在脱离群众和被“边缘化”的风险。三是与基层自治组织矛盾凸显。比如党支部和村民委员会这两个主要农村组织之间的权力边界存在对立，容易出现你强我弱或你弱我强的矛盾。

第二，基层政府的行政能力受到限制。基层政府改革与民众生活休戚相关，是基层社会治理的重要环节，也是基层治理改革的重要内容。但广东省在基层政府改革上，存在三个方面的不匹配。首先，基层治权体系与行政事务管理不匹配。如此造成基层管理存在“小马拉大车”的问题，基层（政府）存在“政经混合”的问题，以及基层社会组织存在“多而不用”的问题。其次，基层管理机制与社会协调机制不匹配。这导致基层劳资矛盾冲突日趋增多，基层农村矛盾冲突此起彼伏，流动人口管理矛盾冲突增加。最后，基层服务供给与群众民生需求不匹配。公共服务供给的精准性、充分性和公平性都有待提高。

第三，集体产权在结构、能力和监督方面遭遇困境。农村产权制度作为协调乡村社会各主体权益关系的制度安排，是乡村治理创新的重要经济基础。在经济社会结构转型时期，广东省农村集体产权面临集体经济组织改革、农村土地产权改革和集体资产监管改革的难题。一是农村集体经济面临保值增值与管好用活的双重压力。主要表现在农村集体经济组织产权结构不明晰，无法顺利对接市场，实现保值增值；农村集体经济组织运行管理难以适应市场经济专业化、流动化的要求。二是农村土地面临“谁来种地”和“地怎么种好”的双重难题。一方面，农村土地的分散经营效率低下，土地撂荒和非农建设现象严重；另一方面，土地细化、社会服务化主体发展缓慢，制约了农村土地实现规模经营和专业经营。三是农村集体资产监督不力，且管理不善，存在贪污腐化和资产流失等问题。

第四，群众自治组织及其自治权存在内部和外部的双重紧张。《寻求基层治理中的结构平衡——广东探索基层治理创新》主要聚焦于自治权的内部紧张，尤其是组织结构的紧张这一问题。从横向看，表现为村民（代表）会议、村民委员会与村务监督委员会的矛盾。比如，村民（代表）会议与村民委员会之间存在委托权和代理权的冲突，村民委员会承担过多行政事务而不能有效解决农村内部事务等。从纵向看，表现为村民委员会（行政村）与村民小组（自然村）的矛盾，主要是在权力分配、事权分工等方面的矛盾。

第五，村民参与权并没有得到完整落实。村民参与权包括选举权、决策权、管理权和监督权等，分别对应了“四个民主”。广东省在村民参与权方面面临“四权不同步”的困境：民主选举不够规范，村民的选举权难以得到保障；民主决策形式上有权、实质上无权，村民决策权虚化、弱化；民主管理相对滞后，村民的管理权无法得到合理保障；民主监督没有得到完整落实，村民监督权不能得到有效发挥。另外，村民参与权还缺乏资金、人才和技术的支持。

总之，基层治理创新是多重因素交织而成的复杂实践过程，回应现实需求则是基层治理创新获得生命力和可持续发展的关键因素。为探索基层良治方案，《寻求基层治理中的结构平衡——广东探索基层治理创新》分析了上述广东基层治理中各权能主体所面临的诸多困境，绘就了广东基层直面问题、开展多样态治理创新的巨幅画面。

二　广东基层治理创新的内在逻辑

基层治理创新的直接目的是通过化解基层治理的现实困境以达到基层治理的良性运作。由于各地实际不同，中国不同地区的基层治理在体制、组织、管理、财政、资源和理念等方面都存在不同程度的困境（子志月、王丹，2018）。要想实现基层治理的有效运转，必须根据新时代的发展需要以及基层社会的自身实际，不断探索和创新基层治理体系，提升基层治理能力。

从现阶段关于基层治理的研究看，国家权力和基层社会权力在基层治理过程中互为基础，基层治理也主要围绕不同治理主体采取相应的治理方式（子志月、王丹，2018）。《寻求基层治理中的结构平衡——广东探索基层治理创新》一书从广东基层治理中的多元主体及其多重权力困境出发，围绕党的领导权、政府的行政权、集体组织的经济权、自治组织的自治权和村（居）民的参与权等，阐释了广东省各地基层治理的创新脉络及其背后的改革逻辑。

其一，巩固党的领导权。巩固党的领导权需要以健全自身组织建设和管理机制为基础，理顺政党关系，并强化与民众之间的沟通与联系，从而实现党组织、村（居）委会与群众的三维互动。广东省根据各地实际，针对性地制定了多种改革方案。在自身建设方面，以清远、东莞和佛山为代表，通过推进基层党组织设置中心下移、推动村级基层党组织设置的优化升格和扩大基层党组织覆盖面的方式，不断优化组织设置；以潮阳、揭阳、佛山为代表，通过加强村级党支部书记队伍建设、选派优秀年轻干部到后进村任“第一书记”和大学生到村任职的方式，不断提升党员干部素质；以湛江、潮州枫溪、肇庆为代表，通过失联党员归队工程、人籍分离党员教育管理服务新模式和加强农村党员队伍建设“三个一千”行动计划等方式，完善党员管理机制。在党群关系方面，以深圳盐田、东莞、佛山南海等为代表，通过党代会常任制、党代会工作室制度和乡镇（街道）领导干部驻点的方式，完善联系群众机制。在村“两委”方面，以增城下围村为代表，通过扩大“一肩挑”与“交叉任职”比例，以及村民代表议事制度的方式，理顺“两委”关系。

其二，优化基层政府行政权。广东省基层治理分别从革新治权体系、提升治理能力和提升服务水平等三个方面进行了改革。在治权体系的改革方面，改革的重点在于改革传统结构与激活多元参与。通过多举措推进行政平台事务化管理，搭建以“网格化”为重点的基层社会管理载体，构建基层群众自治平台，以及驱动新兴社会组织进行协作治理。在治理能力的提升方面，主要通过健全管理机制与保障公共秩序。比如健全风险排查机制以避免出事，健全利益协调机制以小事化了，以及健全危机稳控机制以大事摆平。另外，在公共服务改革方面，主要是拓展公共服务与推进精准供给。比如扩大公共服务覆盖面，精准对焦公共服务需求，实现公共服务供给渠道的多元化等。

其三，重塑集体产权。广东省基层治理创新着力从集体经济组织、农村土地产权和农村集体资产监管权，也就是结构、能力和监督三个方面推动农村产权改革。首先，界定资格，明晰集体经济权属和组织成员资格。以南海改革为例，通过分离选民资格、组织功能、干部管理等，建立权责清晰的治权资格；通过“两确权”工作，实现权属确认与股权资格的固化。其次，对接市场，稳定承包权与放活经营权。如对土地进行确权，以巩固和完善土地承包权。以产权交易中心为依托，规范土地流转形式。最后，优化监管，强化农村集体资产监管权。主要是利用现代信息技术手段，通过开展清产核资、建设农村集体“三资”管理服务平台、探索“互联网＋农村集体资产管理”等形式强化监管。

其四，规范群众自治组织的权力。主要是优化自治权内部的纵横结构之间的关系，通过双重关系的转化推动基层自治的发展。在横向权力结构方面，梅州市蕉岭县芳心村推行了“三元制衡”办法，以理顺协商议事会、村民委员会和村务监督委员会的关系，从而破解了决策、执行和监督权力相互交叉重叠的困局。佛山市三水区采取“三权分设”的方式，将决策权、执行权和监督权分别交由村民议事会、村民委员会和村务监督委员会行使，以实现三种权力之间的相互制约与平衡。潮州设立了“乡贤咨询委员会”，对现有权力运作进行补充和辅助。在纵向权力结构方面，则有梅州蕉岭的“多层共治”，完善基层决策议事体制；佛山三水村组两级“小人大”，调动村民参与决策；云浮的“上下联治”，健全基层管理体制；清远的“自治重心下移”，强化基层自治能力。

其五，落实村民参与权。基层治理从以民主选举为中心向以民主治理为中心进行转移，以实现“四个民主”的全面发展，并为落实基层自治的有效运转提供各项支持。具体有以下几点。一是规范选举，保证村民选举权。清远等多地通过自治中心下移缩减选举规模，广州番禺通过团队竞选创造双向互动平台，河源通过选举观察确保选举公平公正。二是引入协商，强化村民决策权。目的是增强决策程序性、扩大决策代表性、提高决策效率。比如中山市推行的“1+5”民主议事决策机制。三是健全管理，保障村民管理权。比如蕉岭的村民理事会，云浮的乡贤理事会，以及湛江的邻居理事会。四是推动监督，发挥村民监督权。具体有优化监督队伍、增强监督意识和畅通监督渠道等。五是巩固基础。广泛吸收资金为自治输血供液，提供人才配给以推动自治运转，以及更新技术，调动公众参与积极性，等等。

通过上述一系列创新和改革，广东基层治理中的诸多矛盾得以缓解，基本实现了巩固党权、优化治权、激活产权、规范自治和保障参与等方面的目标，为基层治理中“五权”关系的动态平衡提供了良好示范。

三　广东基层治理创新与基层治理现代化示范

基层治理创新作为国家治理体系和治理能力现代化建设的重要内容，近年来，受到学界广泛关注，一些学者也提出关于基层治理创新的理论。比如以徐勇为代表的学者提出“三波段”理论，认为基层自治的第一波是以自然村为基础的自生自发的自治，第二波是以建制村为基础的规范规制的自治，第三波是在建制村以下内生外动的自治，将民主和自治连接起来（徐勇，2014；徐勇、赵德健，2014）。然而，以肖滨为代表的学者则认为，上述理论与现实之间差距过大。他们指出，就广东等地的实践经验看，村民自治创新的主要目标并不是寻求实现民主与自治的连接，而是探索如何处理好乡村治理中的多重权力关系，从而使村民自治走出目前所处的困境，更有活力地运转起来（肖滨、方木欢，2016）。

具体而言，基层治理的多重权力关系主要包括以党组织、政府、自治组织、农村集体经济组织和村（居）民及其权能所构成的“五权”。它们之间的矛盾冲突主要有：执政党力图通过强化党的领导权巩固党组织在乡村的领导核心地位；政府希望获得乡村社会中的行政权，以保证公共服务的提供；村庄追求获得乡村中的自治权；村集体经济组织要求得到自主管理企业的经济权；而村民则寻求获得村庄治理的参与权（肖滨、方木欢，2016）。其中任何一方的权力过大，都会使得“五权”失衡，影响基层治理的目标和成效。《寻求基层治理中的结构平衡——广东探索基层治理创新》一书则为我们详细诠释了如何实现“五权”结构的动态平衡，以缓解领导权、行政权与自治权，经济权与自治权，自治权内部的纵横结构以及参与权的内在关系等的紧张状态，使之变得融洽和协调。

从全书对于“五权”的论述逻辑看，“五权”结构的动态平衡，其实质是把村民自治有机整合到以党政体制为基础的国家治理体系中，以实现“三元统一”，即将政党执政的权威性、国家治理的有效性和村民自治的参与性等三个方面，有机统一于中国共产党在基层执政的合法性之中。“三元统一”有利于化解党政体制与村民自治制度之间的紧张关系，也有利于破解村民自治中民主与治理之间的难题等（肖滨、方木欢，2016）。这既是党的领导方式的创新，打破了传统封闭式、一元化的领导方式，也是党的思想和行动逻辑的创新，有利于形成执政党与社会的良性互动机制。另外，“五权”平衡的治理格局也体现了“党委领导、政府负责、社会协同、公众参与、法治保障”的治理理念，为基层治理创新提供了良好的理论和实践指导，并为进一步推进国家治理现代化提供了广泛助益。

参考文献

蒋红军、陈晓运等，2017，《寻求基层治理中的结构平衡——广东探索基层治理创新》，中山大学出版社。

刘金海，2016，《乡村治理模式的发展与创新》，《中国农村观察》第 6 期。

谭炳才、张燕，2015，《新常态下完善广东基层社会治理模式研究》，《广东经济》第 12 期。

肖滨、方木欢，2016，《寻求村民自治中的“三元统一”——基于广东省村民自治新形式的分析》，《政治学研究》第 3 期。

徐勇，2014，《找回自治：探索村民自治的 3.0 版》，《社会科学报》6 月 5 日，第 3 版。

徐勇、赵德健，2014，《找回自治：对村民自治有效实现形式的探索》，《华中师范大学学报》（人文社会科学版）第 4 期。

张小劲、于晓虹，2012，《中国基层治理创新：宏观框架的考察与比较》，《江苏行政学院学报》第 5 期。

赵秀玲，2017，《近年来中国基层治理创新趋向及其思考》，《福建论坛》（人文社会科学版）第 8 期。

子志月、王丹，2018，《中国乡村治理研究：回顾与前瞻》，《云南行政学院学报》第 3 期。

【行家访谈】

"互联网+政务服务"的福田经验

——刘民安先生对话录

刘晓洋[*]

自李克强总理在2015年《政府工作报告》中提出"互联网+"的行动框架以来，"互联网+政务服务"作为以新技术驱动政务服务管理创新的方式，成为公共管理学术界新的学术增长点，也是政府管理实践改革创新的活跃地带。2016年印发的《国务院关于加快推进"互联网+政务服务"工作的指导意见》（国发〔2016〕55号）拉开了"互联网+政务服务"全面改革的序幕。随后，《推进"互联网+政务服务"开展信息惠民试点实施方案》（国办发〔2016〕23号）、《"互联网+政务服务"技术体系建设指南》（国办函〔2016〕108号）、《进一步深化"互联网+政务服务"推进政务服务"一网、一门、一次"改革实施方案》（国办发〔2018〕45号）和《国务院关于加快推进全国一体化在线政务服务平台建设的指导意见》（国发〔2018〕27号）等系列政策文件相继出台，从优化再造政务服务、融合升级平台渠道、夯实支撑基础等途径系统地推进"互联网+政务服务"。近年来，福田区认真贯彻落实上级政府关于深化推进简政放权和"放管服"改革的决策部署，坚持"以人民为中心"的政务理念，积极推动以"4办服务"、"4零清单"和"4一体系"为代表的"3×4"智慧政务服务改革，以提升市民政务服务获得感。最近，深圳福田区荣获2019珠三角地区营商环境十佳政务机构。据此，广州市智慧治理研究中心就"互联网+政务服务"的福田经验对话了福田区政务服务中心主任刘民安先生。

---

* 刘晓洋，广州大学公共管理学院副教授、广州市智慧治理研究中心研究员。

刘晓洋：请您介绍福田区政务服务中心的基本情况。

刘民安：福田区政务服务中心前身是“福田区行政服务中心”，成立于2006年9月1日，是福田区委区政府办公室（上级主管单位）下属全额拨款的事业单位，无内设机构。2014年，更名为“深圳市福田区政务服务中心”。福田区政务服务中心主要职责和功能定位是：（1）负责行政服务大厅的建设和日常管理，做好大厅各办事岗位及工作人员日常培训、监督、管理和考评考核工作，研究制定完善大厅各项管理和政务服务工作制度；（2）负责推进我区各级行政服务大厅审批服务事项标准化建设、信息化建设，组织协调、监督指导进驻部门开展政务服务工作，审核行政服务大厅的政务服务事项进驻，推进政务服务工作机制优化和政务服务流程优化，统筹协调政务服务事项跨部门协同办理；（3）受理大厅政务服务投诉和业务咨询，及时反馈调查处理情况；（4）统筹协调全区网上办事大厅等政务服务在线平台建设和维护管理工作，推进政务服务事项网上办理和信息共享；（5）负责全区各专业分厅和街道行政服务大厅、社区便民服务机构的检查指导工作，推进全区政务服务体系建设；（6）承办区委、区政府和上级有关部门交办的其他事项。

福田区政务服务中心以“优质、高效、便民、规范”为核心价值观，实行统一的便民服务制度，包括《福田区政务服务便民服务规范》《福田区政务服务礼仪标准规范》《窗口工作人员行为规范“九不准”》《福田区政务服务体系窗口服务评价器使用管理办法》《福田区政务服务体系工作人员首问责任制》《综合窗口工作人员管理办法》；按照“一门式、一网式、一窗式”要求，业务受理实行“前台综合受理、后台分类审批、窗口统一发证”的政务服务模式，统一使用“一窗受理平台”开展信息化业务工作，事项进驻实行“应进必进”原则，其他不能进驻的，分设9个分厅，分别是市场监管分厅、税务分厅、社保分厅、婚姻登记分厅、动物检疫分厅、残联分厅、司法分厅、人力资源分厅、档案分厅。

刘晓洋：福田区政务服务中心核心价值观“优质、高效、便民、规范”是如何凝练形成的？福田政务服务是如何践行的？

刘民安：福田区政务服务中心服务辖区居民和企业10年，在服务和探索过程中，逐渐对政务服务有了更深刻的认识，在2012年，凝练出“优质、高效、便民、规范”的核心价值观。一是“优质”。优质排在首位，代表着政务人在服务居民和企业的过程中，必须将优质贯穿始终，随着服务要求和需求的深化，优质的服务也随之提升。二是“高效”。每一个政务人最开心的时刻，便是为服务对象成功办理事项的一刻，不断提升业务能力，提高受理、审批效率，不仅是居民的最本质需求，更是政务服务人最基本的要求。三是“便民”。政务人，要时时刻刻做到“以人民为中心”，以方便群众办事为准则，不断优化流程，利用“互联网 +”，让办事群众省时、省心、省力，这也是“便民”的内涵所在。四是“规范”。一切以法律法规为办事基础，不仅是政务人的服务准则，更是政务人对每一位办事群众的责任，从受理到审批再到出件，规范化的流程是办事群众的“定心丸”。

福田区政务服务中心坚持以加快政府职能转变为契机，以“互联网 + 政务服务”为抓手，践行“优质、高效、便民、规范”的核心价值观，不断提高行政效能，优化服务质量，进一步提升综合政务服务品质。一是优化机制，群众办事更省时。福田政务服务中心坚持“一门式、一网式、一窗式”的政务服务模式，全区已完成区级行政服务大厅、10 个街道行政服务大厅和 95 个社区政务服务工作站的实体建设，并做到全区政务服务 LOGO、门牌标识、窗口人员服务标准“三统一”；按照“应进必进、进必授权”原则，将全区政务服务事项划分为四类进驻情况，明确各单位分类进驻各级行政服务大厅综合窗口的办理模式；全力建设现代化行政服务大厅，不断深化综合窗口业务，在全区各级行政服务大厅打造“前台综合受理、后台分类审批、窗口统一发证”的服务机制，开辟 150 个综合窗口，实行一个窗口对外。二是依托“互联网 +”，群众办事更省力。福田区政务服务中心着力推进“互联网 + 政务服务”改革，编织政务服务“一张网”，形成一体化、区域性的“互联网 +”集成政务服务。以广东政务服务网为主体，通过智慧福田 App、“福田政务”微信服务号、自助服务终端等信息化方式，推行“智慧服务掌上办、网点服务就近办、自助服务全天办、容缺服务马上办”，打破时空限制，让群众随身、随时、随地体验贴心服务，享受全方位的便民服务网络。三是提升服务，群众办事更省心。坚持以民生需求为导向，不断提升窗口人员服务质量。紧紧抓住制度建设的“牛鼻子”，建立健全政务服务规章制度，确保内部管理有章可循，对外服务有制可依，推动全区政务服务改革工作向纵深发展，强化政务服务队伍自身建设，为切实提升行政效能和服务质量提供坚强保障；中心将培训作为年度重点工作，通过专业培训与一般培训结合，全方面提升窗口人员综合素质，组织各职能局对窗口工作人员进行专业轮训，巩固业务水平，更新业务知识，此外，还开展礼仪、心理调适等一般性培训，着力提高窗口人员抗压能力，提升其综合素质。

刘晓洋：请您介绍福田区政务服务中心成立的背景，经历的发展阶段及其主要改革举措。

刘民安：为了进一步转变政府职能，规范行政行为，改革行政审批方式，提高行政效能，优化营商环境，打造服务型政府，按照“公开、公正、便民、高效、廉洁、规范”的原则，构建集中办理行政审批和相关业务的运行模式，区委、区政府决定成立福田区政务服务中心，2007 年 4 月 26 日正式启用福田区行政服务大厅。福田区政务服务中心大致经历了建设初期及信息化探索、“一门式、一网式、一窗式”建成和“3×4”智慧政务服务改革等三个阶段，主要改革举措有以下几点。

（1）2007~2011 年，建设初期及信息化探索阶段。福田区行政服务大厅成立初期，中心以健全机制和夯实基础建设以及提高审批效率为抓手，推进制度化、规范化、便民化建设，提出“公开、公正、便民、高效、廉洁、规范”的服务原则，着力加强队伍建设，树立窗口良好形象，并逐步探索和建立网上办事大厅。

（2）2012~2017 年，“一门式、一网式、一窗式”建成阶段。2012 年，在区行政服务大厅试点一窗综合受理模式，集合 42 项政务服务事项，同时，在全市首推网上办事大厅，通过办事指南、在线咨询、表格下载、网上申报、网上预约，结果反馈这六项服务子栏目，统一向社会公众提供更为集中、便捷的网上办事全流程服务。2013 年，全市率先全面推行综合窗口，实行一窗综合受理。自 2013 年 12 月 4 日起，区行政服务大厅在保留原有受理项目不变的基础上，扩大服务内容，将尚未纳入大厅的政务服务事项纳入大厅集中受理，实行“一个窗口受理、一站式审批、一条龙服务、一个窗口收费”的运行模式。区教育局、安监局、信访局、档案局、住建局、人力资源局、文体局、发改局等 12 个部门 92 项事项实行福田区行政服务大厅综合窗口统一受理。2014 年，推行无纸化审批。辖区居民在办理民政、计生等 39 项业务时可免收纸质复印件。窗口人员通过电子扫描将群众办事材料电子化录入后，直接进行电子全流程网上审批。2015 年，“三厅融合”审批系统上线。全区各级行政服务大厅通过“三厅融合”审批系统统一平台开展业务网上办理、进度查询、档案管理、通知公告和信息比对等工作，实现流程规范透明、资源整合共享、业务电子审批等目标，全面提升了我区审批效率和服务质量。继全流程再造、“互联网 +” 等改革创新之后，福田区政务服务再度升级。自 2016 年 8 月 1 日起福田区全面推进“通办通取”政务服务创新改革。包括敬老优待证在内的 30 项政务服务，都可以在全区 10 个街道“通办通取”。2017 年，“福田政务” 微信服务号上线。“福田政务” 微信服务号集预约、在线取号、业务申办等功能于一体，让群众开启快速、便捷的“互联网 + 政务服务” 的全新体验。同时，进一步加强区行政服务大厅现场管理工作，引入 OSM 现场管理系统，实行精细化管理，让大厅运行更加规范、流畅。

（3）2018 年至今，“3 ×4” 智慧政务服务改革阶段。2018 年，福田区政务服务中心坚持贯彻落实中央、省、市关于深化推进简政放权和“放管服” 改革的决策部署，着力整合全区各行政审批单位的事权、资源、力量，以区政务服务中心建设为综合平台和主阵地，以智慧福田建设和“互联网 + 政务服务” 为抓手，通过流程重置、标准重构、机制重组等一系列举措，推动“3 ×4” 智慧政务服务改革，践行“四个走在全国前列”，高标准打造政务服务示范区，助推“放管服” 改革落到实处，努力让群众办事更方便、受惠更多。一是探索“4 办服务”，让群众办事更省时。通过智慧服务“掌上办”、网点服务“就近办”、自助服务“全天办” 和容缺服务“马上办”，深入实施“互联网 +” 战略，努力打通辖区信息壁垒，实现数据共享，优化服务流程，统一服务标准，精心编制全方位的便民服务网络，打破时空限制，让群众随身、随时、随地体验贴心服务，大幅节省市民宝贵时间。二是构筑“4 一体系”，让群众办事更省力。不断深化政务服务改革，优化重构服务流程与手段，为新的机制建设积累了经验，福田区深入探索的“一扇门”“一窗口”“一张网” “一层级” 政务服务“四一体系”，推动服务机制重组，变群众来回跑为部门协同办，争取最大限度地提升效率、方便群众。三是实行“4 零清单”，让群众办事更省心。全区区级事权实现“零收费”、网上办事大厅实现“零距离”、压缩流程实现“零时限” 和数据管理实现“零材料”，进行“4 零清单” 行政审批改革，不仅按政策要求取消了 42 项行政审批事项，而且积极探索“自选动作”，打出服务群众组合拳，减少不必要的程序和手续，切实增强群众体验感、获得感。

刘晓洋： 请您介绍福田区级网上办事大厅建设的背景、经历的发展阶段和主要改革举措。

刘民安： 建设福田区级网上办事大厅，是加快政府职能转变、建设服务型政府、适应信息化时代的要求，切实提升了便民化程度和为民服务能力。福田区级网上办事大厅建设经历了三个阶段。(1) 探索阶段。福田区行政服务大厅成立初期，以建设"网上办事大厅"为目标，联合区信息中心，充分借鉴和学习国内发展电子政务的先进经验，大力推进信息化建设和政务公开工作。探索网上直报、信息化公开、自助网上简单申报等措施，着力探索适合福田政务服务发展的信息化技术。(2) 建成阶段。2012 年 5 月，开展网上虚拟大厅建设，并在 2013 年中期按市政府要求接驳到广东省网上办事大厅深圳分厅，制定《广东省网上办事大厅深圳福田分厅建设工作方案》，2013 年第三季度顺利完成网上办事大厅福田分厅与省、市互联互通，实现了三级政务服务事项数据同源，并不断完善网上办事大厅建设，打造全方位、全天候、零距离的政务服务模式，政务服务事项网上覆盖率已达 100%。(3) 深化阶段。深化"互联网 + 政务服务"，着力编织政务服务"一张网"，形成一体化、区域性的"互联网 +"集成政务服务，配合市政务办完善深圳市网上办事大厅福田分厅，并以网上办事大厅为基础，采用"福田政务"微信服务号、智慧福田 App、自助服务平台等集成信息化政务服务技术，推行网上预审服务模式、人脸识别在线办理模式，进一步缩短受理审批时限。

刘晓洋：2016 年，国务院推行"互联网 + 政务服务"改革以来，福田区政务服务中心在优化再造政务服务、融合升级平台渠道和夯实支撑基础等方面改革中遇到的问题和解决方式有哪些？

刘民安：福田区始终把"互联网 + 政务服务"改革和行政审批标准化工作作为政府职能转变的有力抓手，积极探索出符合福田区政务服务实际的发展模式。但在推进的过程中，也遇到些问题。一是信息数据共享不畅。在社会管理和服务的过程中，基层政务服务窗口积累了各类社会主体的海量信息，由于各系统均没有共享，后台审批人员在数据核对时，无法通过证照库直接调取匹配，在"互联网 +"时代凸显行政低效，造成资源浪费，也与方便群众办事的宗旨相违背。我们建议从国家、省的层面强力统筹，按照办事服务"一网办"的要求，整合各业务系统，实现各系统的深入融合对接。同时，明确"谁采集信息，谁负责推送"的工作原则，加快推进信息循环，保证各部门的审批数据和证照信息在政府内部公开。二是政务服务标准化建设有待进一步强化。有的地区直接沿用事项通用目录中的事项大项办理，有的地区则对事项进行拆分、细化，导致群众在办事时对应不上相应的名称，从而容易给办事群众造成误解。群众办理同样一件事情，在原户籍地与居住地所需要提交的办事材料不同，完成的时限也不一致。有些地区出具的证明不严谨，影响了审批的正确性。建议能够统一全国政务服务，自上而下制定政务服务事项目录，形成统一的政务服务标准，按照统一的信息要素进行管理。同时，明确全国各地的政务服务主管部门，明确政务服务结果的唯一性及合法性。

刘晓洋：《国务院关于加快推进“互联网 + 政务服务”工作的指导意见》提出“简政放权、放管结合、优化服务”，把政务服务改革深化推进。福田区的做法有哪些？福田的“马上办、全天办、掌上办、就近办”的主要内容和特点是什么？

刘民安：（1）“放管服”做法。在区编办牵头下，全区坚决贯彻上级要求，保障“放管服”措施落到实处，2016 年、2017 年获国务院办公厅通报表扬，是深圳唯一连续两年获此荣誉的市辖区，也是广东省第一批相对集中行政许可权的改革试点区；另外，在区编办牵头下，2013 年以来对权责事项进行调整，建立起了区级电子台账，通过实行“一窗式”办理、“两集中两到位”和“三厅融合”，进一步优化了受理审批运行模式，为便民化提供了强有力的信息化支撑。（2）主要内容和特点。一是智慧服务“掌上办”。打造“掌上”福田，以权责清单事项为依据，梳理全区政务服务事项，运用微信及智慧福田 App 和政务小程序，制定个性化表单及申报系统。群众可直接通过移动终端扫描身份证、进行人脸识别，将电子化材料上传预审，待得到预审结果后，系统自动转入后台处理，真正做到办事“零跑动”。二是网点服务“就近办”。推行全区“通办通取”，建设政务服务“一公里服务圈”，逐步建立“1 + 10 + 95”政务服务实体大厅网点办理模式。参照银行网点模式，10 个街道行政服务大厅升格为区行政服务大厅分厅，区、街、社区均办理相同政务服务事项，实现无差别办理。在街道窗口人员管理方面，将区、街道两级政务服务综合窗口整合为一个整体对外服务窗口，建立办理事项一致、服务标准一致、综合窗口人员薪酬待遇一致的“整体性”服务架构体系，实行窗口人员统一管理、统一调配使用。在全区 95 个社区工作站设立代收件业务，社区工作人员收件后及时移交街道行政服务大厅办理，努力把政务服务社区“网点化”。三是自助服务“全天办”。根据市政务办部署，福田作为自助服务试点区，率先开展政务服务“24 小时不打烊”试点。对区行政服务大厅进行升级改造，通过引入人工智能机器人、自助查询机等方式，再造群众办事流程和服务流程，打造全市首个覆盖事项最多、服务功能最全、窗口完整闭环的政务服务自助专区，实现群众办事24小时自助查询、智能咨询、自助业务申办收件、自助取件的全链条一体化自助模式，实现福田模式不见面审批。在全区10个街道行政服务大厅、95个社区工作站以及我区“亿元楼”、银行网点、大型住宅区、地铁口等人流密集的场所安装自助服务终端，实现全区政务服务全天候运作模式。四是容缺服务“马上办”。对群众办事原则上实行“即来即收”，按“细化裁量标准，量化审批权限”的工作原则，形成全区统一的政务服务事项目录标准、要件标准、流程标准、服务标准和制度规范，明确可容缺的材料及机制优化程序，全区政务服务窗口人员按照清单进行标准化收件受理。群众在办理业务时，可对容缺材料申请容缺服务，待取证时再递交材料原件，解决群众因申请材料不全来回跑问题。此外，在试点街道福保街道办，工作人员通过数据比对找出辖区符合条件但尚未领取高龄津贴的老人，主动发送短信告知其办理手续，对于行动不便的孤寡老人，由网格员上门协助办理。该举措得到辖区企业及办事群众的广泛好评，有辖区企业专门给区大厅赠送锦旗，为政务服务效率点赞。

刘晓洋：请介绍一下福田区政务服务中心和各街道政务服务中心在开展“互联网+政务服务”中的联动情况，街道政务服务中心在开展政务服务改革中的创新和特色。

刘民安：（1）理顺机制。按照“应进必进、进必授权”原则，81个事项进驻街道行政服务大厅及社区工作站，实行“两集中、两到位”改革，10个街道均成立了政务服务办公室，100%完成职能调整，各街道及社区行政服务大厅实行一个窗口对外。（2）统一标准。全区已完成10个街道行政服务大厅和95个社区行政服务工作站的实体建设，做到全区政务服务LOGO、门牌标识、窗口人员服务标准“三统一”，向群众展示福田区统一、专业、规范的政务服务窗口良好形象。（3）一个系统。10个街道行政服务大厅和95个社区行政服务工作站均使用全市统一的一窗受理平台、权责清单，确保受理、审批标准统一、规范，并将微信服务号和智慧福田App纳入街道和社区事项，辖区居民可以随时随地办理业务。（4）通办通取。推行全区“通办通取”，建设政务服务“一公里服务圈”，10个街道行政服务大厅升格为区行政服务大厅分厅，区、街、社区均办理相同政务服务事项，实现无差别办理。

英文摘要和关键词

Academic Frontiers

Age-training Gaps in the European Union

Fiona Carmicael, Marco G. Ercolani

Translated by Yang Xiaocong

Abstract: This paper examines the relationship between age and training in the 15 European Union countries (EU - 15) that were member states prior to the 2004 enlargement. The analysis is carried out using European Union Labour Force Survey data. We report cross-country comparisons of the training undertaken by older people (aged 50 - 64) and younger people (aged 20 - 49). We extend previous research by adding an analysis of the training undertaken by non-workers as well as that of workers. We also consider whether training is work-related, whether it is undertaken during normal work-hours and the time spent in training. Our results show that across the EU - 15 not only are older people less likely to participate in training in general but, more importantly, they are less likely to participate in work-related training. Our evidence suggests that there is considerable scope for raising the training rates of older people and particularly older people who are out of work.

Keywords: Age; Retirement; Training; Work

Unpaid Caregiving and Paid Work over Life-courses: Different Pathways, Diverging Outcomes

Fiona Carmicael, Marco G. Ercolani
Translated by Yang Xiaocong

Abstract: We investigate the extent to which people's earlier circumstances and experiences shape subsequent life-courses. We do this using UK longitudinal data to provide a dynamic analysis of employment and caregiving histories for 4339 people over 15 - 20 years between 1991 and 2010. We analyse these histories as sequences using optimal matching and cluster analysis to identify five distinct employment-caregiving pathways. Regression analysis shows that prior to embarking on these pathways, people are already differentiated by life-stage, gender and attitudes towards family and gender roles. Difference-in-differences estimation shows that some initial differences in income, subjective health and wellbeing widen over time, while others narrow. In particular, those following the most caregiving-intensive pathways not only end up poorer but also experience a relative decline in subjective health and wellbeing. These results confirm that earlier circumstances exert a strong influence on later life-courses consistent with pre-determination, persistence and path dependence.

Keywords: Caregiving; Unpaid Work; Labour Force Participation; Social Attitudes; Life-course

Government Affairs in China

Towards to Holistic Governance: The Trend and Revelation of the Reform of China's Administrative Examination and Approval System since the 18th National Congress of the Communist Party of China

Chen Yongjie

Abstract: It is of great significance to examine and analyze the reform process and the basic logic of the administrative examination and approval system to deepen the reform of the administrative examination and approval system in a "new era". Based on the empirical analysis of central system texts and local cases, the article finds that the reform of the administrative examination and approval system in China has been moving towards the holistic governance since the 18th National Congress of the Communist Party of China. The central government has changed from simplifying logic to integrating logic in the reform design. Local government solve the problem of the fragmentation of administrative approval system elements through the holistic governance framework in the reform practice. The article further argues that the deepening of administrative approval system reform requires the implementation of four changes: from fragmented reform to integral design, from the transformation of power-based to responsibility and service-oriented, from process-oriented to results-oriented, and from institution reform to the fusion between the institution and technology innovation.

Keywords: Administrative Examination and Approval System; Holistic Governance; Central Government; Local Government

Study on the Model of "One-window" Government Service in Liwan District of Guangzhou

Wei Qiong

Abstract: Based on the Empirical study on the practice which is the form of "one window" of "internet plus government service" in the Liwan district of Guangzhou, the paper comprehensively analyzes the typical case, such as the theoretical basis of the practice, concrete measures and innovative thinking in the practice. By summarizing the experience, the paper has the active meaning and great value for reference in promoting the "internet plus government service" for other government sectors.

Keywords: " One-window "; Process Re-engineering; Information Sharing; Mechanism Innovation

Public Policy

Policy Diffusion in Environmental Governance: A Content Analysis of "River Chief System" Report (2007 – 2016) in Six Guangzhou Local Newspapers

Yang Qing and Tan Xuanxuan

Abstract: In China, the key of ecological civilization construction is ecological environmental governance and the mass media play an important role in the diffusion of environmental governance policy. The study addresses the theoretical framework of policy diffusion and analyzes the report of "River Chief System" between 2007 and 2016 of six Guangzhou local newspapers via content analysis. The diffusion model of the River Chief System in mass media is "Diffusion among regions-top-down absorption and radiation diffusion". Coherence, policy learning and socialization based on regional communication network are three characteristics of the policy diffusion. The main body of the policy diffusion are government officials, which strengthen the legitimacy and authority of the "River Chief System" while weaken the communication and persuasion effect of mass media.

Keywords: "River Chief System"; Policy Diffusion; Mass Media

The Impact of Media Agenda on Policy Agenda: Base on the Empirical Analysis of Sub-provincial Cities in China

Zhang Shu

Abstract: The relationship between the policy agenda and the media agenda has always been a matter of concern to public management scholars. With the deepening of our government's reform, the relationship between the media agenda and the policy agenda is constantly changing, and the impact of media coverage on the policy agenda is increasing stronger. It is of great significance for us to further study the impact of the media agenda on the policy agenda of different issues in order to deal with the relationship between the two and make scientific and rational public decision-making. In this thesis, through the Granger's causality test on the number of policies and media reports on education, employment and people's livelihood of 15 sub-provincial cities in China. It is found that the employment issue of Chinese media settings can affect the government's attention to the impact of policy, and agenda setting in education and the people's livelihood issues are not subject to media agenda setting. Through the analysis of the data to explore the impact mechanism and the reasons for the impact, we can further improve the scientificity and rationality of public decision-making.

Keywords: Policy Agenda; Media Agenda; Public Decision-making

How Do Inner-Party Regulations Affect Perceptions of Public Official's Corruption: Evidence from CGSS 2015

Liang Jianglu

Abstract: Today, China is cultivating an honest and clean government by inner-party regulations. China has put forward the systems of "eight provisions", "anti Si-Feng" and the idea of "party disciplines is stricter than the state laws". But whether the inner-party regulations can truly help the construction of a honest and clean government? Whether it can truly improve the honest image of public officials? Whether it can truly improve the perceptions of public official's corruption? This study shows that, overall, the inner-party regulations have a significant positive impact on perceptions of public official's corruption. Specifically, whether the staff abide the laws or not, whether the general party members abide the laws or not, and whether the violation behavior have been punished or not have a significant positive impact on perceptions of public official's corruption. However, the party organization leaders have no significant positive effect on perceptions of public official's corruption. This study also shows that, whether the common staff abides the laws and disciplines or not, has an insignificant reverse effect on perceptions of public official's corruption.

Keywords: Inner-party Regulations; Public Officers; Perceptions of Corruption; CGSS

Urban Report

Logic of Attention Distribution of Frontline Law Enforcement Personnel in Food and Drug Safety Regulation: Taking the D Food and Drug Administration Institute in Guangzhou as an Example

Yan Haina and Liu Zesen

Abstract: Time is a scarce resource for any organization, and attention allocation involves the management strategy of time resources, which directly affects the effect of policy implementation and the quality and level of public service delivery. Frontline law enforcement personnel of food and drug supervision, often face conflicts between overloaded work tasks and limited time. Through the three-month participatory observation of the D Food and Drug Administration Institute in Guangzhou, this paper describes and summarizes the current situation of the attention distribution of frontline law enforcement personel in food and drug supervision, and on this basis explores the logic behind the attention distribution. The study found that the distribution of frontline law enforcement personel is influenced by various factors, such as duties, tasks, public opinion, the public, policies, and so on. In the final analysis, it is the bureaucratic organization rules that constrain the individual bureaucrats on the streets. Our findings help to understand the logics of selective implementation among frontline law enforcement personnel.

Keywords: Frontline Law Enforcement Personel; Attention Distribution; Discretionary Power; Food and Drug Administration

The Implement Effect of the Smart Garbage Classification System and the Research about Its Feasibility of Extension: Based on the comparison between Guangdong Industry Polytechnic and Guangzhou University

Chen Huaicong and Li Xiaoxue

Abstract: With the improvement of citizens' consumption level, the problem of urban garbage has gradually become quite serious. Under the situation that the importance of garbage classification is heightening day by day and the fact that garbage classification is not a common phenomenon as what is expected, the smart garbage classification system has popularized with the development of internet of things and intellectualization. This paper compares Guangdong Industry Polytechnic, which adopts the smart garbage classification system, and Guangzhou University, which is still using the traditional garbage classification model. The result shows that the smart garbage classification system has a positive influence on users' behavioral intention and effect of garbage classification. Meanwhile, smart garbage classification system also has shortcomings such as smaller capacity and weaker reward and punishment measures. Besides, the relevant data and types of garbage produced in Guangzhou University are basically consistent with those in Guangdong Industry Polytechnic, and students from the two schools have similar cognition of garbage classification. Therefore, it is feasible to implement smart garbage classification system in Guangzhou University.

Keywords: Garbage Classification; Smart Garbage Classification System; Feasibility

Social Security

Research on Multi-dimensional Identification of Poverty Alleviation from the Perspective of Combination Weighting: Empirical Study on 277 Peasant Households in Three Villages of Guizhou Province

Wu Guoyong, Zhang Lijing and Ren Xiu

Abstract: Precise identification is the prerequisite of solving the problem of poverty. Based on the data of 277 questionnaires in Guizhou province, this paper applied the combination weighting model of multi-dimensional evaluation to a micro-analysis on the identification of poverty alleviation. It was found that all the poor families could be accurately scored and made a judgment on their poverty level through the evaluation model, among which 83. 8% were below the poverty line. From the development of multi-dimensional evaluation of poverty identification, the combination weighting method in this paper had practical significance and reference value for the processing of poverty data.

Keywords: Poverty Identification; Combination Weighting; Multi-dimensional Evaluation

"Third Domain" in State and Social Relations: County Hospital under Health Care Reform

Zhang Antong

Abstract: According to the "state-society" theory, the binary opposition between the state and the society is a long time. After the introduction of the "state-social" theory into China, many scholars have supplemented and localized the defects of the original theory processing, "third sector" theory is an excellent theory of them. After the prelude to the new medical reform in 2009, a series of public policies were introduced and implemented, and a series of adjustments were made to the functional division of the medical institution system in our country. The functions of the county hospitals in the system also are changed a lot. In this paper, the study takes X County People's Hospital as a material, to get an analysis of county hospitals in the country and society in which the location, and compare it to "third sector" features. Besides, this article will analyze the influence from the state and society. In a conclusion, this paper will think over the difficulties that the county-level hospitals are faced with, and try to provide with some clear ideas about the current situation of doctor-patient relationship.

Keywords: "State-Social" Theory; "Third Sector"; Medical System Reform

Book Review

Other Narration in the Age of Change: A Review of *Governance of Foreign-related Communities in Metropolitan Cities*

Chen Tan

Art of Grass-roots Governance Innovation: Vision and Logic
—A Review of *Seeking Structural Balance in Grass-roots Governance*

Jiang Han

Expert Remarks

Futian Experience of "Internet + Government Services"
—Dialogue with Mr. Liu Minan

Liu Xiaoyang

《南方治理评论》稿约

【辑刊宗旨】

《南方治理评论》秉持“培育公共精神，直面转型中国，诠释社会热点，扩展学术深度，贴近重大需求，服务国家治理”办刊宗旨，追求“本土化、专业化、个性化、国际化”办刊方针，崇尚原创研究、微观研究和深度研究的学术精神。《南方治理评论》立足广州，放眼世界，试图在中国繁杂的地方语境下运用本土话语体系着力解读“地方性知识”和“日常性逻辑。

《南方治理评论》倡导告别那种脱离现实生活玄虚的致思方式，以关注现实、关怀民生的学术伦理和脚踏实地、开拓创新的学术精神立足公共生活、直面中国现实问题，从而确立中国国家治理和地方治理本土化研究的问题意识、研究旨趣和学术路向。

【辑刊形式】

《南方治理评论》（South China Governance Review）始创于2013年，CNKI来源集刊，原名《广州公共管理评论》，由广州大学和广州市社会科学界联合会主管、广州大学南方治理研究院和广州市智慧治理研究中心主办、社会科学文献出版社出版的连续性学术辑刊。自2019年开始，辑刊每年出版2辑。辑刊特邀国内外著名学者作为采稿顾问和审稿专家，严把学术质量关，对投稿论文采用匿名评审制度，在思想性、学术性和规范性上得到了快速提升，受到公共管理、政治学、经济学、社会学等学者的高度认可。

【辑刊栏目】

《南方治理评论》主要设置有“学术一线”“政务中国”“公共政策”“数据治理”“灾害治理”“贫困治理”“南方报告”“南方书评”“行家对话”等特色栏目。研究内容包括国家治理、公共管理与社会事务等各个领域，涉及公共行政、公共政策、数据治理、灾害治理、危机管理、社会保障、廉政研究、电子政务、NGO 治理、绩效评估、网络治理等议题。

【投稿须知】

本集刊投稿以中文为主，被录用的外文文章由编辑部负责翻译成中文、由作者审查定稿。仅接受首发稿件，不接受一稿两投。编辑部在收到稿件之后三个月之内给予作者答复。稿件如被录用，将以稿酬致谢作者。

【联系方式】

通信地址：广州市大学城外环西路 230 号文逸楼 512 室《南方治理评论》编辑部

邮政编码：510006

稿约邮箱：gdgzpar@ 163. com

投稿网站：http://iedol. ssap. com. cn/（注册后，选择“社会政法”中《南方治理评论》）

《南方治理评论》编辑部

《南方治理评论》体例

一、投稿要求

本集刊投稿论文不应违反国家有关法律法规，并有较高学术水平，符合学术规范。稿件应该以研究性论文为主，字数以10000～20000字为宜。同时，欢迎理论综述（8000～15000字）、书评论文（8000～12000字）。

二、格式要求

（一）全文采用Microsoft Office软件编排；如打印，请用A4纸输出。文章标题为四号宋体（14磅），一级标题为小四宋体（12磅），正文内容以及其他标题为五号宋体（10.5磅）、单倍行距编排，页边距上、下、左、右均不小于2.54厘米。摘要和关键词为楷体小五号（9磅），参考文献和注释为宋体小五号（9磅）。

（二）稿件首页包括：中文标题、作者有关信息，包括姓名、所在单位、通信地址、邮政编码、联系电话、电子邮件，以及300字以内的作者简介。

（三）稿件次页包括：中文标题、英文标题、中文摘要（300字以内）及中文关键词（3～5个）、英文摘要（300字以内）及英文关键词（3～5个）。稿件获基金、项目资助，须注明（包括项目编号）。

（四）正文内各级标题一般从大到小依次为："一""（一）""1.""（1）""①"等。一、二、三级标题各独占一行，其中一级标题居中，二、三级标题缩进两个字符左对齐；四级及以下标题后加句号且与正文连排。

三、体例要求

稿件中凡采用他人研究成果或引述，应在正文中采用括号注与文末列参考文献形式予以说明。以下将按照正文引用、正文注释、文末参考文献三部分加以具体说明。

（一）正文引用

1. 关于期刊文章和著作的引用，在引文后以圆括号注明作者名（中文名字标注名与姓，外文名字只标注姓）、出版年份及页码。如引文之前已出现作者名，则在名字后直接用圆括号注明出版年份与页码。

例1：“×××……”（Waldo，1948：25－27）

例2：夏书章（2003：3）认为“×××……”

引用《马克思恩格斯全集》《毛泽东选集》等丛书、套书类作品时，文内可以标注为：（《毛泽东选集》第1卷，1991：24－58）

2. 正文中被引用期刊文章或著作作者超过3位（包括3位）的，只列第一作者，中文文献后加“等”，英文文献后加“et al.”；引用相同作者同一年份内不同文献，则按照文中出现先后顺序，在年份后标出小写英文字母顺序；引用论文集文献，直接注明作者姓名，不必另标出文集主编姓名。

3. 引用同一作者同一年份的不同期刊文章和著作，可在年份后加a，b，c……区分，如（韦伯，1949a：37－68）、（韦伯，1949b：34－79）。引用多种文献时，用分号作区分，比如（韦伯，1949a：37－68；马克思，1956：37－68）。引用两个作者所著的同一种著作时用顿号隔开，比如（布迪厄、华康德，2004：39）。

4. 引用报纸、转引文献、未刊文献（例如学位论文、会议论文）、档案文献、电子、网上文献等规范如下：

报纸引用：（责任者，出版年）

转引文献：（责任者，出版年：引用页码）

学位论文：（责任者，出版年：引用页码）

会议论文：（责任者，会议召开时间）

档案文献：（《文献题名》，文献形成时间）

电子、网上文献：（责任者，出版时间：引用页码）

5. 引用原文文字过长（一般为三行以上）时，须将整个引文单独成段，并左缩进两个字符。段落字体为5号楷体，不加引号。

（二）注释

不宜在正文中出现但需要进一步澄清、引申的文字，采用当页脚注，用①、②、③……标注，每页重新编号。

（三）参考文献

1. 列于正文后，并于正文中出现的括号注一致，同时按照中文、英文依次排列。中文顺序按照拼音音序排列，英文顺序按照姓氏字母顺序A到Z排列。如果有三个或者更多的作者时，应详细列出。

2. 中文参考文献排列以姓氏音序排列，体例如下：

专著示例：侯欣一，2007，《从司法为民到人民司法——陕甘宁边区大众化司法制度研究》，中国政法大学出版社。

译著示例：韦伯，马克斯，2010，《新教伦理与资本主义精神（罗克斯伯里第三版）》，苏国勋、覃方明、赵立玮、秦明瑞译，社会科学文献出版社。

析出文献示例：黄源盛，2007，《民初大理院民事审判法源问题再探》，载李贵连主编《近代法研究》第 1 辑，北京大学出版社。

期刊示例：林建成，1997，《试论陕甘宁边区的历史地位及其作用》，《民国档案》第 3 期。

报纸示例：鲁佛民，1941，《对边区司法工作的几点意见》，《解放日报》11 月 15 日，第 3 版。

转引文献示例：章太炎，1979/1925，《在长沙晨光学校演说》，转引自汤志钧《章太炎年谱长编》下册，中华书局。

学位论文示例：张太原，1997，《论陈序经“全盘西化”观的理论基础》，硕士学位论文，北京师范大学历史系。

会议论文示例：中岛乐章，1998，《明前期徽州的民事诉讼个案研究》，国际徽学研讨会论文，安徽绩溪。

档案文献示例：《关于边区司法工作检查情形》（1943 年 9 月 3 日），陕西省档案馆藏陕甘宁边区高等法院档案，档案号：15/149。

网上数据库示例：邱巍，2005，《吴兴钱氏家族研究》，博士学位论文，浙江大学。据中国优秀博硕士学位论文全文数据库：http：//ckrd. cnki. net/grid20/Navigator. aspxID = 2。

网上期刊示例：王巍，2010，《夏鼐先生与中国考古学》，《考古》第 2 期。http：//mall. cnki. net/magazine/Article/KAGU201002007. htm，最后访问日期：2012 年 6 月 3 日。

其他网上资料引用示例：张康之，2006，《超越官僚制：行政改革的方向》，人民网，http：//theory. people. com. cn/GB/40764/55942/55945/4054675. html。

3. 英文参考文献以姓氏字母排列，如果多于两位作者时，第一作者应该按照“姓，名”的格式，第二及后序作者按照“名姓”格式，作者间以逗号隔开，最后一位作者名称前需加“and”，具体体例如下：

独著示例：Pollan，Michael. 2006. *The Omnivore's Dilemma*：*A Natural His-*

tory of Four Meals. New York：Penguin.

合著示例：Ward，Geoffrey C.，and Ken Burns. 2007. *The War：An Intimate History，1941 – 1945*. New York：Knopf.

期刊文章示例：Kossinets，Gueorgi，and Duncan J. Watts. 2009. "Origins of Homophily in an Evolving Social Network." *American Journal of Sociology* 115：405 – 450.

主编和副主编、编撰、编著示例：Lattimore，Richmond，eds/trans. 1951. *The Iliad of Homer*. Chicago：University of Chicago Press.

译著示例：García Márquez，Gabriel. 1988. *Love in the Time of Cholera*. Translated by Edith Grossman. London：Cape.

章、节或者文集中的文章示例：Kelly，John D. 2010. "Seeing Red：Mao Fetishism，Pax Americana，and the Moral Economy of War." In *Anthropology and Global Counterinsurgency*，edited by John D. Kelly，Beatrice Jauregui，Sean T. Mitchell，and Jeremy Walton，pp. 67 – 83. Chicago：University of Chicago Press.

报纸杂志文章示例：Mendelsohn，Daniel. 2010. "But Enough about Me." *New Yorker*，January 25.

数字出版物示例：Kurland，Philip B.，and Ralph Lerner，eds. 1987. *The Founders' Constitution*. Chicago：University of Chicago Press. http：//press – pubs. uchicago. edu/founders/.

未出版论文示例：Choi，Mihwa. 2008. "Contesting Imaginaires in Death Rituals during the Northern Song Dynasty." Ph. D diss.，University of Chicago

会议论文示例：Adelman，Rachel. 2009. "'Such Stuff as Dreams Are Made on'：God's Footstoolin the Aramaic Targumim and Midrashic Tradition." Paper presented at the Annual Meeting for the Society of Biblical Literature，New Orleans，Louisiana，November 21 – 24.

网站资料示例：McDonald's Corporation. 2008. "McDonald's Happy Meal Toy Safety Facts." Accessed July 19. http：//www. mcdonalds. com/corp/about/factsheets. html.

（四）表格和插图

表格由表题（包括表序和表名）、表头（即栏目）、表身（即说明栏）、表注组成。表格按照先见文内表序后见表格本身的原则编排。表格一般采用三线表形式。其中顶线和底线为粗线，其余线为细线。续表必须加排表头，右上方标注“续表”二字。和合表必须双页跨单页排。表内项目栏中的隶属关系要清晰，小项目要缩格排。表中数字一般以个位数对齐或小数点对齐排。表内“空白”代表未测或无此项，“—”或“…”代表未发现，“0”代表实测结果为零。表题一般用小五号黑体，表身用小五号或六号宋体。表序与表名间空一格排。如果表序是双层序号的，中间加半字线，如“表1-1”，不可用浪纹。表内注释原则上用星号（*）表述，遇有特殊情况，也可用其他形式，但要求全书统一。注文直接排在表下，不可与正文注释混同编排。资料出处亦直接排在表下，用六号宋体。表注在前，资料出处在后。文内避免使用“从上表可见”之类的文字，应用“从表1-1可见”，或“（见表1-1）”。表中表述的信息应与正文表述一致。引用他人表格，需注明完整的信息和数据来源，并按照全书统一的注释项目编排。

插图分随文插图和插页图两种。随文插图的位置要根据设计标注核对准确。要特别注意插图与正文内容的衔接，图的位置一般不要超前，按先见文后见图的原则编排，可以略微掩后，但不能超越本节范围。串文的插图，不论单双页一律放在版口。说明文字一般排在图下或图的侧面，要特别注意核对图与文是否配套，防止张冠李戴。图中的“注释”应为“说明”。文内避免使用“上图表明”之类的文字，应用“图1-1表明”或“（见图1-1）”。插页图一般不排页码，也不计页码。插页图必须插在正文双页码之后。

图书在版编目(CIP)数据

南方治理评论. 第7辑 / 陈潭主编. -- 北京 : 社会科学文献出版社, 2019.10

ISBN 978-7-5201-5219-8

Ⅰ. ①南… Ⅱ. ①陈… Ⅲ. ①地方政府-公共管理-广州-文集 Ⅳ. ①D625.651-53

中国版本图书馆CIP数据核字(2019)第150385号

南方治理评论（第7辑）

主　　编 / 陈　潭

出 版 人 / 谢寿光
组稿编辑 / 宋月华
责任编辑 / 韩莹莹
文稿编辑 / 张　弦

出　　版 / 社会科学文献出版社 · 人文分社（010）59367215
地址：北京市北三环中路甲29号院华龙大厦　邮编：100029
网址：www.ssap.com.cn
发　　行 / 市场营销中心（010）59367081　59367083
印　　装 / 三河市尚艺印装有限公司

规　　格 / 开　本：787mm × 1092mm　1/16
印　张：15.25　字　数：254千字
版　　次 / 2019年10月第1版　2019年10月第1次印刷
书　　号 / ISBN 978-7-5201-5219-8
定　　价 / 98.00元